高等教育热点问题研究

韦家朝 杨 伟◎著

·北 京·

内 容 提 要

本书对高等教育实践与理论热点问题进行研究，选取中外高校案例进行深入调研，阐述了高等教育热点问题以及高等教育改革与发展目标、历程、实践方案、发展经验与启示等。本书资料丰富，剖析深刻，论证有力，研究视角独特，可读性强，在高等教育等学术研究领域有较高的参考价值。全书内容翔实、逻辑层次清晰，对"双一流"大学建设与高等教育专业的学习、研究具有一定的指导和借鉴意义，能为广大高等教育理论工作者、高校管理人员和教育行政机构管理者提供理论参考和实践依据。

图书在版编目（CIP）数据

高等教育热点问题研究 / 韦家朝，杨伟著. -- 北京：中国水利水电出版社，2022.5
ISBN 978-7-5226-0679-8

Ⅰ. ①高… Ⅱ. ①韦… ②杨… Ⅲ. ①高等教育—文集 Ⅳ. ① G64-53

中国版本图书馆 CIP 数据核字（2022）第 077101 号

书　　名	高等教育热点问题研究 GAODENG JIAOYU REDIAN WENTI YANJIU
作　　者	韦家朝　杨　伟　著
出版发行	中国水利水电出版社 （北京市海淀区玉渊潭南路1号D座　100038） 网址：www.waterpub.com.cn E-mail: sales@mwr.gov.cn 电话：（010）68545888（营销中心）
经　　售	北京科水图书销售有限公司 电话：（010）68545874、63202643 全国各地新华书店和相关出版物销售网点
排　　版	三仓学术
印　　刷	北京虎彩文化传播有限公司
规　　格	170mm×240mm　16开本　22.75印张　286千字
版　　次	2022年5月第1版　2022年5月第1次印刷
定　　价	88.00元

凡购买我社图书，如有缺页、倒页、脱页的，本社发行部负责调换

版权所有·侵权必究

目　录

前　言 …………………………………………………………… 1

第一章　悉尼大学的教学和学习中心………………………………… 3
　　一、悉尼大学教学和学习中心的历史与使命　………………… 3
　　二、悉尼大学教学和学习中心的组织结构　………………… 11
　　三、悉尼大学教学和学习中心的主要工作　………………… 18
　　四、悉尼大学教学和学习中心经典活动案例　……………… 35
　　五、悉尼大学教学与学习中心的资源　……………………… 42
　　六、悉尼大学教学和学习中心的特点　……………………… 46
　　七、悉尼大学教学和学习中心建设的启示　………………… 49

第二章　我国大学教学发展中心……………………………………… 52
　　一、本科教学质量保障：国际高等教育的时代使命　……… 52
　　二、大学教学发展中心：本科教学质量保障的内部支持系统 …… 56
　　三、大学教学发展中心为什么能够保障本科教学质量 ……… 60

四、我国大学教学发展中心的建设思路 …………………………… 65

　　五、我国大学教学发展中心的历史与使命 ………………………… 67

　　六、我国大学教学发展中心的组织结构 …………………………… 75

　　七、我国大学教学发展中心的主要工作 …………………………… 77

　　八、我国大学教学发展中心经典活动案例 ………………………… 83

　　九、我国大学教学发展中心的主要特点 …………………………… 90

　　十、我国大学教学发展中心的主要问题 …………………………… 93

　　十一、我国大学教学发展中心建设的策略 ………………………… 98

第三章　宾夕法尼亚大学的通识教育课程………………………… **103**

　　一、宾夕法尼亚大学简介 …………………………………………… 103

　　二、宾夕法尼亚大学通识教育课程的历史沿革 …………………… 104

　　三、宾夕法尼亚大学通识教育课程的理念与目标 ………………… 115

　　四、宾夕法尼亚大学通识教育课程的实践 ………………………… 119

　　五、宾夕法尼亚大学通识教育课程的管理 ………………………… 129

　　六、宾夕法尼亚大学通识教育课程的评价 ………………………… 142

　　七、宾夕法尼亚大学通识教育课程的启示 ………………………… 148

第四章　清华大学的通识教育课程………………………………… **153**

　　一、清华大学简介 …………………………………………………… 153

　　二、清华大学通识教育课程的历史沿革 …………………………… 158

　　三、清华大学通识教育课程的理念与目标 ………………………… 165

　　四、清华大学通识教育课程的方案 ………………………………… 167

　　五、清华大学通识教育课程的组织 ………………………………… 171

　　六、清华大学通识教育课程的保障 ………………………………… 178

七、清华大学通识教育课程的实施案例 …………………… 180
　　八、清华大学通识教育课程评价 …………………………… 204
　　九、清华大学通识教育课程改革的建议 …………………… 206

第五章　斯坦福大学的高等教育国际化 …………………… 208
　　一、斯坦福大学简介 ………………………………………… 208
　　二、斯坦福大学高等教育国际化的历史沿革 ……………… 212
　　三、斯坦福大学高等教育国际化的理念与目标 …………… 218
　　四、斯坦福大学高等教育国际化的现状与特点 …………… 221
　　五、斯坦福大学高等教育国际化课程案例 ………………… 234
　　六、斯坦福大学高等教育国际化的组织管理 ……………… 245
　　七、斯坦福大学高等教育国际化的政策制度 ……………… 251
　　八、斯坦福大学高等教育国际化的师资 …………………… 255
　　九、斯坦福大学高等教育国际化与人才培养 ……………… 259
　　十、斯坦福大学高等教育国际化的评价 …………………… 262
　　十一、斯坦福大学高等教育国际化的启示 ………………… 264

第六章　美国高校的就业教育 ………………………………… 269
　　一、美国高校毕业生就业状况 ……………………………… 269
　　二、美国高校就业教育课程 ………………………………… 275
　　三、美国高校就业教育的特点 ……………………………… 290
　　四、美国高校就业教育的经验 ……………………………… 291
　　五、美国高校就业教育的启示 ……………………………… 294

第七章　中山大学文化素质教育课程 ………………………… 298
　　一、中山大学文化素质教育课程的理念与目标 …………… 298

二、中山大学文化素质教育课程的发展 ················· 299

三、中山大学文化素质教育课程的实践 ················· 301

四、中山大学文化素质教育课程实施案例 ··············· 304

五、中山大学文化素质教育课程的特点 ················· 319

六、中山大学文化素质教育课程的评价 ················· 323

七、中山大学文化素质教育课程改革的建议 ············· 326

第八章　香港特区高校创新型人才培养模式 ············· 330

一、香港特区高校创新型人才培养的实践 ··············· 330

二、香港特区高校创新型人才培养的特色 ··············· 339

三、香港特区高校创新型人才培养的经验 ··············· 343

四、香港特区高校创新型人才培养的启示 ··············· 351

后　记 ··· 355

前　言

改革开放以来，中国特色社会主义建设事业取得辉煌成就，在全面建设社会主义现代化国家新征程、向第二个一百年奋斗目标进军的第一个五年时期，我国的高等教育迎来了从精英教育到大众化教育，如今进入了全面开启普及化教育的新局面。国家"十四五"规划把提升国民素质放在突出重要的位置，要求构建高质量的教育体系，着眼教育改革发展热点问题，推进高等教育分类管理和高等学校综合改革，提高高等教育质量，建设高等教育强国。本书则是希望为此做一些有助益的工作。

我们撰写的《高等教育热点问题研究》是在前辈研究的基础上，全面贯彻党的教育方针，守立德树人初心，为高等教育高质量发展积极贡献智慧力量。本书拟对中外高等教育的课程、教学中心、国际化、就业教育、创新型人才培养模式等热点问题进行介绍，以书中样本学校为典范，探寻普及化阶段高等教育高质量发展的新思考。其中中外高等教育卓越的教学中心介绍为第一章和第二章，中外高等教育优秀课程介绍为第三章、第四章以及第七章，美国、中国香港地区的高等教育国际化、就业教育以及创新型人才培养模式的介绍为第五章、第六章和第八章。

本书在编写过程中，参考了大量高等教育、中外大学的相关文献，由于篇幅所限，未能一一列出，在此仅向所有引用文献的作者、机构表示衷心感谢！限于著者水平，本书难免有疏漏和不足之处，恳请同行和专家不吝指正。

作者

2021 年 9 月

第一章 悉尼大学的教学和学习中心

教学和学习中心是为教学与学习服务、支持教师教学工作与学生学习发展的服务机构，是现代大学教学运行系统中的基本单元，旨在助力大学建设与发展，助力高校迈向更高、更强的水平。悉尼大学作为澳大利亚历史最悠久和世界久负盛名的大学，其在师生服务机构的建设上卓有成效。本章探讨悉尼大学教学和学习中心的历史沿革、目标定位与发展变革过程，分析其对我国高校提升教育质量、建设世界一流大学可能带来的有益启示。

一、悉尼大学教学和学习中心的历史与使命

悉尼大学教学和学习中心（Institute for Teaching and Learning，ITL）（以下简称"教学中心"）是建立在这样一个背景之下的：悉尼大学（University of Sydney）是澳大利亚历史最悠久的大学，创立于1850年，为澳大利亚第一所大学。目前拥有多个校区，全校42 420名在校生（截至2020年），生师比为15∶1，而澳大利亚全国高校生师比平均为18∶1。由于其卓

高等教育热点问题研究

越的研究成果、一流的教学质量和规范而严格的本科招生制度，悉尼大学声名远扬。2020年，上海交通大学高等教育研究院公布的世界大学学术排名表中，悉尼大学排在第74位，是澳大利亚7所进入全球前100名的高校之一。①悉尼大学拥有澳大利亚最大的图书馆，图书馆由分布于8大校区的13所分馆组成，纸质书藏量达550万册，电子书藏量300余万册，电子期刊67 000多种，学术数据库250多种。图书馆每年总预算3 440万澳元（约合人民币2.13亿元），每年接待读者300多万人次，相当于每年每名学生到图书馆60次。丰富的学习资源和一流的服务设施，确保了悉尼大学在国内领先的教学质量。②

悉尼大学学术委员会（Academic Board）下辖的"教学和学习中心"每年定期检查教学质量，通过学生意见调查获取教学反馈信息。这些调查活动与反馈资讯对教学改革起到很大的支持与帮助。教学中心的存在是悉尼大学创造一流教学业绩的有力保障。③

（一）悉尼大学教学和学习中心的历史沿革

1. 注重学校教师专业发展的阶段（1999—2002年）

1989年7月，悉尼大学对学术委员会进行首次评估；1995年，进行第二次评估。1995年7月，评估委员会撰写了一份评估报告，并于同年10月呈交学校委员会。这份报告建议，改组学术委员会的结构，将原来的

---

① 上海交通大学高等教育研究院. Academic Ranking of World Universities–2010 [EB/OL]. http://www.shanghairanking.com/ARWU2020.html.

② 百度百科. 悉尼大学 [EB/OL]. [2011-01-08]. http://baike.baidu.com/view/94271.htm.

③ 新浪博客. 悉尼大学图书馆 Ms.Su Hanfling 的报告 [EB/OL]. [2009-11-06]. http://blog.sina.com.cn/s/blog_62b8d5840100g4ao.html.

第一章 悉尼大学的教学和学习中心

12个分委员会压缩成6个，分别是：本科生学习（Undergraduate Studies）委员会、研究生学习（Graduate Studies）委员会、教学与学习（Teaching and Learning）委员会、研究政策（Research Policy）委员会、图书馆与信息（Library and Information）委员会和教研人员（Academic Staffing）委员会。这里的教学与学习委员会，可以说是悉尼大学教学和学习中心的"前身"。由那时起，如何改善教学问题开始进入实践层面，进入悉尼大学决策层考虑的视野。①

对于悉尼大学教学和学习中心成立的时间，《悉尼大学1999—2004年战略规划》（*The University of Sydney Strategic Plan* 1999—2004）有这样的表述："1999年，为了合并此前悉尼大学中有关教学问题的各种活动，统一管理有关教学发展问题，于是成立了'教学中心'。"当时，教学中心的任务主要是负责教师发展、培训管理，尤其是教师进修学习方面的管理。②

牛津大学高等教育研究所（Higher Education Research Institute）教授格拉汗姆·吉布斯（Graham Gibbs）研究发现："20世纪80年代早期，丹麦的哥本哈根大学（University of Copenhagen）成立了世界上第一个大学教学发展中心（University Teaching Development Institute），对欧洲高校影响深远。直到那时，人们才真正开始思考并想方设法改善大学教学问题，在这一努

---

① The University of Sydney. Facts and figures [EB/OL]. [2011-01-08]. http://sydney.edu.au/about/profile/facts_figures.shtml.

② The University of Sydney. Academic Board. History [EB/OL]. [2011-01-08]. http://sydney.edu.au/ab/about/history.shtml.

力过程中,悉尼大学教学和学习中心身先士卒。"[1]悉尼大学在创立之初就致力于服务教学、改善教学实践,注重教师专业发展。

2. 注重教师教学与学生学习反馈相结合的阶段(2003—2006年)

悉尼大学《教学中心2003—2006年战略规划》首次比较明确地将教学中心的使命表述为:与学校其他部门师生通力合作,致力于提高并帮助确保教学质量和学生学习经验的发展。提出这一使命的原因之一,是当时学校战略目标重点在加强教学评估,这就要求教学中心要注重教师教学的质量和学生的学习经验,而评价教学质量,当然就得对学生学习情况进行较全面的调查,获取教学反馈信息。因此,注重学生学习经验与教学相互作用的关系,加强教学反馈信息的收集、整理与运用,是悉尼大学《教学中心2003—2006年战略规划》的主要精神。

悉尼大学《教学中心2004年度报告》指出:实施"世界水平的教学评估系统"和教师"教学专业发展"课程是教学中心的两大核心工作。这里所说的"评估系统"指的是由教学中心牵头进行的各种教学调查研究与反馈。2004年教学中心所开展的工作项目,是在2003年制订和开始实施的。这些工作有力地促进了学校教学质量的改善,也进一步提高了教学中心在整个学校教学工作中的影响力和号召力。[2]

---

[1] The University of Sydney. About the University. The University of Sydney Strategic Plan 1999-2004 [EB/OL]. [2011-01-08]. https://www.sydney.edu.au/about-us/vision-and-values/annual-report.html.

[2] Institute for Teaching and Learning. ITL Annual Report 2004 [EB/OL]. [2011-01-01]. https://www.sydney.edu.au/about-us/vision-and-values/annual-report.html04.pdf.

3. 注重自身师资科研水平提高的阶段（2007年以后）

悉尼大学《教学中心2007年度报告》提出，教学中心的使命是"与学校其他部门通力合作，致力于研究、提高并确保教学质量"。这一表述比2006年以前的相关表述多了"研究"这一个核心词。这一表述从2007年开始沿用至今，说明悉尼大学教学和学习中心从2007年开始，就注重以研究为引领的工作方式，并将其写入战略目标中。

为了支持教师专业和学校教学朝以学科为本的（Discipline-based Approach）方向发展，教学中心意识到提高自身师资队伍学科知识的重要性，以满足学校战略目标的需要。[①] 要指导和服务教学，并提高教师的教学成效和学生的学习成绩，教学中心的教师致力于开展学科研究，同时尽可能地引进有相应学科背景的专家型学者。

悉尼大学教学和学习中心的研究工作，有力地促进了悉尼大学创办研究型大学目标的实现。悉尼大学《教学中心2009年年度报告》中提到：悉尼大学教学和学习中心的每一次目标调整，都引起了有益的争议，并使人们重新审视悉尼大学教育战略目标。[②] 这种调整，其实就是一种发展。

总之，悉尼大学教学和学习中心的发展虽历经以上三个阶段，但并非每个阶段互不相关、截然分开，只是说它某个时期在战略重心上稍有偏向，因而体现出某种阶段性特点。悉尼大学的核心使命，从一开始就是为服务教学、提高教学质量而存在的，这个核心使命一直贯穿始终。

[①] Institute for Teaching and Learning. ITL Annual Report 2004 [EB/OL]. [2011-01-01]. https://www.sydney.edu.au/about-us/vision-and-values/annual-report.html04.pdf.

[②] Institute for Teaching and Learning. ITL Annual Report 2007 [EB/OL]. [2011-01-08]. https://www.sydney.edu.au/about-us/vision-and-values/annual-report.html07.pdf.

（二）悉尼大学教学和学习中心的使命

1. 悉尼大学教学和学习中心的使命及其表述

悉尼大学教学和学习中心的使命是"与学校其他部门通力合作，致力于研究、提高并确保教学质量"①。这一表述从2007年开始沿用至今。

研究发现，与前几年相比，目前悉尼大学教学和学习中心的使命，在字面表述上有一些变化。2004年至2006年，悉尼大学教学和学习中心的使命表述如下："悉尼大学教学和学习中心的使命是与学校其他部门的师生通力合作，致力于提高并帮助确保教学质量和学生学习经验的发展。"② 对比以上两种表述可见：前者表述更加简洁；更加强调"集体"的作用，而非仅是"个人"；更加注重教学中心的"研究"功能；将"教学"理解为教师的教和学生的学相结合，而非相互独立的；去掉了帮助"学生学习经验的发展"这一提法。在实际工作中，教学中心并没有相关工作和活动"直接"实践"学生学习经验的发展"，而是通过相关教师教学的工作"间接"促进学生学习的。

2. 悉尼大学教学和学习中心的目标

悉尼大学教学和学习中心为实现其使命，着力完成以下三大目标。③

目标一：提高教学质量。

---

① Institute for Teaching and Learning. ITL Annual Report 2009 [EB/OL]. [2011-01-08]. https://www.sydney.edu.au/about-us/vision-and-values/annual-report.html09.pdf.

② Institute for Teaching and Learning. ITL Annual Report 2007–2009 [EB/OL]. [2011-01-08]. https://www.sydney.edu.au/about-us/vision-and-values/annual-report.html07–09.pdf.

③ Institute for Teaching and Learning. ITL Annual Report 2004 [EB/OL]. [2011-01-01]. https://www.sydney.edu.au/about-us/vision-and-values/annual-report.html04.pdf.

第一章 悉尼大学的教学和学习中心

这里主要指的是悉尼大学教师的教学质量。悉尼大学认为学生学习质量的提高，可以通过教学质量的提高来实现。

目标二：提升研究成果。

这里主要指教学中心教研人员的研究成果。教研人员研究越深入，越能提高自己的工作水平；通过丰富的研究成果，达到以教学中心的研究引领教师教学工作的目的。

目标三：深化评估、监督与交流活动。

这里主要是指通过调查问卷、教学计划的制订，以及自办教育期刊和网络公告等方式，对学校教学情况进行评估，对教师教学进行监督，促进全校师生的信息交流。

围绕以上目标，教学中心开展了卓有成效的工作。

3. 悉尼大学教学和学习中心的使命与学校战略目标

悉尼大学教学和学习中心的使命与学校战略目标息息相关。可以说，教学和学习中心的使命，就是为了完成学校的战略目标。研究发现，悉尼大学教学和学习中心成立后，其使命表述发生过三次变化，每一次变化都对应不同时期的学校战略目标。这种变化有着深层的内在动因。

《悉尼大学1999—2004年战略规划》（*The University of Sydney Strategic Plan* 1999—2004）中提出：悉尼大学的责任是通过教学、研究、创造性的工作和其他教学活动，创造、维持、转化、应用知识。悉尼大学提出这一时期战略任务的内在动因是：为保持悉尼大学作为国内当代最好大学的优势，通过其革新教育与高质量教学与科研，维持其国内高校的领先地位。

与此时的学校战略相对应，悉尼大学教学和学习中心的使命是：负责教师发展、培训管理，尤其是教师培训学习方面的管理。其动因是：用以

高等教育热点问题研究

合并此前悉尼大学有关教学问题的各种工作或活动组织部门,方便统一管理有关教学发展的问题。

悉尼大学教学和学习中心的研究工作,有力地促进了悉尼大学创办研究型大学目标的实现。悉尼大学的战略目标和教学中心的使命,尽管随着时间推移而几经变换,但两者的核心内涵基本是固定不变的。悉尼大学的核心战略目标,即基本准则是用智力去发现和发展知识,服务于社会的需要,对社会负责,提升社会文明和人类福祉;同时保持学术自由;培养能影响未来的社会公民与培养现实应用型人才相结合。而与此相对应,悉尼大学教学和学习中心的核心使命是:以服务教师为根本,以提高教学质量为核心宗旨。

正如悉尼大学《教学中心 2009 年年度报告》所说:悉尼大学教学和学习中心的每一次目标调整,都引起了有益的争议,并使人们重新审视悉尼大学教育战略目标。① 悉尼大学教学和学习中心的使命与学校战略目标对比见表 1.1。

表 1.1　悉尼大学教学和学习中心的使命与其学校战略目标对比

悉尼大学的战略目标			悉尼大学教学和学习中心的使命		
内容	时间与标志性文件	动因	内容	时间与标志性文件	动因
悉尼大学的责任是通过教学、研究、创造性的工作和其他教学活动,创造、维持、转化、应用知识	《悉尼大学 1999 年年度报告》;《悉尼大学 1999—2004 年战略规划》	为保持悉尼大学作为当代最好大学的优势,通过革新教育与高质量教学科研诠释其领先地位	教学中心的任务是负责教师发展、培训管理,尤其是教师进修学习方面的管理	《悉尼大学 1999—2004 年战略规划》	用以合并此前悉尼大学有关教学问题的多个管理部门,方便统一管理有关教学发展问题

---

① Institute for Teaching and Learning. Our mission [EB/OL]. [2011-02-06]. https://www.sydney.edu.au/about-us/vision-and-values.html.

续表

悉尼大学的战略目标			悉尼大学教学和学习中心的使命		
内容	时间与标志性文件	动因	内容	时间与标志性文件	动因
悉尼大学的核心目标是用智力去发现和发展知识，对社会负责，提升社会文明和人民福祉；保持学术自由；培养能影响未来的公民与培养应用型人才相结合	《悉尼大学 2006—2010 年战略规划指南》	下一个十年机遇与挑战并存，悉尼大学要在澳大利亚高校中谋求自身价值与领先或领导优势	悉尼大学教学和学习中心的使命是：与学校其他部门的师生通力合作，致力于提高并帮助确保教学质量和学生学习经验的发展	《教学中心 2003—2006 年战略规划》《教学中心 2004 年年度报告》	一方面，教学中心对骨干教师的流失感到无能为力；另一方面，当时学校战略目标重点在加强教学评估与研究生培养等，这些都要求教学中心全力应对
造福于澳大利亚和世界，致力于培养最杰出的研究人员和最有前途的学生，确保他们都能茁壮成长并充分发挥潜力	悉尼大学《2009 年年度报告》	优秀学生和教师的竞争日益加剧，大学必须能够应对这些压力	与学校其他部门通力合作，致力于研究、提高并确保教学质量	《2007 年教学中心年度报告》《教学中心 2008—2010 年规划》	教学中心意识到提高教师教育知识的重要性，以及促进学校战略目标实现的紧迫性

资料来源：悉尼大学战略计划 1999-2004、悉尼大学 1999 年年度报告、悉尼大学战略指示 2006-2010、教学与学习战略计划研究所（2003-2006）、ITL 2004 年度报告、ITL 2007 年度报告、ITL 2008-2010 年度报告、悉尼大学 2009 年年度报告［EB/OL］. https://www.sydney.edu.au/about-us/vision-and-values.html.

二、悉尼大学教学和学习中心的组织结构

（一）悉尼大学教学和学习中心的组织形式

根据《1989 年悉尼大学法案（修订稿）》，学校委员会是悉尼大学的最高权力机构（图 1.1），由校长领导；校长每 4 年一届，副校长（Deputy Chancellor）每 2 年一届。悉尼大学的原校长是迈克尔·斯宾塞（Michael

Spence)博士。学校委员会由22名成员组成,其中3人是主席团成员:校长、常务副校长和学术委员会主席。其他成员通过选举或直接任命产生。悉尼大学常务副校长执行具体事务管理,大学的管理工作全部由常务副校长领导和负责。学校的重大决策经由学校委员会讨论通过,再提交校长和常务副校长签字方能生效。学校委员会包含"薪酬及福利委员会"(Remuneration and Benefits Committee)等9个不同功能的委员会。

学术委员会是悉尼大学的高级学术咨询机构,其主要职责是确保大学的学术自由,维持教学质量、科研能力和教师教学水平处于较高的标准。学术委员会须对学校委员会报告,并给学校委员会和副校长提供有关学术问题的建议,这些建议包括:大学的优先战略与政策、教职工的招录条件与数量、课程改革与专业设置等。

高级执行小组(Senior Executive Group)设在学校委员会之下,对大学的管理负有首要责任,也是主要的决策机构,对悉尼大学的战略制订、办学管理及相关政策等所有重大事项做出最终裁决。高级执行小组是教学中心的直接管理机构(图1.1)。

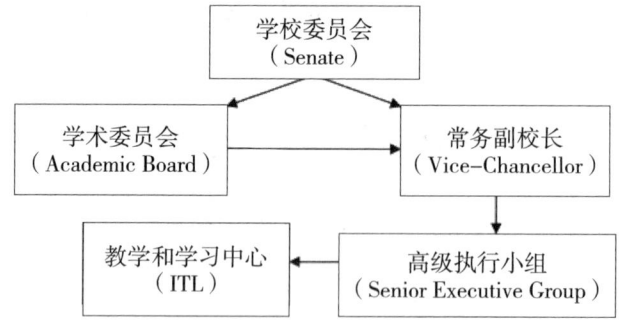

图1.1 悉尼大学管理结构

资料来源:根据悉尼大学2009年年度报告整理。

第一章 悉尼大学的教学和学习中心

高级执行小组为各学院院长提供定期参加学校级管理会议的机会。高级执行小组向常务副校长提出建议,并通过常务副校长给学校委员会提建议,建议包括学校管理和运行的方方面面。高级执行小组由教学、研究、研究培训、校外关系、国际交往和实习资源6个委员会组成,每一个委员会由一个副校长领导,分管包括教学中心在内的相关领域的所有事务。

高级执行小组的成员包括:常务副校长、分管副校长、学术委员会主席、学院院长、外事办主任以及高级教师代表等。可以说,几乎所有教师的利益均可通过一位高级教师代表在高级执行小组中体现。[1]

悉尼大学教学和学习中心的直接管理者是高级执行小组,高级执行小组由常务副校长管理,常务副校长直接对学术委员会和学校委员会负责。

(二)悉尼大学教学和学习中心工作人员及分工

在教学中心,所有的教育发展和高等教育教学事务,均由具有专门知识的学者负责。教学中心的工作人员根据其工作目标和工作内容,分为四部分:普通员工、教学人员、研究分支机构人员、研究人员。普通员工负责教学中心日常事务、学生调查反馈信息处理等;教学人员负责教师培训课程事务等;研究分支机构人员负责研究办公室日常事务等工作;研究人员负责教学中心的研究、交流等工作。

(三)悉尼大学教学和学习中心任职资格

悉尼大学教学和学习中心招聘教师的总原则是:招聘与悉尼大学全球声誉相称的、有助于建立悉尼大学在澳大利亚一流地位的杰出人才。具体

---

[1] Institute for Teaching and Learning. ITL Annual Report 2009 [EB/OL]. [2011-01-08]. https://www.sydney.edu.au/about-us/vision-and-values/annual-report.html09.pdf.

录取原则是：坚持公平、竞争和择优原则；选人用人要体现悉尼大学战略规划和教育目标；确保引进能胜任相应岗位的最合适的人选；录取过程杜绝人情和非法干扰；所有录用程序均需在公开媒体公布；考虑性别平衡。

教学中心引进人才严格遵循悉尼大学人事处的《招录政策》（Recruitment and Selection Policy）等相关文件，规范所有的人事录用与任免程序。①

研究发现，悉尼大学教学和学习中心录用人才主要基于以下两个基本条件。

1. 知识背景

通过悉尼大学教学和学习中心引进人才的知识背景介绍可知，教学中心引进的人才必须有相应岗位的知识结构。如：教学中心于2009年引进的塔尼亚·盖姿纳博士是卫生学专业毕业，她到教学中心负责医学领域相关的教师培训工作。

2. 工作经验

悉尼大学教学和学习中心更愿意招录有相关工作经历或经验的人才。近几年招录的人员都有相关领域的工作经历。如：塔尼亚·盖姿纳博士在卫生学科课程发展、国家认证和临床医学教育方面具有丰富的经验，同时也是一个牙科专业临床执业医生。阿马尼·贝尔博士于2009年3月加入教学中心，她以前曾在悉尼大学经商学院的学习与教学办公室工作。阿马尼·贝尔博士的到来，使教学中心在教师专业发展、教师培训项目、教学

---

① The University of Sydney. Leadership and organization [EB/OL]. [2010-12-30]. https://www.sydney.edu.au/about-us/governance-and-structure/governance.html.

评估与质量监控等方面的工作更加规范化、专业化。格雷厄姆·亨德利博士于 2009 年 9 月加入团队，他以前在西悉尼大学（University of Western Sydney）的教学发展部门工作，过去的工作经验使他十分胜任教学中心的职位。

悉尼大学教学和学习中心将有关招录信息公布在网上，面向全世界招贤纳才。据统计，教学中心 2004 年有员工 15 人，2005 年有 13 人，2006 年有 17 人，2007 年有 16 人，2008 年有 22 人，2009 年有 23 人。总的来说，教学中心的队伍在不断壮大，说明了教学中心的工作越来越繁重和重要。

（四）悉尼大学教学和学习中心的资金介绍

2009 年，悉尼大学教学和学习中心和其他部门一样，并未完成其预算投资。教学中心实际的全部收入高于预算。虽然增聘了临时工作人员帮助加强调查工作，但由于有些职位人员未到岗，因此节省下了工资的预算资金。总体来说，实际工资开支低于预算。预算中非工资开支增加的部分主要用于其他设备投资。

2009 年悉尼大学教学和学习中心总的收入预算是 2 058 778 澳元，实际收入 2 158 312 澳元；工资性开支 1 762 136 澳元，非工资性开支 527 667 澳元，总开支 2 289 803 澳元。由此可见，实际开支大于实际的预算收入。多开支部分将从历年节余中补充。资金来源有四方面：校内运营拨款（Internal Operating Grant），特指学校接受政府拨款；研究资助（Research Grants），指各种研究课题或基金的资助。咨询和合同（Consulting and Contract）收入，指教学中心人员对外提供服务的收入；校内收入（Internal Income），指教学中心依靠自身房产出租或其他商业活动所获得的收入。教学中心 2009 年收支情况见表 1.2。

高等教育热点问题研究

表 1.2　2009 年悉尼大学教学和学习中心收支情况

项目	收支情况	
总收入	**预算**	**实际收入**
校内运营拨款	$2 048 778	$2 014 167
研究资助	$0	$19 193
咨询和合同	$0	$9 509
校内收入	$10 000	$115 443
总收入	$2 058 778	$2 158 312
工资	**预算**	**实际开支**
教研人员	$1 294 183	$968 396
兼职教学	$0	$1 218
一般人员	$556 783	$580 142
其他人员	$107 917	$212 380
总工资	$1 958 883	$1 762 136
非工资	**预算**	**支出**
员工相关费用	$77 660	$95 560
消耗品费	$45 068	$33 947
维修和保养费	$5 000	$1 047
设备采购和租赁费	$35 280	$34 698
公用设施、通信费	$105 922	$74 364
顾问及承建商费	$122 615	$92 626
保险、法律、管理费	$20 000	$95 489
学生补助、印刷、图书馆阅览费	$0	$9 199
非工资总收支	$495 693	$527 667
工资及非工资预算	$2 454 576	$2 289 803

资料来源：Institute for Teaching and Learning. ITL Annual Report 2009 [EB/OL].［2011-01-08］. https：//www.sydney.edu.au/about-us/vision-and-values/annual-report.html 09.pdf.

（五）悉尼大学教学和学习中心的基金介绍

由教学中心组织申报和管理的主要基金有如下几项。

1. 教学奖（Teaching Awards）

教学奖为奖励杰出教学者而设。资金来源：各学院、学校、澳大利亚教学委员会（Australian Learning and Teaching Council）以及其他组织。2009 年，在教学中心的帮助下，悉尼大学获得了 6 项"澳大利亚教学委员会"（Australian Learning and Teaching Council）奖励基金资助。①

2. 新南威尔士州教学质量奖（NSW Quality Teaching Awards）

新南威尔士州教学质量奖面向政府或非政府主办的各级各类教育机构的教师。参评教学质量奖，包括教师简介、教学成绩和实地访问等程序。

3. 大学合作书店卓越教学及社区奖（The University Co-operative Bookshop Excellence in Teaching and Community Award）

大学合作书店卓越教学及社区奖旨在奖励为培养学生而提供了完善和全面帮助的教学中心和其他教学机构。

4. 副校长教学奖（Vice Chancellor's Awards for Learning and Teaching）

悉尼大学副校长教学奖旨在奖励教学先进个人，以及对教学做出突出贡献的团队，每个奖项1万澳元。

5. 澳大利亚教学与学习委员会嘉奖和奖励（ALTC Citations and Awards）

澳大利亚教学与学习委员会嘉奖和奖励专门奖励在促进学生学习方面做出突出成绩的教师。嘉奖每项奖金1万澳元奖励每项奖金2.5万澳元。

6. 澳大利亚教学与学习委员会项目（Australian Learning &Teaching Council Projects）

澳大利亚教学与学习委员会是一个政府组织，这个组织为各大学教学、研究提供资金。悉尼大学是该项目历年的主要资助对象。②

---

① The University of Sydney. Recruitment and Selection Policy［EB/OL］.［2011-02-20］. https：//www.sydney.edu.au/s/search.html？collection=Usyd&query=Recruitment+and+Selection+Policy.pdf.

② Institute for Teaching and Learning. ITL Annual Report 2009［EB/OL］.［2011-01-08］. https：//www.sydney.edu.au/about-us/vision-and-values/annual-report.html09.pdf.

高等教育热点问题研究

教师还可以通过设在副校长办公室的学习与教学管理处（The Learning and Teaching Office）了解其他教学基金。该管理处为全校学生学习与教师教学提供各种教学基金支持。①

其他科研基金的信息和申请办法，还可以在学校科研处咨询和办理。

三、悉尼大学教学和学习中心的主要工作

悉尼大学教学和学习中心的主要工作内容可以概括为"开设教师专业发展项目""开展学生监督系统""开设师资规划与发展研讨会""战略计划和工作小组""研究论文、成果""校外领导与咨询""指导博士生""评估与计划""交流"等9个方面。

（一）具体工作内容

为了完成提高教学质量（Support the Enhancement of Teaching Quality）的目标，需完成以下工作。

1. 开设教师专业发展项目

教学中心致力于为全校不同专业的教师提供教师专业发展项目（Academic Development Programs），以帮助其提高教学质量。

这些项目都是为提高学校教师教学的有效性而研究和采取的应对策略。不同的研究项目，为参加项目的研究者了解当前的教学原理、讨论高等教育教学的热点问题，提供了可能的路径。

（1）开设教学原理与实践课程培训班。大学教学原理与实践项目是悉尼大学教学和学习中心开展的有关教学理论知识与实践的课程。

---

① Institute for Teaching and Learning. Recognising Teaching Excellence：Awards.Grants and Promotions［EB/OL］.［2011-02-06］. https：//www.sydney.edu.au/research/research-funding.html.

第一章　悉尼大学的教学和学习中心

这一项目的内容包括：基础教学原理、教学实践技能培训，向新教师介绍悉尼大学有关教学制度。

对所有的新教师来说，完成"大学教学原理与实践课程培训"是判定其是否合格和能否续聘的条件之一。虽然这些课程适合于全校所有的教师学习，但只有新教师必须参加这个项目绝大部分的课程学习。

这一培训项目从 2002 年开设至今，共有 1210 位教师参加。

参加培训的人员比例最高的是"保健科学专业"（Health Sciences），为 16.8%。

该项目是新教师是否续聘的评价条件之一，因此新教师们都非常重视。2009 年，6.3% 的在职教师参加了该项目的培训。参加者对此项目给予了高度评价。89% 的参加者认为该项目是一个非常实用的课程。表 1.3 显示了教研人员完成该项目的情况。

表 1.3　2009 年大学教学原理与实践课程培训人数统计

教师	参加"大学教学原理与实践"课程培训情况		
	2009 年教师参加人数	2009 年教师参加比例 /%	2002 年来参加培训人数
农业、食品专业	2	3.5	29
美学、设计专业	5	14.0	40
艺术专业	29	9.0	161
牙科专业	7	14.6	30
经贸专业	9	4.1	107
教师与社会工作专业	5	5.3	41
工程、信息与技术专业	12	6.8	90
保健专业	33	16.8	161
法律专业	2	2.9	33
医学专业	18	2.9	102
医药专业	2	3.6	50
自然科学专业	19	4.1	171
悉尼艺术学院	1	3.4	15

续表

教师	参加"大学教学原理与实践"课程培训情况		
	2009年教师参加人数	2009年教师参加比例/%	2002年来参加培训人数
护理与助产专业	2	6.3	18
悉尼音乐学院	2	3.2	15
兽医专业	10	12.1	73
其他专业	5	—	74
总计	163	6.3	1210

资料来源：Institute for Teaching and Learning. ITL Annual Report 2009 [EB/OL]. [2011-01-08]. https://www.sydney.edu.au/about-us/vision-and-values/annual-report.html 09.pdf.

（2）开设研究生课程学习班。通过（高等）教育专业研究生班的学习，帮助教师在专业上获得进一步发展。

（高等）教育研究专业研究生班有正式的合格证（formal qualification），由教学中心授予。

2009年，有38位教研员（其中13位教师）完成了该课程学习，截至2009年共有231人获得了合格证书（表1.4）。

该课程被许多悉尼大学教师当作成功实现教学生涯发展的必修课。许多刚从学校毕业出来工作的人为进一步提高专业知识而积极要求进修该课程。2003—2009年，因教学成绩突出被授予"副校长教学奖"的教师中，有超过1/3的人完成了该课程的学习。获得"（高等）教育专业研究生班"证书对悉尼大学的新教师来说就显得尤其重要，一些院系规定该课程的学习是对新教师一种强制要求。但强制性要求对部分院系来说执行起来不易，不少院系为了使教师自愿参加该课程学习，提供了合理的支持和奖励，与强制学习相比，收到了更好的学习效果。

表1.4　2009年参加（高等）教育专业研究生班学习人数统计

教师	2009年教师参加人数	2009年参加教师比例/%	2003—2009年参加培训总人数
农业、食品专业	1	1.7	12
美学、设计专业	0	0	8
艺术专业	4	1.2	24
牙科专业	1	2.1	9
经贸专业	1	0.5	10
教师与社会工作专业	3	3.2	17
工程、信息与技术专业	1	0.6	27
保健专业	7	3.6	25
法律专业	0	0	0
医学专业	6	1.0	19
医药专业	1	1.8	14
自然科学专业	1	0.2	20
悉尼艺术学院	0	0.0	2
护理与助产专业	1	3.1	5
悉尼音乐学院	0	0.0	1
兽医专业	10	12.1	33
其他专业	2	—	5
总计	38	1.5	231

资料来源：Institute for Teaching and Learning. ITL Annual Report 2009［EB/OL］.［2011-01-08］. https://www.sydney.edu.au/about-us/vision-and-values/annual-report.html 09.pdf.

（3）开设短期教师发展论坛。悉尼大学有许多短期教师，即外聘教师，他们根据自己的专业，来到悉尼大学从事必要的辅导工作，以及各种形式的教学辅助工作。

这些教师包括导师（Tutors）、实验室分析师（Lab Demonstrators）、临床和辅助人员（Clinical and Adjunct Appointments）、工作场所监管人员（Workplace Placement Supervisors）和教学人员（Teaching Fellows）。这些教师由于其工作性质的临时性，通常无法获得正常的专业深造机会。对他们的培训，要求有更加具体的内容，有对实际工作更具针对性的指导，而非战略性的、引领式的知识学习。

因此,最有效的专业指导就是本部门提供的操作培训。基于这一背景,教学中心于2009年开始为全校短期教师主办一系列的专业发展论坛。

根据2008年澳大利亚教学委员会的报告,澳大利亚高等院校中40%~50%的教师属于短期教师。因此,参加短期教师发展培训,就成了一种典型的提高专业素养的方式。

(4)为新教师提供资料服务。任何一位新教师进入悉尼大学之后,首先与之打交道的就是教学中心。新教师会拿到悉尼大学教学资源包(Teaching at Sydney Resource Pack),这个资源包里有:关于教学中心的说明书和联系方式;关于专业课程与见习课程的介绍;关于教学中心资源的说明,以及有关学生学习帮助服务的介绍;关于教师可能遇到的挑战、问题以及一些有效应对办法;关于重要教学制度的介绍;有关教育专业协会的介绍;教学中心编辑出版的有关悉尼大学教学情况介绍的最新一期杂志——《协作》;悉尼大学校园地图一份。

2009年以来,教学中心通过上述方式,帮助850多位新教师熟悉了悉尼大学有关教学的相关规定。许多新教师还参加了教学中心举办的其他专业和实践活动。

(5)开设研究生导师培养课程。研究生导师培养课程主要是为新的研究生导师开设的。

学校教务处规定,新任的研究生导师都应该完成该课程学习,并记录在其教学档案中。

研究生导师培养课程由教学中心以适当方式组织实施,作为导师的专业发展进修课程之一,或者作为其获得教育学硕士专业学习经历的评估依

第一章 悉尼大学的教学和学习中心

据之一。

根据教学中心的工作计划或安排，一些院系可以自行组织研究生导师培养课程相关论坛或研讨会。该课程 2008 年开设当年有 123 人完成了相关课程学习，2009 年有 90 人完成相关课程学习（表 1.5）。

表 1.5　2009 年参加研究生导师培养课程学习人数统计

教师	2009 年教师参加学习人数
农业、食品专业	3
美学、设计专业	2
艺术专业	5
牙科专业	0
经贸专业	21
教师与社会工作专业	4
教师	2009 年教师参加学习人数
工程、信息与技术专业	2
保健专业	5
法律专业	0
医学专业	19
医药专业	1
自然科学专业	17
悉尼艺术学院	1
护理与助产专业	5
悉尼音乐学院	0
兽医专业	3
其他专业	2
总计	90

数据来源：资料来源：Institute for Teaching and Learning. ITL Annual Report 2009［EB/OL］.［2011-01-08］. https://www.sydney.edu.au/about-us/vision-and-values/annual-report.html 09.pdf.

（6）开展系列研讨会。教学中心系列研讨会（ITL Seminar Series）旨在补充教学中心专业发展课程的不足，为教师提供跨学科讨论，探讨悉尼大学教学发展问题。这些研讨会是面向所有教师开放的，但一般来说，更感兴趣的人群是在读或往届的（高等）教育专业研究生班学员；那些工作与教学相关的研究学者；教学一线人员等。这些研讨会吸引了全校众多教师，他们讨论有关教学的热点话题。

2. 开展学生监督系统

（1）开展本科毕业生课程学习情况调查。本科毕业生学习情况调查，是对悉尼大学毕业的本科生进行的问卷调查。一般每年的4月和10月各进行一次。

（2）开展研究生研究经验问卷调查。研究生研究经验问卷调查（Postgraduate Research Experience Questionnaire）每年针对悉尼大学在读研究生进行。

（3）开展本科生课程学习情况问卷调查。本科生课程学习情况问卷调查（Course Experience Questionnaire）每半年进行一次。调查结果将反馈给主管教学的副院长、系主任和相关人员。

（4）开展学生研究情况问卷调查。学生研究情况问卷调查（Student Research Experience Questionnaire）每年进行一次。调查结果将反馈给主管教学的系主任和相关人员。

（5）为教师提供教学反馈信息。教学中心通过网络及纸质问卷相结合的调查形式，对学生进行学习成绩评估，为教师提供教学反馈信息。

教学中心为教师提供教学情况反馈、研究指导情况反馈或实习指导情况反馈等信息，帮助教师明了自身工作中存在的问题，改善工作方法。

3. 开设师资规划与发展研讨会

（1）开展教学小组活动。教学中心开展旨在提高教学质量的各种活动，如为教师开设研讨与交流会议、在全校中就教学议题进行经验交流、为促进教学进步开展有价值的工作。

（2）帮助教师制定个人发展规划。教学中心还通过许多以教师为主题的会议，帮助大学制定战略规划，以及帮助教师制定个人发展规划，促进大学和教师协调均衡、科学合理地发展。

4. 战略计划和工作小组

（1）促进卓越项目。澳大利亚教学委员会资助的"促进卓越项目"（Promoting Excellence Initiative Project）又名"在相关院系体现学者教学发展项目"（Enhancement of Reflective Scholarly Teaching in Communities of Inquiry）。这一项目旨在对教学实践中体现出的新思想与新尝试进行奖励与鼓励，提高教师对教学新思想进行探索和实践的能动性。

帮助教师准备评奖或者申请项目。这一项目还与学校的其他委员会一道，在新生入学第一年提供各种学习经验咨询，促进新生尽快融入大学集体。

（2）培养毕业生特色与体现悉尼大学学习经历项目。教学中心有一个教务长工作小组（Provost's Working Group），是应《2008年工作小组报告》（2008 Working Group's Report）的要求成立的，专门负责培养毕业生特色与体现悉尼大学学习经历项目（Graduate Attributes and the Sydney Experience）的一些具体事务，包括：①课程规划（Curriculum Mapping），主要是对本科新生的通识教育课程（Liberal Arts and Science）进行规划；②学生基本学习技能的培养；③支持教师在现有课程的教学中开展创新教学，以体现悉尼大学的毕业生特色（Graduate Attributes）和悉尼大学的学习经历。

（3）培养学生的主动性与兴趣项目。这一项目由两部分组成，包括学生在作坊中的实习项目，以及要求教师实施和评估教学在促进学生学习主动性方面所取得效果的特定项目。

2009年有21位物理、化学、教育等专业的教师参与了这一实验，他们都来自教学中心等院系。

这一项目要求收集参与实验的教师的教学信息。教师在实验中使用一种"先验理念"（Pre-post-test Methodology）的新教学技能和方法。2009年大约有3 400名学生参加了实验，他们回答调查问卷，参加学习小组，展示他们在学习小组中的主动性和兴趣。

实验结果表明，学生的学习主动性在高分学生中较为突出，尤其是在他们感兴趣的学习领域。这一实验结果还表明，教学方法的多变对学生学习的主动性和兴趣提高有很大的影响。因此，将对教师教学方法的干预作为促进学生学习的一个必要环节，显而易见是十分必要的。

（4）药学专业中的"先锋学习"实验。这一项目在药学专业的教师中使用，用于评估"先锋学习"（Peer Learning）活动的作用。重点在评估活动的设计、内容（写作和语法）要求，以及学生学习目标的制订是否合理。每一位参加该实验的教师需观察另一个实验小组的教师在这四方面的实施效果。

所有实验参加者通过网络在线讨论或面对面的会议讨论提供反馈意见。在每一个学期末，所有的实验参加者均写一份总结，陈述他们参加"先锋学习"的经验，以及"先锋学习"对教学的影响（及最终对学生学习的影响）。

（5）评估工作小组。教学中心教务委员会就相关基本评估标准展开辩论，找出存在的问题，对学校当前的评估政策文本进行审查。

2009年，教学中心与不同学科的教师共同举办了研讨会，在某些特定的学科领域与他们一起参加实践，一起探讨基于评估实践有效标准的实施办法。

开展这一活动的目的在于，找出特定学科领域中基于评估实践有效标准在实施过程中存在的障碍，据此，发展和完善在试点院系和专业的成功做法。这一活动的实验结果将呈交教学中心以供进一步研讨。

（6）教学发展协调员项目。教学发展协调员项目（Teaching Development Coordinator Projects）重在协调和关注教学中心的全体工作人员，尤其是两个教学发展协调小组（艺术专业小组和健康专业小组），在艺术专业的课程教学活动中，如何通过视觉刺激方法的使用和系统化程度的提高，运用跨文化的修辞项目、虚拟交流项目，借鉴其他国际先进的教学法，更好地帮助学生学习。

5. 研究论文成果

教学中心在国内保持着高水平的研究。在2009年，教学中心在期刊发表论文10篇，提交会议论文22篇，会议论文集2本，会议发言8篇，其他出版物2种。这些成果表明，教学中心对高等教育研究的重视以及为推动教学发展所做的贡献。

6. 校外领导与咨询

教学中心的工作人员还积极参加校外研究机构的领导工作和咨询服务。2009年，教学中心的教学人员在声誉很高的《高等教育》（*Higher Education*）、《高等教育教学》（*Teaching in Higher Education*）和《学术发展国际期刊》（*International Journal of Academic Development*）等期刊担任编委或顾问。

（1）校外服务。教学中心积极参加校外服务工作。如 2009 年，教学中心的基思·特里格韦尔教授在南非约翰内斯堡的威特沃特斯兰德大学（University of Witwatersrand）承担有关教学发展研究的顾问。另外，教学中心的西蒙·巴里教授应邀在几个国外大学发表演讲，在英国的邓迪大学（University of Dundee）、格拉斯哥大学（University of Glasgow）和斯特拉斯克莱德大学（University of Strathclyde）作了关于"21 世纪研究生特点"（Graduate Attributes for the 21st Century）的系列讲座。

（2）专业领导。教学中心的教师还承担了不同团体和组织的专业领导工作。如：教学中心的基思·特里格韦尔教授是 2007—2009 年国际社会教学奖（Scholarship of Teaching and Learning）协会的联席主席。

（3）编审工作。教学中心教师还承担了一些杂志的编审工作。如：教学中心的基思·特里格韦尔教授是期刊《高等教育》的主编之一；西蒙·巴里教授是期刊《高等教育教学》的编委之一。教学中心的几乎所有学者，都积极地参与到不同种类高等教育期刊的编审工作中。

7. 指导博士生

教学中心以研究为手段，在促进教学发展方面的工作卓有成效，享有国际声誉。教学中心的成员在他们各自的专业领域内独领风骚。

因此，教学中心总能收到国内外的在读博士请求为其做研究顾问、做博士后导师，或为其博士毕业论文做指导的信件。

参与博士生项目活动，对促进悉尼大学研究生培养方式改变、增加校内外合作渠道大有裨益。2009 年，教学中心为悉尼大学的 10 个博士做了导师或合作导师，成功指导两位博士完成了他们的博士论文。

8. 评估与计划

教学中心规范其自身的工作管理，努力监督整个学校的教学运行。如：定期监督学校规划实施情况；比较同类大学教学情况；定期审查和监督相关院系的教学与研究活动计划实施情况。

9. 交流

（1）开办教学中心网站。教学中心网站于2009年建成并投入使用，该网站能够及时反映教学中心的工作与研究动态，适应新时期大学发展的需要。

教学中心网站作为一个开放的展示平台，学校的战略规划、研究项目，各种教学和学习项目均可通过网站查阅和交流。所以，该网站成了教学中心与师生交流的重要渠道。2009年，教学中心网站吸引了91 000人次的点击量，全校平均每人花3分钟浏览了网页。每月有7 583人次点击量，其中每月1 250次的点击量来自英国和美国的读者，每月有1 650次的点击量来自悉尼大学的教师。教学中心访问量最大的栏目有"调查栏目"（如悉尼大学毕业生问卷调查）、"教学与悉尼大学"等。

（2）开办教育教学期刊。教学中心出版了专门探讨教育教学问题的期刊，名叫《协作》（*Synergy*）（网址：http://www.itl.usyd.edu.au/synergy/），以促进悉尼大学全校学者之间相互交流有关教育教学的问题。2009年出版了两期，向悉尼大学校内外教职员工发行，每期印刷5000本。这份期刊为悉尼大学教师提供了重要的教育教学文章发表园地，有效地提高了全校职工对教学在大学校园文化中的重要性的认识。

高等教育热点问题研究

（3）开设电子公告。2009年7月，教学中心推出了一个"教学与悉尼大学"（网址：http：//www.itl.usyd.edu.au/news/bulletin.cfm）的电子公告栏目，及时反映悉尼大学教学动态，以及高等教育领域的最新研究成果。每月固定的内容包括从教育期刊转载的一篇论文解读、教学心得、即将召开的教学会议预告、教育研究领域各种奖励或奖金评比消息。设有"网站意见反馈"栏目，以及最近学校会议的评论和当月有关学习与教学论坛的综述。电子公告每月更新，自开通以来非常受欢迎，平均每月有335次点击量。

（二）主要工作成绩（以2009年为例）

1. 工作内容和服务对象综述

围绕教学中心的三大目标，教学中心的工作内容分为9大类，28小项。其中，直接为全校教师服务的内容有19项，直接为本校学生服务的内容有10项，为校外机构服务的内容有3项，同时为校内外师生或机构服务的有2项，详见表1.6。悉尼大学的教学中心主要是为本校教师和学生服务，同时它并非是一个封闭的组织，也积极对外交流。研究发现，悉尼大学的教学中心就是一个为教师和学生服务的组织，其主要工作可以概括为学习、研究、监督与交流等方面。学习，主要是让教师通过课程学习班等形式学习专业知识，提高教学技能；研究，是教学中心本身研究教育教学，并提供全校教师研究成果的发表平台；监督，是通过教学成品——学生的各种调查和反馈信息，监督教学，提高教学质量；交流，是利用论坛、杂志和网络等媒介，鼓励全校师生与校内外人员在学校教学、管理等方面交流与反馈。可见，悉尼大学的教学中心承担着较为多元而繁杂的任务。

第一章 悉尼大学的教学和学习中心

表1.6 悉尼大学教学和学习中心工作内容和服务对象

工作目标	工作内容	服务对象
提高教学质量	**1. 教师专业发展项目**	全校教师（新任、外聘等）
	（1）开设大学教学原理与实践课程培训班	新教师
	（2）开设研究生课程学习班	全校教职工
	（3）开设短期教师发展论坛	外聘教师
	（4）为新教师提供资料服务	新教师
	（5）开设研究生导师培养课程	新任研究生导师
	（6）开展系列研讨会	全校教师
	2. 学生监督系统	在校生和毕业生
	（1）开展本科毕业生课程学习情况调查	本科毕业生
	（2）开展研究型研究生研究经验问卷调查	在校研究生
	（3）开展本科生课程学习情况问卷调查	在校本科生
	（4）开展本科生研究情况问卷调查	在校本科生
	（5）学习成绩评估和为教师提供教学反馈信息	在校生、教师
	3. 开设师资规划与发展研讨会	在校教师
	（1）开展教学小组活动	在校教师
	（2）帮助教师制定个人发展规划	在校教师
	4. 战略计划和工作小组	在校师生
	（1）促进卓越项目	在校师生
	（2）培养毕业生特色与体现悉尼大学学习经历项目	在校师生
	（3）发展学生的主动性与兴趣	在校教师
	（4）药学专业中的"先锋学习"实验	药学专业教师
	（5）评估工作小组	在校师生
	（6）教学发展协调员项目	在校师生
提升研究成果	**5. 教学中心研究成果**	教学中心的教师
	6. 校外领导与咨询	校外机构
	（1）校外服务	校外机构
	（2）专业领导	校外机构
	（3）编审工作	校外机构
	7. 指导博士生	校内外博士
深化评估、监督与交流活动	**8. 评估与计划**	本校及院系
	9. 交流	校内外师生
	（1）开办教学中心网站	校内外师生
	（2）开办教育教学期刊：《协作》	校内教师
	（3）开设电子公告："教学与悉尼大学"	校内师生

资料来源：Institute for Teaching and. Learning. ITL Annual Report 2009 [EB/OL]. [2011-01-08]. https://www.sydney.edu.au/about-us/vision-and-values/annual-report.html 09.pdf.

2. 工作成绩综述

2009年，教学中心除了继续提供专业发展服务之外，还增加了几个新的服务项目，这些项目是在预算减少但总体服务质量不变的情况下增加的。

2009年，教学中心为超过850名新教师提供了相关教学资源；在新教师培训工作中取得了令人瞩目的成绩。除此之外，有163位教师完成了教学中心为期2天的"大学教学原理与实践"课程（Principles and Practice of University Teaching Course）学习。这一课程学习活动截至2009年已开展了6期。如果过去6年中，所有的教师仍然在悉尼大学任教，那么将有超过50%的教师现在已完成了该课程的学习。

2009年有38位教师通过教学中心的培训，完成了为期一年的（高等）教育专业研究生班的学习并获得合格证书。这一证书制度首次执行于2003年，截至2009年，全校共有230位教师完成了该课程，并获得了"大学教师资格证"（Formal Qualification in University Teaching）。

2009年，教学中心的另一重要成就是：90%以上的教师在科学研究方面获得了教学中心的相关指导。

2009年，教学中心开始了一项新目标：为教师提供专业训练机会，以支持本校教师的专业发展，从而最大限度地减少对外聘短期教师的依赖。这些短期教师大约有3 000名，广泛分布在教学、实习、实验室等岗位。

2009年，教学中心继续开展有关调查工作。教学中心开展的"澳大利亚毕业生调查"（Australian Graduate Survey），包括课程学习经历的调查。对悉尼大学的毕业生调查，首次获得超过半数（52%）学生的反馈。在这一年，教学中心内部评价系统（ITL's Internal Survey Systems）的使用率增长了12%，有超过125 000份学生学习评估与教师教学情况调查问卷获得了处理。虽然教学中心 2009 年获得的经济资助仅相当于 2001 年的水平，但自从这一调查处理系统投入使用以来，该系统的使用率已达到了 60%。

教学中心的研究取得了新的成果与进展，获得 33 万澳元资助，出版了 32 份相关研究成果（包括书籍、书籍章节、相关的期刊文章和十多份演讲稿）。这些成果进一步加强了教学的中心的工作在国内外的领先地位。

为了提高教师教学质量和学生的学习成绩，教学中心和澳大利亚教学委员会，与学校相关部门一道，资助了"促进卓越项目"的开展。

更重要的是，"促进卓越"的研究项目能为教师提供建议，帮助教师准备竞争激烈的澳大利亚教学委员会组织的研究项目及经费申请。

2009 年，悉尼大学代表队共获得了 6 项澳大利亚教学委员会（国家级）研究项目，为相关研究单位引进了超过 1 300 万澳元的科研经费。

而且，除了其委员会和工作小组外，教学中心还协助全校的 17 个其他委员会和工作小组开展他们的工作。

2009 年，教学中心还实施了一项新计划，即开设"教学和悉尼大学"电子公告，这是一个每月更新的新闻邮件。内容主要包括有关教师的新闻，旨在让教师了解全校教师教学动态，促进校方与教师、教与学之间的密切联系。电子公告几乎成了师生必看的校内"新闻"。教学中心还印刷了教学简报作为电子公告的补充，为教师开辟可读性较强的教学专栏。[1]

（三）师生对教学中心工作的评价

教学中心工作人员："我非常喜欢我的工作。在这里，我有幸能与众

---

[1] The University of Sydney. Grants & Initiatives [EB/OL]. [2011-01-30]. http://www.usyd.edu.au/learning/quality/grants.shtml.

高等教育热点问题研究

多才华横溢、经验丰富的同事一起工作，共同为丰富学生学习经验而努力奋斗。"

新教师："作为一个刚刚工作的新教师，在教学中心两天的培训，不仅让我对高等院校的教学理论，尤其是针对悉尼大学的教学方法及原则有了更深刻的了解和把握，也使我今后能更好地开展教学，能驾轻就熟地以专业教学技巧和自身言行培养学生的学习兴趣，有效地提高学生的学习效果。"

（高等）教育研究专业研究生班学员："（高等）教育研究专业研究生班的学习给教师教学和学生学习提供了不少技巧。此前我对此知之甚少。参加学习为我打下了作为一名学者型教师的牢固基础：理论知识、教学技巧和教学评价方法等。"

教学小组活动参加者："有机会参加教师问题讨论，诸如有关教学质量、教学管理和教学实践等的讨论，并交流彼此的思想，是非常有意义的。教学中心成功地带领全校师生努力实施澳大利亚教学委员会资助的国家毕业生特色项目，这是非常富有远见卓识的创举。这一项目汇集了一大批课程专家，开设了一些特色课程，制定了许多学习策略，提出了不少教学改革建议。所有这些方面，均被认为是体现了悉尼大学的固有特色。悉尼大学的成功做法，在澳大利亚全国开了先河，对全国其他高校具有示范作用。"

培养毕业生特色与体现悉尼大学学习经历项目参加者："在我们的大学中，为培养毕业生特色而开设的精彩辩论和典型教学案例，使我获益匪浅，在此项目中学习一天胜过在其他地方学习三天。"

教学发展协调项目参加者："参与此项目非常有价值，可以在监督全校教学实施方面获得更加宽阔的视野，让人真切地感受到作为一个学生导师,你永远不会感觉到孤独,还有其他同行在那里与你切磋。"①

2004年《悉尼大学审计报告》(*Audit Report for University of Sydney*)指出:"悉尼大学教学和学习中心通过世界一流的教学评估系统,以及不断加强教师尤其是新教师的专业发展,为确保学校教学质量发挥了重要作用。"②

四、悉尼大学教学和学习中心经典活动案例

学生课程学习情况问卷调查(Student Course Experience Questionnaire,SCEQ)是教学中心进行的最为繁重和重要的工作之一,因此有必要对其进行重点介绍。③

学生课程学习情况问卷调查每两年进行一次。悉尼大学教学和学习中心于1999年开始这项调查研究,并对所有本科生进行了人口普查。2000年,为降低调查成本,教学中心仅对本科生进行了抽样调查,同时将调查范围扩大到了在读研究生。

2001年以后,对在读研究生人数超过500人的院系只进行抽样调查;在读研究生人数少于500人的,则须全部接受调查。④

(一)调查目的

了解学生对课程教学和学习情况的评价,以此作为学校制订政策的参

---

① Institute for Teaching and Learning. ITL Annual Report 2009 [EB/OL]. [2011-01-08]. https://www.sydney.edu.au/about-us/vision-and-values/annual-report.html09.pdf.
② Institute for Teaching and Learning. ITL Annual Report 2009 [EB/OL]. [2011-01-08]. https://www.sydney.edu.au/about-us/vision-and-values/annual-report.html09.pdf.
③ Institute for Teaching and Learnin. ITL Annual Report 2004 [EB/OL]. [2011-01-01]. https://www.sydney.edu.au/about-us/vision-and-values/annual-report.html04.pdf.
④ Institute for Teaching and Learning. About the survey [EB/OL]. [2011-01-02]. https://www.sydney.edu.au/courses/search.html.

考；同时了解教师教学发展水平，评估学生课程学习情况，以便提高教学质量。

（二）调查方式

调查每年进行一次，使用一份特别设计的问卷——学生课程学习情况调查问卷。

采取分层随机抽样（Stratified Random Sampling）的采样方法，根据专家的统计意见，以确保随机抽样结构完整和达到一定的数量。

为确保所有年级在学院样本中有一定的代表性，从每一个年级抽取的学生数依据学生在学院中所占的比例。

悉尼大学对一年级学生的意见特别感兴趣。为了从一年级学生中获得有效的反馈意见，随机抽样会确保从每一个学院的一年级新生中抽取一定数量的问卷。

（三）调查程序

调查程序保证了回收50%以上的调查问卷。

（1）通过电子邮件或纸质信函给所有本科生发送调查问卷，并告知他们完成问卷有两种方式：填写纸质问卷并通过事先贴有邮票的信封寄回调查问卷；通过教学中心相关网页，在网上完成并提交调查问卷。

（2）再次发送电子邮件或信函，提醒到期未提交调查问卷的同学，请他们通过网络形式或纸质方式完成调查问卷。

（3）对没有回信的同学，将再次寄出调查问卷和邀请填写问卷的信函，请他们填写并寄回调查问卷。

（4）对于问卷回收率较低的院系，将雇请电话采访员，进行简单、必要的培训之后，由这些电话采访员通过电话邀请未寄回问卷的同学及时寄回，或通过电话连线的方式完成调查问卷。①

（四）调查内容

调查问卷内容共分两部分，一部分是针对课堂教学和学习问题的；另一部分是针对学习帮助或支持服务的。题型也有两种：单项选择题和主观陈述题。如表1.7所示。

表1.7　2009年学生课程学习情况调查问卷

填写方法：请使用蓝色或黑色铅笔、2B铅笔填写；不要使用红色钢笔填写。如填写有误，请擦拭干净，不要留有污渍。请将标示数字的圆圈涂黑，如：○○●○。

调查问卷的目的：本调查是悉尼大学致力于提供最高质量教学的努力的一部分。

感谢您的合作！请将填写完毕的表格交回。您的调查信息将绝对保密。您的姓名或学生证号码不要出现在本调查表上；您的回答也不要涉及个人信息。

第一部分：询问有关你学位课程的教学情况。请根据左边的问题，将与之对应的右边评价意见下的相应序号涂黑	坚决不同意	不同意	中立	同意	坚决同意
1. 我发现我的课程教学很能启迪心智	①	②	③	④	⑤
2. 我觉得这门课程学习压力很大	①	②	③	④	⑤
3. 教师通常能够给我有效的指点	①	②	③	④	⑤
4. 作业量过重	①	②	③	④	⑤
5. 学习这门课程有助于我成为团队中的一员	①	②	③	④	⑤
6. 我非常清楚自己学习情况和想要学到什么	①	②	③	④	⑤
7. 课程组织有效促进了我的学习	①	②	③	④	⑤
8. 任课教师激励我成为最好的自己	①	②	③	④	⑤
9. 课程学习锻炼了我的分析能力	①	②	③	④	⑤
10. 由于学习了这门课程，我处理陌生问题时更加自信	①	②	③	④	⑤
11. 课程学习提高了我进一步学习的兴趣	①	②	③	④	⑤
12. 可以轻易知道完成作业要求的标准	①	②	③	④	⑤
13. 教师更在意我记住了什么而非我理解了什么	①	②	③	④	⑤
14. 在有时候，信息技术帮助我学习	①	②	③	④	⑤
15. 我通常会花足够的时间去理解所学	①	②	③	④	⑤
16. 教师也花了足够的时间去理解难点，这些难点我可能也会遇到	①	②	③	④	⑤

---

① Institute for Teaching and Learning. Data collection methods［EB/OL］.［2011-01-02］. https://www.sydney.edu.au/courses/search.html.

续表

第一部分：询问有关你学位课程的教学情况。请根据左边的问题，将与之对应的右边评价意见下的相应序号涂黑	坚决不同意	不同意	中立	同意	坚决同意
17. 我仅从分数或等级才能获取我作业的反馈	①	②	③	④	⑤
18. 课程学习培养了我解决问题的技能	①	②	③	④	⑤
19. 任课教师善于分析问题	①	②	③	④	⑤
20. 很多教师仅提问有关事实问题	①	②	③	④	⑤
21. 教师努力使其教学引人入胜	①	②	③	④	⑤
22. 课程学习促进了我写作交流能力	①	②	③	④	⑤
23. 课程学习有助于提高我制订工作计划的能力	①	②	③	④	⑤
24. 繁重的作业使人难以对课程有深入的了解	①	②	③	④	⑤
25. 教师一开始就知道他希望学生学到什么程度	①	②	③	④	⑤
26. 课程学得好不好，依靠的是记忆	①	②	③	④	⑤
27. 教师投入大量时间用于批改我的作业	①	②	③	④	⑤
28. 我觉得只有一部分同学和教师努力学习	①	②	③	④	⑤
29. 很难发现我对这门课程有过多期待	①	②	③	④	⑤
30. 我从积极的研究者那里获益匪浅	①	②	③	④	⑤
31. 我学会了与他人自信地交换看法	①	②	③	④	⑤
32. 获取图书馆资源很方便	①	②	③	④	⑤
33. 课堂上可以听到学生的观点和建议	①	②	③	④	⑤
34. 我觉得自己属于学校中的一员	①	②	③	④	⑤
35. 我能和教师、同学一起探讨学术问题	①	②	③	④	⑤
36. 课程学习发展了我的科研能力	①	②	③	④	⑤
37. 课程学习促进了我的道德、社会和专业素质的发展	①	②	③	④	⑤
38. 悉尼大学的网站资源有助于我的学习	①	②	③	④	⑤
39. 课程学习提高了我口语、写作、观察和交际能力	①	②	③	④	⑤
40. 我正考虑停止对这一课程专业的探索	①	②	③	④	⑤
41. 网上与教师和同学交流促进了我的学习	①	②	③	④	⑤
42. 课程学习有效地促进了我获取信息的能力	①	②	③	④	⑤
43. 网上课程很好地弥补了面对面的课程教学中的不足	①	②	③	④	⑤
44. 我觉得自己决定学习这门课程是正确的	①	②	③	④	⑤
45. 网上学习更能让我积极参加课程学习	①	②	③	④	⑤
46. 我很自信本学期能通过所有的课程考试	①	②	③	④	⑤
47. 我学习足够努力	①	②	③	④	⑤
48. 课程学习培养了我的个性和学习的独立性	①	②	③	④	⑤
49. 本学期课程学习所需设备，如教室和实验室等充足	①	②	③	④	⑤
50. 总之，我对这个专业的课程教学是满意的	①	②	③	④	⑤
51. 您的课程教学哪方面是最好的？为什么					
52. 您的课程教学哪方面是应该改进的？为什么					

第一章 悉尼大学的教学和学习中心

续表

第二部分：上学期您得到了哪些大学教学服务，请总体评价这些教学服务的质量	本学期使用这些服务了吗？		这些服务的质量是：				
	用了	没用	很差	差	一般	好	很好
53. 辅导服务	○	○	①	②	③	④	⑤
54. 学习中心服务	○	○	①	②	③	④	⑤
55. 数学学习中心服务	○	○	①	②	③	④	⑤
56. 残疾人服务办公室服务	○	○	①	②	③	④	⑤
57. 金融资助办公室服务	○	○	①	②	③	④	⑤
58. 兼职服务	○	○	①	②	③	④	⑤
59. 大学生健康服务	○	○	①	②	③	④	⑤
60. 图书馆服务	○	○	①	②	③	④	⑤
61. 职业中心服务	○	○	①	②	③	④	⑤
62. 国际办公室服务	○	○	①	②	③	④	⑤
63. 国际学生帮助中心	○	○	①	②	③	④	⑤
64. 食品零售网点服务	○	○	①	②	③	④	⑤
65. 学生中心服务	○	○	①	②	③	④	⑤
66. 学院或部门学生管理中心服务	○	○	①	②	③	④	⑤
67. 计算机存取中心服务	○	○	①	②	③	④	⑤
68. 学院或部门计算机中心服务	○	○	①	②	③	④	⑤
69. 学校互联网服务中心服务	○	○	①	②	③	④	⑤
70. 安全中心服务	○	○	①	②	③	④	⑤
71. 住宿管理中心服务	○	○	①	②	③	④	⑤
72. 学校房产管理中心服务	○	○	①	②	③	④	⑤
73. 信息和通信技术咨询台（例如，技术与电子学习服务台）服务	○	○	①	②	③	④	⑤
74. 总之，我对学校的学生管理和帮助质量是满意的	坚决不同意	不同意		中立	同意		坚决同意
75. 学校对学生管理和帮助的服务在哪些方面是最好的？为什么							
76. 学校对学生管理和帮助的服务如何改进才能更好地帮助学生学习							

感谢您填写此问卷。请勿折叠。请放入提供给您的信封中寄回。

资料来源：Institute for Teaching and Learning. Data collection methods［EB/OL］. ［2011-01-02］. https: //www.sydney.edu.au/courses/search.html.

（五）调查反馈

1. 教学中心发布调查报告

收集学生对课程教学和学习的反馈信息，以及对教学管理和学习指导方面的意见，并对这些反馈信息和意见进行分析、整理，通过教学中心网站对全校教师和学生发布一系列学生课程学习情况问卷调查报告。如表1.8所示。

表1.8　2009年悉尼大学学生课程学习情况问卷调查总体情况

院　系	学生人数	调查人数	回收问卷数
农业、食品和自然资源学院	466	466	246
美学、设计学院	523	501	264
艺术学院	7 985	2 065	1 408
牙科学院	426	426	302
经贸学院	4 211	2 142	1 101
教师与社会工作学院	2 147	512	288
工程、信息与技术学院	2 764	506	262
保健学院	3 231	630	419
法学院	1 722	925	476
医学学院	1 155	518	339
医药学院	1 069	501	311
理学院	5 480	1 157	629
悉尼艺术学院	511	501	282
护理与助产学院	490	490	263
悉尼音乐学院	654	516	340
兽医学院	840	502	309
总计	28 834	10 405	5 830

资料来源：Student Course Experience Questionnaire（SCEQ）．Results and reports［EB/OL］．［2011-1-11］．https：//www.sydney.edu.au/courses/search.html．

表1.8显示，2009年悉尼大学学生课程学习情况问卷调查中，调查的院系问卷回收率均超过50%，全校平均达56%，表明学生参与调查的积极性较高，调查结果具有较高的信度。

教学中心对本科生学习情况的调查研究，从2001年开始每年一次，2003年之后改为每两年一次。2001—2009年回收的有效问卷数量是：2001年，4 277份；2002年，4 255份；2003年，4 256份；2005年，4 060份；2007年，4 313份；2009年，5 831份。

第一章 悉尼大学的教学和学习中心

在各次调查中，各院系学生对悉尼大学教学情况和教学服务两类指标的总体满意度百分比如表1.9所示。

表1.9 2001—2009年学生课程学习满意程度调查报告

学 院	年份 2001	2002	2003	2005	2007	2009	年份 2001	2002	2003	2005	2007	2009
	教学情况的学生总体满意度/%						教学服务的学生总体满意度/%					
农业、食品和自然资源学院	69	67	66	65	71	75	76	74	77	69	76	82
美学、设计学院	59	62	69	57	71	67	59	61	70	69	71	61
艺术学院	74	69	74	73	85	78	60	56	72	69	74	70
悉尼音乐学院	64	73	76	76	78	80	48	51	53	59	60	72
牙科学院	71	64	56	56	41	41	53	61	68	64	61	66
经贸学院	64	63	62	65	72	73	65	57	53	65	75	68
教师与社会工作学院	73	70	68	72	79	79	61	61	72	73	73	77
工程、信息与技术学院	61	58	58	62	64	69	67	56	71	64	67	74
保健学院	73	71	71	69	68	76	61	55	61	60	68	73
法学院	86	90	89	82	82	80	59	57	63	68	74	66
医学院	86	90	89	82	82	80	67	64	74	73	68	72
护理与助产学院	51	58	52	51	65	80	55	55	66	61	68	65
医药学院	56	62	59	64	77	77	68	66	70	66	79	81
理学学院	63	72	67	71	74	80	65	62	70	74	74	73
悉尼艺术学院	62	69	69	74	75	75	53	58	55	61	68	68
兽医学院	79	78	80	85	85	79	68	65	65	66	71	71
总计	69	70	69	69	73	75	62	61	66	67	71	71

资料来源：Institute for Teaching and Learning. Results and reports[EB/OL].[2011-01-11]. https://www.sydney.edu.au/courses/search.html.

从表1.9中可知，2001—2009年，总体上来说，悉尼大学全校学生对教学情况的满意度从69%变化为75%，学生对学校教学情况的满意度在逐年提高，表明学校的教学质量不断改善；全校学生对教学服务的满意度从

高等教育热点问题研究

62%变化为71%，说明学校教学服务水平和质量也在不断提高。这两项指标对悉尼大学增强吸引力和竞争力至关重要。

2.教学中心采取有效措施，促进调查反馈

（1）教学中心将调查结果通报各学院主管教学的副院长，由他们负责协调本学院教师对调查的反馈。

（2）要求全校教师获取学生课程学习情况问卷调查的反馈网址，以方便阅读相关调查情况；同时，教学中心通过教师个人邮箱或通信地址，将学生每次的反馈结果直接寄达教师本人。

（3）教学中心通过各种教学讲座或研讨会向教师通报。

（4）教学中心通过学校教学工作会议、教学委员会或其他教师组织，对每次调查结果做一次分析报告。①

五、悉尼大学教学与学习中心的资源

（一）悉尼大学教学和学习中心的人力资源

2009年，悉尼大学教学和学习中心有工作人员23人，其中教授2人，副教授3人，讲师9人，讲师以上的人数占总人数的61%。2011年，教学中心有工作人员22人，其中教授2人，副教授4人，讲师6人，讲师以上的人数占总人数的55%。②总的来说，悉尼大学教学和学习中心的工作人员超过半数具有讲师以上职称，师资队伍较雄厚。

---

① Institute for Teaching and Learning. Data collection methods［EB/OL］［2011-01-02］. https://www.sydney.edu.au/courses/search.html.

② Institute for Teaching and Learning. Responding to the SCEQ［EB/OL］.［2011-01-11］. https://www.sydney.edu.au/courses/search.html.

第一章 悉尼大学的教学和学习中心

此外，教学中心还积极与其他部门合作。据统计，2009 年，悉尼大学教学和学习中心与"学术委员会""学术委员会教学分管会"等 18 个部门进行了良好合作，并得到了这些部门的有力支持。①

（二）悉尼大学教学和学习中心的课程资源与调查项目

悉尼大学《教学中心 2004 年年度报告》指出，教学中心为教师提供的课程和进行的调查研究，是教学中心的两大核心工作，也是教学中心为学校师生提供的重要资源。

悉尼大学教学和学习中心提供的课程资源主要有：

（1）开设大学教学原理与实践课程；

（2）开设研究生课程；

（3）开设短期教师发展论坛；

（4）为新教师提供的资料；

（5）开设研究生导师培养课程；

（6）开展系列研讨会。

悉尼大学教学和学习中心组织的各种调查项目主要有：

（1）本科毕业生课程学习情况问卷调查；

（2）研究型毕业研究生课程学习情况问卷调查；

（3）学生课程学习情况问卷调查；

（4）学生研究情况问卷调查；

（5）单元学习调查；

---

① Institute for Teaching and Learning. ITL Staff [EB/OL]．[2011-01-20]．https：//www.sydney.edu.au/about-us.html．

（6）教学反馈服务。

2011年，悉尼大学教学和学习中心参与组织的调查研究共分为以下四大类。

1. 学校调查

学校调查又称为国家高等教育统计（含本科毕业生课程学习情况问卷调查和研究型毕业研究生学习情况问卷调查），目的是了解澳大利亚相关大学的教学实践数据。

2. 学院调查

学院调查包括（在校）学生课程学习情况问卷调查（Student Course Experience Questionnaire，SCEQ）和（在校）学生研究经验问卷调查（Student Research Experience Questionnaire，SREQ）。学生课程学习情况调查问卷和学生研究情况调查问卷的研究，有助于各学院和学校层面为改善教学而进行规划和评估，也可作为教师评奖之依据。

3. 单元学习调查

单元学习调查（Unit of Study Evaluation，USE）是提高和改进单元学习水平的参考；单元学习调查情况充实和弥补了各学院学生课程学习情况调查问卷的不足，是教师奖励进职的参考以及提高和改善教学的基础或指标。

4. 教师教学调查

教师教学调查是为教学反馈服务的，目的是为教师设计教学计划、改善教学方法提供参考。

以上四类调查研究项目详见表1.10。

第一章 悉尼大学的教学和学习中心

表 1.10 悉尼大学教学和学习中心参与的教学调查项目

级别	名称	目的	特点
学校调查	国家高等教育统计（普通毕业生课程学习情况问卷调查和研究型毕业研究生学习情况问卷调查），网址：https://www.sydney.edu.au/courses/search.html	了解澳大利亚相关大学的教学实践	公开报告；强制性
学院调查	（在校）学生课程学习情况问卷调查，网址：https://www.sydney.edu.au/courses/search.html；（在校）学生研究情况问卷调查，网址：https://www.sydney.edu.au/courses/search.html	为改善教学而进行的规划和评估，可作为教师评奖之依据	学院及综合数据由教师秘密保存；课程学习情况调查问卷通过教学中心网站发布；强制性
单元学习调查	单元学习调查，网址：https://www.sydney.edu.au/courses/search.html	提高和改进单元学习水平的参考；教师奖励进职的参考；提高和改善教学的指标	采用定量与定性相结合的调查方法；调查结果网络公布相关数据呈交学院领导；各学院负责数据处理与汇报工作
教师教学调查	教学反馈服务，网址：https://www.sydney.edu.au/courses/search.html	教师设计教学计划、改善教学方法的参考	定量与定性的方法相结合；保密与自愿相结合

注：悉尼大学研究生分两种：Postgraduate Coursework 和 Postgraduate Research，前者是普通的硕士，注重理论层面的研究，与国内的学术型硕士相似；后者即"research"，就是更偏重具体操作研究的研究生，主要是帮导师做项目。

资料来源：Institute for Teaching and Learning. Introduction and overview of the service and reports［EB/OL］.［2011-01-12］. https：//www.sydney.edu.au/s/search.html.

可见，由教学中心组织参与的调查分为两个大类：一是国家范围进行的对悉尼大学毕业生进行的调查；二是对在校生进行的调查。从调查的层次上可分为四级：学校级、学院级，以及具体到科目和教师的调查。

（三）悉尼大学教学和学习中心的制度保障

对悉尼大学教学和学习中心的工作起指引和保障作用的制度主要有以下几项。

高等教育热点问题研究

（1）《悉尼大学法案（1989年修正案）》。此文件中强调，悉尼大学可以为实现其大学功能，为师生和学校其他成员提供教学服务及各种设施。这就在法理上确认了成立教学中心的合理性和合法性。

（2）《悉尼大学1999—2004年战略规划》。首次提出并确认了悉尼大学要从1999年开始成立一个"教学中心"，统一负责学校教学发展事务。

（3）《悉尼大学教学和学习中心2003—2006年规划》和《悉尼大学教学和学习中心2008—2010年规划》。这两个《规划》进一步对悉尼大学教学和学习中心的使命、工作任务和具体措施，提出了阶段性规划，对悉尼大学教学和学习中心的发展具有里程碑意义。

六、悉尼大学教学和学习中心的特点

（一）悉尼大学教学和学习中心是一个服务机构

悉尼大学教学和学习中心就是一个服务机构，它服务于悉尼大学。教学中心的服务性体现在以下四方面：一是开展教学发展项目，通过课程培训、学习；二是开展学生调查，通过调查问卷等各种各样的项目服务于学生学习；三是帮助学校及教师制订工作计划和生涯规划，通过与之关系密切的委员会及其他工作小组成员的努力，为教师的教学和学生的学习发展提供服务；四是开展"先锋学习"实验等各种探索性的教学尝试工作。另外，它通过开展教育研究和教学奖评比，为全校教师提供最新的教学信息与最先进的教育理念，并作为校方决策的参考，有力地推进了大学相关教学政策的革新，促进了全校教学向前发展。①

---

① Institute for Teaching and Learning. ITL Annual Report 2009 [EB/OL]. [2011-01-08]. https: //www.sydney.edu.au/about-us/vision-and-values/annual-report.html09.pdf.

（二）悉尼大学教学和学习中心是一个研究机构

悉尼大学教学和学习中心就是一个研究机构，其自身内部工作人员积极参加各种研究活动，以此来推动学校研究活动的深入开展。悉尼大学《2009年教学中心年度报告》指出，悉尼大学为学校教学研究提供了一个平台，有助于学校教育政策和目标的实现。教学中心主要通过三个措施来实现其教学研究的目标：一是教学中心教师自身大力从事教学研究；二是教学中心在校外的一些兼职，如参与校外研究机构的领导、咨询与决策；三是带领博士生开展研究与学习，尤其是对他们的毕业论文进行指导。

悉尼大学教学和学习中心为"创办研究型大学"的目标努力开展教学研究，积极帮助学校教师申请各类教学基金奖励。2009年，在教学中心的帮助下，悉尼大学获得了6项澳大利亚教学委员会资助研究项目。教学中心致力于保持高水平的研究，努力保持其研究始终处于领先地位。同时，教学中心还出版各种教育研究书刊，为国际高等教育研究机构服务，参加相关国际高等教育研究活动等，所有这些都表明悉尼大学教学和学习中心的研究性特点。

（三）悉尼大学教学和学习中心是一个交流平台

悉尼大学教学和学习中心就是一个交流平台，它积极通过各种交流媒介和活动推动学校教学信息良性互动，促进学校教学活动的深入开展。教学中心通过以下几种方式达到其交流目标：①开办教学中心网站；②开办教育教学期刊：《协作》；③开设电子公告"教学与悉尼大学"等。以开办教学中心网站为例，这一网站是悉尼大学师生发布教学信息、了解学生调查反馈等资料的重要途径。2008年，该网站总访问量为81 000次，平

高等教育热点问题研究

均每个人花两分半钟浏览了网页；每月有 6 750 次点击，其中有每月 1 100 次的点击来自英国和美国的读者，每月有 1 650 次的点击来自悉尼大学的教师。①2009 年，教学中心网站吸引了 91 000 次的点击，平均每个人花三分钟浏览了网页；每月有 7 583 次点击，其中，每月有 1 250 次的点击来自英国和美国的读者，每月有 1 650 次的点击来自悉尼大学的教师。教学中心访问量最大的栏目是调查栏目，悉尼大学课程学习情况问卷调查等栏目也深受师生喜爱。教学中心网站访问量的逐渐增加，吸引了更多人关注，有校内的也有校外的，甚至是国际的，这表明教学中心在悉尼大学师生教学活动中发挥着越来越重要的作用，吸引了校内外读者的广泛关注。

（四）悉尼大学教学和学习中心是一个监督、评估机构

悉尼大学教学和学习中心就是一个监督、评估机构，它积极通过各种调查、咨询活动为教学提供反馈信息，推动学校教学信息及时互动，促进学校教学改革与教学活动良性发展。教学中心不断规范教学管理、监督全校教学活动的有序进行。除开展各种调查与提供各种教学反馈信息外，教学中心的监督、评估工作还体现在以下几方面：①定期监督学校规划实施情况；②比较同类大学教学情况；③定期审查和监督相关院系的教学与研究活动的实施情况。此外，教学中心还定期召开教学副主任会议、开展教学论坛，研讨学校教学政策，纠正教学缺陷，发扬教学优点。可以说，教学中心为悉尼大学的教学活动及其质量起到了保驾护航的作用。②

---

① Institute for Teaching and Learning. ITL Annual Report 2008［EB/OL］.［2011-01-08］. https://www.sydney.edu.au/about-us/vision-and-values/annual-report.html08.pdf.

② Institute for Teaching and Learning. ITL Annual Report 2008［EB/OL］.［2011-01-08］. https://www.sydney.edu.au/about-us/vision-and-values/annual-report.html08.pdf.

七、悉尼大学教学和学习中心建设的启示

（一）有明确的工作目标，将工作任务明细化

悉尼大学教学和学习中心有明确的工作目标，其工作目标分为三个：一是提高教学质量，二是提升研究成果，三是深化评估、监督与交流。在这些工作目标中，提高教学质量是核心，因为大学的所有工作都是围绕教学开展的，提高教学质量，体现在对新教师进行培训、为教师进修开设课程、为保障教学质量而进行各种教学调查、获取教学反馈信息等。在每一项目标之下，都设置了若干工作内容，这些工作内容都围绕目标而开展。如针对深化评估、监督与交流的目标，悉尼大学教学和学习中心设置了两个工作内容："评估与计划""交流"。"交流"又可分为"开办教学中心网站""开办教学期刊《协作》"和"开设电子公告：教学与悉尼大学"等。所有这些举措，使教学中心的工作有条不紊、扎实高效。

（二）切实服务于教学，与学校其他部门通力合作

悉尼大学教学和学习中心的使命是与学校其他部门通力合作，致力于研究、提高并确保教学质量。据不完全统计，教学中心与学校众多部门在工作上有着较直接和密切的关系，如2009年，教学中心为完成其工作任务，与学术委员、学校学习与教学战略小组、学校网络学习管理委员会等至少18个部门合作。教学中心在高级执行小组的监督和领导下，有来自各学校各级人员的广泛参与和指导，为教学中心工作的持续和有力、有效开展，提供了充足的人力保障。可以说，教学中心是学校教学系统中重要的和不可分割的成员，它在服务于学校教学并帮助悉尼大学

成为国内外一流大学方面，起到了重要的、不可估量的作用。①

（三）以研究为重点，加强教学中心师资队伍建设

悉尼大学教学和学习中心试图以研究为重点，加强自身师资队伍的建设。教学中心为教师提供了各种机会，允许教师担任校外机构的领导职务或顾问，为校外教育单位提供专业指导，为教育研究杂志担任编审工作，为校内外的博士生担任指导老师等。2009年，教学中心为悉尼大学的10个博士担任了导师或合作导师，为其中8个博士做了基础指导，成功指导2名博士完成了博士论文。教学中心的基思·特里格韦尔教授是期刊《高等教育》的主编之一；西蒙·巴里教授是期刊《高等教育教学》的编委之一；苏珊·托马斯教授是期刊《年轻学者写作》的编委之一；塔尼亚·盖兹娜教授是澳大利亚国家医学与卫生研究基金委员会出版的国际期刊《质量、标准与观察》（International Journal of Quality and Standards and a Grant Reviewer）的编委之一。教学中心的教师还承担了不同团体和组织的领导工作。如：基思·特里格韦尔教授是2007—2009年国际社会教学奖协会的联席主席；2007—2009年，凯瑟琳·巴迪蒙特·阿弗里克（Kathryn Bartimote Aufflick）教授在HERDSA公司担任财务顾问，并在校外人员与访问学者协会中承担执行委员会委员。教学中心的教研人员还积极撰写并发表科研论文。为了让教学中心的教研人员更好地胜任服务教学、监控教学质量的角色，悉尼大学用研究来引领教学中心的各项工作；尽可能地提供各种机会锻炼教学中心的师资队伍，努力使每个人成为研究型学者或教师。

---

① Institute for Teaching and Learning. ITL Annual Report 2008 [EB/OL]. [2011-01-08]. https://www.sydney.edu.au/about-us/vision-and-values/annual-report.html08.pdf.

（四）创造开放式平台，拓展校内外师生交流渠道

为了拓展校内外师生交流渠道，教学中心创造了多种开放式平台，以便及时、高效地将教学中心的信息与校内外广大师生分享与交流。如：教学中心开办网站，创办教育教学期刊《协作》，开设电子公告"教学与悉尼大学"。其中，电子公告和教学中心网站上的各种栏目，均提供了意见反馈通道或邮箱，阅览者将自己的意见及时反馈到教学中心，可以供教学中心及时了解读者心声，同时也方便教学中心改进服务态度和工作质量。悉尼大学教学和学习中心以多种方式创造了一个开放式平台，拓展了校内外的信息交流，有力地促进了悉尼大学教学信息的公开化和透明化，努力营造了一种人人可以参加讨论和参与决策的良好教学氛围。[①]

---

① Institute for Teaching and Learning. ITL Annual Report 2009［EB/OL］.［2011-01-08］. https：//www.sydney.edu.au/about-us/vision-and-values/annual-report.html09.pdf.

高等教育热点问题研究

第二章 我国大学教学发展中心

大学教学发展中心建设是保障本科教学质量的重要举措。本章首先论述了大学教学发展中心的四个基本问题：本科教学质量保障是国际高等教育的时代使命、大学教学发展中心是本科教学质量保障的内部支持系统、大学教学发展中心为什么能够保障本科教学质量、大学教学发展中心如何建设才能保障本科教学质量。这是研究中外大学教学发展中心理论与实践的基础与前提。其次分析了我国大学教学发展中心的兴起过程、发展现状、主要特点和存在的问题。

一、本科教学质量保障：国际高等教育的时代使命

（一）提高质量是我国高等教育改革最核心的任务

自高校扩招以来，我国高等教育实现了从精英化向大众化阶段的转变。随着大众化的逐步深入，我国高等教育规模不断扩张，大学在发展过程中累积的矛盾日益显现，教育质量下滑成为社会批评的焦点。我国政府审时

度势，在《国家中长期教育改革和发展规划纲要（2010—2020年）》中，将提高质量作为高等教育改革与发展的核心任务。

全面提高质量，其实质是从关注教育怎么发展到关注教育发展得好不好的价值观转变，是高等教育从外延式规模扩张向内涵式质量提升发展方向的转型，是"唯质量第一标准"这一理念的诠释。

（二）人才培养质量是衡量高等教育质量的首要标准

衡量高等教育质量有多个尺度。众所周知，大学的基本职能有三：培养人才、科学研究和社会服务。高质量的教育是立体的教育，是三足鼎立的教育，只有始终坚持高质量的人才培养、高质量的科学研究、高质量的社会服务，才可能打造出最好的教育。然而，培养人才是大学最主要、最基础、最核心的职能，它在大学职能发挥中处于中心地位。虽然科学研究是培养人才和社会服务的动力、支撑和依据，社会服务也能提升培养人才和科学研究的层次与水平，但培养人才是科学研究和社会服务的基础、前提和保障。科学研究和社会服务必须以培养人才为基础，其最终目的也是更好地培养人才。任何突出科研职能、弱化教学职能的做法必将受到社会的批判与指责。因此，人才培养质量是衡量高等教育质量的首要标准，是大学生存和发展的根基。

（三）本科教学质量保障是提高人才培养质量的基础

教学质量是人才培养质量的重要保障。教与学对于创新人才的培养、一流教育目标的实现至关重要。而本科教学质量是大学人才培养质量最根本、最基础的保障。本科教育是研究型大学存在的基础，一流的大学之所以成为一流，是因为他们培养了一流的本科生。如果没有本科教育，那么大学无疑会成为"研究所"。本科教育也是青年学生世界观、人生观和价值观成型的最佳时期，本科阶段是培养社会有用人才的基础。此外，本科教育也是大学学术进步、经济运行和品牌形成的基础。①正如哈佛大学前校长刘易斯所言："哈佛大学在本科教育中失去了灵魂，放弃了为社会培养人才的根本任务"。②因此，提高人才培养质量，首先要牢牢把握本科教学质量。

（四）本科教学质量保障是国际高等教育改革的主旋律

20世纪90年代以来，本科教学质量日渐受到各国政府和高等教育界的重视，西方发达国家对本科教学的重视也达到前所未有的程度。1990年，博耶（Ernest L.Boyer）领衔的卡耐基教学促进会发表的报告《学术重思：教授工作的重点领域》（Scholarship Reconsidered：Priorities of the Professoriate）首次提出，教学是与研究并行的新型学术，即教学学术，这为大学教学质量提升奠定了理论基础。③1991年，斯密斯（Stuart Smith）担纲的加拿大大学教育咨询委员会发布的报告《加拿大大学改革咨询委员会报告》（Report：Commission of Inquiry on Canadian University Reform）指出，"加拿大大学严重忽视教学，有待重新审视大学教学职能"④，并

---

① 王强,等.论研究型大学本科教育的地位与作用[J].高等教育研究学报,2009,32(2)：4-6.

② 哈瑞·刘易斯.失去灵魂的卓越：哈佛是如何忘记教育宗旨的[M].侯定凯,译.上海：华东师范大学出版社,2007：1-2.

③ Boyer E L. Scholarship Reconsidered：Priorities of the Professoriate[M]. Washington：Jossey-Bass, 1997.

④ Stuart L S. Report：Commission of Inquiry on Canadian University Reform[R]. Publication Office：Association of Universities and Colleges of Canada, 1991：63.

引发了"大学以教学为代价,过于重视研究的广泛争论"[①]。1991年,美国哈佛大学校长博克(Derek Bok)在美国学术团体理事会上发表题为"教学提升"(The Improvement of Teaching)的演讲,认为"对美国大学最熟悉的抱怨就是它对教学的忽视,现代大学必须对卓越的教学承担更大的责任"[②]。1997年,英国诺丁汉大学校长迪林(Ronald Dearing)爵士领衔的英国高等教育咨询委员会发布的《迪林报告》(Dearing Report)指出,"我们应该认识到高等教育包含了教学、学习、学术和研究等多重内涵"[③]。1998年,卡耐基教学促进会发表《重建本科教育:美国研究型大学的蓝图》(Reinventing Undergraduate Education: A Blueprint for America's Research Universities),由此掀起了本科教学质量保障与促进的新高潮。

进入21世纪后,我国政府教育主管部门高度重视本科教学质量。2003年启动实施"本科教学质量与改革工程";2005年出台《关于进一步加强高等学校本科教学工作的若干意见》;2012年教育部颁发《关于全面提高高等教育质量的若干意见》。这些政策文件对推动本科教学工作发挥了积极的作用。

[①] Susan W. Educational Development in Higher Education [D]. Doctorial Dissertation, Canada Toronto: University of Toronto, 1997: 12.

[②] Bok D. The Improvement of Teaching [R]. Teachers College Record, 1993(2): 236.

[③] Dearing R. Higher Education in the Learning Society [R]. London: The National Committee of Inquiry into Higher Education, 1997: 1.

高等教育热点问题研究

二、大学教学发展中心：本科教学质量保障的内部支持系统

（一）大学教学支持服务的国际潮流

20世纪80年代以来，世界高等教育进入以提高质量为中心目标的时代，呈现出两大发展趋势：一是引人注目的高校评估运动，二是特别值得关注的本科教学改革专业化运动。由于高等教育普及化之后，学生具有更广泛的个别差异，教师的教和学生的学需要得到及时的支援和帮助，因此，本科教学需要建立特殊的渠道来保障其质量。基于上述背景，西方大学通过大学内部组织变革来回应社会对高教规模扩大和质量下滑的批评。各高校纷纷成立以促进教师专业发展、提升学生学习品质、形成优良教学文化为宗旨的教学支持服务机构，"教学研究中心""卓越教学发展中心""教师教学发展中心"等机构纷纷在大学涌现。

1962年，美国密歇根大学率先创建学习和教学研究中心（Center for Research on Learning and Teaching）。其后，类似机构在美国各高校不断得到发展。20世纪70年代，丹弗斯基金会（Danforth Foundation）、福特基金会（Ford Foundation）等开始将教学中心作为优先资助对象；1975年，哈佛大学成立哈佛-丹弗斯中心（Harvard-Danforth Center），斯坦福大学成立教学和学习中心（Center for Teaching and Learning）；20世纪80年代，美国各研究型大学纷纷成立名称不一但宗旨相似的教学中心；20世纪90年代以后，类似的教学中心已在美国高校普遍设立，并且其影响已经扩大到加拿大、英国、澳大利亚、日本等国，以及我国的香港地区和台湾地区，教学中心或类似机构如雨后春笋般在这些国家或地区的高校出现。例如，1997年《迪林报告》颁布以后的几年，英国政府先后资助成立了由74个

教学与学习卓越中心和 24 个学科教学中心构成的教学支持网络。

21 世纪以来，我国港台地区的高校着力发展一流的本科教育，非常重视教学中心的建设。香港地区各大学基本都设立了类似的机构，如：香港大学（以下简称港大）的教学促进中心、香港科技大学（以下简称科大）的教学促进中心、香港中文大学（以下简称中大）的学习增能与研究中心、香港理工大学的教学发展中心等。台湾地区于 2005 年开始实行"教学卓越计划"，瞄准世界一流大学建设的目标，全面提升教学品质，建立教学中心是各大学实施"教学卓越计划"的重要举措。台湾地区的 100 多所高校中，目前已有 60 余所设立了教学中心，如：台湾大学教学发展中心、台湾"清华大学"教学发展中心、台湾师范大学教学发展中心等。

20 世纪后期以来，各国还相继成立地区、全国乃至国际性的教学发展组织。例如，1975 年成立的美国高等教育专业与组织发展网络（Professional and Organizational Development Network），1981 年成立的加拿大高等教育教学与学习协会（Society for Teaching and Learning in Higher Education），1993 年成立的英国大学教师与教育发展协会（Staff and Educational Development Association），1997 年成立的澳大利亚高等教育研究与发展协会（Higher Education Research and Development Society of Australasia），以及 2005 年成立的南非高等教育学习与教学协会（Higher Education Learning and Teaching Association of Southern Africa）等。这些组织机构的兴起与发展同样说明，教学质量保障内部支持系统建设的必要性和国际惯例性。

（二）教学发展中心折射出教学质量保障价值观的转型

从历史上看，高等教育质量管理大致经历了四个发展阶段：从中世纪大学诞生到 20 世纪二三十年代美国教育测量运动的兴起；从教育测量

高等教育热点问题研究

运动到20世纪40年代教育评价学的诞生；从教育评价学的诞生到20世纪80年代初期质量保障的出现；从20世纪80年代中后期至今，质量管理的重点放在了质量的改进与提高上。① 伴随着全球高等教育质量保障运动的兴起，世界各国相继建立了高等教育外部质量保障体系，如盛行于欧美国家的认证、监控和评估等制度。

虽然外部质量保障体系在促进教学质量提升方面取得了成效，但教学质量的内部关注才是真正提高高等教育质量的根本途径，因为大学自身才是教学质量保障的最终决定因素。这恰如欧洲大学联盟（European University Association，EUA）在2005年年度大会上所表达的主旨："真正提升大学教学质量的关键并不在于外部评估和监控，其起点在于大学内部在促进与提高教学质量上所做的持续性工作，这需要大学自身发展出一种良好的内部质量文化"。②

大学教学发展中心正是教育质量保障从外部监控到内部支持促进价值观转型后的产物。大学教学发展中心的兴起与繁荣所折射出的内部质量保障价值观，体现的是激活大学教学主体功能、完善大学内部教学促进机制、全面提升大学教学质量的理念。这是一个让大学开始重视教学的契机，专业性的教学中心通过协助、支援、咨询等极大地改变了校园的教学文化。这种基于大学自身建制的旨在提升"教"与"学"的教学中心，以及由此形成的覆盖全校的内部教学支持系统遂成为"改进大学教学与学习最普遍

---

① 戚业国. 高校内部本科教学质量保障体系建设的理论框架[J]. 江苏高教，2009（2）：31-33.

② Reichert S, Tauch C. Trends Ⅳ：European Universities Implementing Bolagna [R]. Brussels：European Universities Association，2005：20.

的方式"①。

（三）我国大学建设教学发展中心的重要性与紧迫性

国际教学质量支持服务潮流及其折射出的价值观转型，迫使我们思考在我国大学建立内部教学支持机构的必要性和重要性。在大学内部建立负责统筹全校教学资源和开展教学研究与支持的专门机构，是世界发达国家大学内部教学运行机制改革的重要举措，其实质是将教育研究与教学实践深度融合，并以此推动教学价值重建、弘扬教学文化，最终保障教学质量的可持续提升。教学发展中心所建立的可操作并持续发展的长效机制，对高校教学质量的保证起到了举足轻重的作用，已成为世界许多高校的共识。因此，教学发展中心建设对我国高校教学质量保障至关重要。

我国大学教师教学发展形势严峻，内部支持机构建设迫在眉睫。在我国，随着高校学生数量的迅速增长，大学教师队伍的规模日趋庞大，每年加入的新教师人数也在迅速增加。根据"2020年全国教育事业发展统计公报"数据，2020年全国高校专任教师达到183.30万人，②很多高校教师来自非师范院校，刚毕业就走上教学工作岗位，缺少教学实践经历。我国要打造一流的本科教育，首先要积极凝聚高校内各院系专业的和学科领域的力量，建设一流的教学发展中心。

我国政府教育主管部门已充分认识到建设大学教学发展中心的重要性和紧迫性，正在稳步推动全国高校普遍建立教师教学发展中心。为贯彻落

---

① Ouellett M L. Overview of Faculty Development: History and Choices [A]. In K. J. Gillespie. A Guide to Faculty Development (2nd edition) [M]. San Francisco: Jossey Bass, 2010.

② 教育部. 2020年全国教育事业发展统计公报 [EB\OL]. [2021-09-27]. http://www.moe.gov.cn/jyb_sjzl/sjzl_fztjgb/202108/t20210827_555004.html.

实《国家中长期教育改革和发展规划纲要（2010—2020年）》，教育部在《关于全面提高高等教育质量的若干意见》中明确规定："推动高校普遍建立教师教学发展中心，重点支持建设一批国家级教师教学发展示范中心。"《教育部财政部关于"十二五"期间实施"高等学校本科教学质量与教学改革工程"的意见》中也明确提出："引导高等学校建立适合本校特色的教师教学发展中心，积极开展教师培训、教学改革、研究交流、质量评估、咨询服务等各项工作，提高本校中青年教师教学能力，满足教师个性化专业化发展和人才培养特色的需要。"2012年10月，教育部高等教育司启动国家级教师教学发展示范中心建设工作，在中央部委所属高校中重点支持30个国家级示范中心，每个中心建设经费500万元。

上述意见和举措充分表明，教学发展中心在搭建教师沟通、交流、帮扶、发展平台和提高中青年教师教学水平和教学研究水平方面的重要性和必要性，也表明了教育部开展教学发展中心建设工作的信心和决心。可以认为，健全卓越的教学发展中心，是世界一流大学本科教育的成功之道，也是我国高校提高本科教育质量、实现教学卓越的必由之路。

三、大学教学发展中心为什么能够保障本科教学质量

从上述分析可知，建设教学发展中心是发达国家大学教学改革的通行做法。实践表明，在大学内部建立起的教学机构，能有效地支持本科教学，形成校内教学质量保障系统，促进本科教学质量保障的常态化、制度化和专业化。这样的功效是我国大学现行的教学管理部门（教务处）或研究部门（教育研究院或高等教育研究所）所不能同时具备的。教学发展中心区别于其他校内教学机构最显著的特点在于其内部支持性，它之所以能够强

有力地保障高校的本科教学质量，其理由可归结为教学发展中心所具有的以下基本属性。

（一）学术性

教学发展中心以加强教学学术为宗旨，弘扬教学文化，以此保障教学质量。美国学者博耶认为，大学"学术"的内涵，不应仅指学科专业的科学研究，而应包括相互联系的四个方面，即探究的学术、整合的学术、应用知识的学术和传播知识的学术（教学学术）。如他所言："学术不仅意味着探究知识、整合知识和应用知识，而且意味着传播知识，我们把传播知识的学术称之为'教学的学术'（Scholarship of Teaching），教学支撑着学术，没有教学的支撑，学术的发展将难以为继。"[①] 可见，教学学术是研究型大学教师专业发展的一个重要视角。

过去，教学不被当作学术看待，关键原因就在于没有认识到知识的传播也是一门科学。教学发展中心正是重塑教学学术、提升教学地位、弘扬教学文化的最佳实践载体。教学质量保障的关键在于教师，教学发展是大学教师学术发展的重要基础，教学学术是大学教师专业发展的重要维度。大学教学发展中心最适合承载形塑教师教学学术形象的重任，以此平衡教学与科研的关系，从而在校内形成尊重教学、敬畏教学的文化氛围，使每一位教职员工对教学的神圣感和使命感油然而生。

（二）研究性

教学发展中心以教学研究为导向，引领教学改革实践，以此保障教学

---

① ［美］欧内斯特·L. 博耶. 关于美国教育改革的演讲［M］. 涂艳国，方彤，译. 北京：教育科学出版社，2002：77.

质量。研究从实践中来，到实践中去。教学研究来源于教学实践，最终目的是为了变革教学实践；只有建立在研究基础上的教学改革才不会迷失方向。教学既是艺术，也是科学。一方面，科学界在脑科学、神经科学方面的研究成果深刻地影响了教育学和学习科学，明晰学生的学习机理是改革教学方法、促进教学质量提升的前提；另一方面，先进的教学理念、大学课程原理、教学内容更新、信息技术和现代教育技术的应用等都是有待研究的重要方面。

国外著名大学的教学发展中心都将教学研究作为重要的职能之一，并配有专门的研究人员开展教与学研究，帮助教师完成教学改革研究项目。以美国最早成立教学发展中心的密歇根大学为例，该中心不仅名称冠以"学习与教学研究中心"，而且在其使命表述和职能任务表述中明确表示："开展如何促进学习和教学的研究，形成相关成果，对全校乃至全美教师宣传和推广研究成果，以此支持和改善密歇根大学的学习与教学。"① 该中心2010—2011年出版研究专著1部，发表研究论文36篇，这些研究成果极大地推动了该校教学改革的实践。②

（三）职业性

教学发展中心以教师培训为重点，促进教师职业发展，以此保障教学质量。大学教师职业属于学术职业（Academic Profession）范畴，表现在两个方面：教学学术和研究学术。日本学者有本章认为，作为教学人员和作

---

① CRLT. About CRLT Website of Center for Research on Learning and Teaching, University of Michigan [EB/OL]．[2012-07-10]．http：//www.crlt.unich.edu．

② CRLT. 2010-2011 Annual Report Promoting Excellence and Innovation in Teaching and Learning at U-M [EB/OL]．[2012-07-10]．Website of Center for Research on Learning and Teaching, University of Michigan.http：//www.crlt.unich.edu．

第二章 我国大学教学发展中心

为研究人员共同构成了大学教师的学术职业功能。①教师教学职业发展要扭转"天生的好教师"这种主观偏见，提高教师传播知识的技能，养成为人师表的素质。虽然教师教学职业发展可以通过个人和组织两种发展途径实现，但由于大学教师的科研任务也很重，通过专门机构的组织发展途径帮助教师实现教学职业发展更为重要。

大学教学发展中心正是开展教师培训、提高教师教学能力、促进教师职业发展的专门组织，也是大学回应社会对高等教育质量的批评的方式之一。1976年，森塔的调查显示，"截至20世纪70年代早期，美国已有60%的大学建立了类似'教学发展中心'的教师职业发展组织"②，使教师职业发展从关注研究发展向关注教学发展转变。例如，被誉为美国大学教师职业发展机构标杆的哈佛大学博克教学和学习中心，秉承"好教师不是天生的"理念，通过教师接受培训和自我反思以提高教学能力，从而促进教师职业发展。③

（四）专业化

教学发展中心以专业组织为机制，确保教学改革成效，以此保障教学质量。专业化的机构职能，不同于行政导向的管理职能，它是以研究为前提，以促进教师教学学术发展为目标的。发达国家大学内部教学组织的运行机制表明，教学发展中心一般为直属于学校的专门机构，其设立目的是

---

① ［日］有本章. 大学学术职业与教师发展［M］. 丁妍, 译. 上海：复旦大学出版社, 2012：1-3.

② Centra J A. Faculty Development Practices in U.S.Colleges and Universities［R］. Project Report，1976：30.

③ DBCTL. The Derek Bok Center for Teaching and Learning at Present［EB/OL］.［2012-07-10］. http：//bokcenter.fas.harvard.edu/icb/icb.do.

弥补教学支持服务职能的缺失，使学校内部教学质量保障系统化、制度化。教学支持服务的组织化程度越高，其专业水准越高，教学支持服务的品质和效能也会随之提高。

教学发展中心的专业化属性能够保障教学质量，具体表现在两个方面。第一，开展专业的教学研究。大学课程与教学是一门学科，但目前大学教师大多没有接受过专业的课程与教学原理培训，因而在开展教学改革研究时无所适从。教学发展中心可以促进教师更新教学理念、了解先进的教学方法，帮助和指导教师开展教学改革与实践研究。第二，开展专业的课程评价。教学发展中心可根据课程基本原理，规范各类课程的设计、实施与评价；会同校内有关部门，加强对中青年教师的课程设计与教学效果的考核、检查、评价与交流，确保教学改革卓有成效、教学质量不断提升。

（五）支持性

教学发展中心以教学咨询为服务，提供优质教学资源，以此保障教学质量。教学发展中心的支持性，表现在对教师和学生的援助、服务、咨询、促进等职能方面。教学发展中心的支持属性体现了教学管理和教学服务两种不同的理念。教学管理以控制为目的，作为管理对象的教师和学生往往处于被动地位；而教学服务是提供支持、援助的，作为服务对象的教师和学生处于主动地位，能够激发教师的教学热情和学生的学习动机，提高教学效果。正如密歇根大学的研究结论所言："教学咨询人员在帮助教师解释数据并识别提高教学水平的策略方面起到了关键作用。"[①]

教学发展中心的支持属性能够保障教学质量，体现在三个方面：其一，

---

① ［美］康斯坦斯·库克，等.提升大学教学能力：教学中心的作用[M].陈劲，等译.杭州：浙江大学出版社，2012：64.

面向教师，工作内容有教学改革项目经费资助、课程设计指导、教学方法咨询与研讨、教学技术培训、教学评价策略与反馈分析、优秀教学奖励等；其二，面向学生，工作内容有：研究生助教培训与资助、学生学习咨询、学习方法研讨、学习援助与学习辅导等；其三，提供优质资源，汇聚本校优秀教师资源、精品课程资源、学习技术资源，形成共享机制，为提高教师业务水平和学生学习效果提供全方位服务。

四、我国大学教学发展中心的建设思路

保障和提高本科教学质量已成为我国高等教育改革与发展最重要、最紧迫的任务。然而，我国的大学教学质量保障制度问题颇多，如教师培训靠外部集中培训为主，校内教学管理部门功能庞杂，校内教学评估和教学服务机制缺失，教学质量保障的内部支持系统还没有真正建立等。大学教学发展中心在我国高校还是一个新生事物，但它在发达国家高校已走过了半个多世纪的历程，在保障本科教学质量方面发挥着不可替代的作用，已取得了显著成效。由此，本书对我国大学教学发展中心的建设思路提出以下建议。

（一）质量观念：应加快实现从大学外部向内部教学质量保障与促进的转向

发达国家早在20世纪末就逐渐完成了这种重心的转移，无论是教育主管部门，还是大学自身，都把大学内部的质量保障看作是解决教学质量问题的根本出路。大学教学发展中心正是这一质量观念整体转变后的直接结果。我国大学教师教学发展中心的建设，应当树立内部质量保障观念，以促进教师教学发展、提高教学质量为使命。

（二）组织机构：应设立大学教师教学发展中心并健全运行机制

我国大学应借鉴发达国家有关高校的经验做法，尽早在大学内部设立直属于学校的教师教学发展中心实体机构，配备熟悉教学工作的中心主任，并常设专业化的团队从事教师培训和教学研究工作；学校应为中心提供用房面积、硬件设备、岗位编制、工作基础设施和教师培训条件等方面的大力支持。教师教学发展中心还应结合我国高等教育实情和校情，探索既与国际接轨又体现本土特色的运行机制。

（三）政策制度：应着力构建层次分明、保障有力的政策制度系统

一方面，建立院、系、教研室三级教师教学发展制度。学院层面要充分利用教育部实施的质量工程项目，为教师教学发展提供重要平台，如精品课程、教学团队、教学名师、双语课程项目等，使教师在项目建设中提高教学学术水平；系、教研室层面也应建立相应制度。另一方面，提供经费保障、时间保障和激励措施。学校应通过设立教师教学发展基金和寻求校外支持等方式提供经费保障；学院和系、教研室应为教师教学发展活动提供足够的时间；学校应按年度在教学研究、成果和发展等方面对表现优秀的人员给予物质奖励和荣誉奖励。

（四）建设内容：应体现研究、培训、咨询和评价四位一体的功能

我国大学教师教学发展中心的建设内容，应以教学研究为导向，着重开展公共基础和核心课程的课程设计、教学内容、教学方法的创新研究，并推广研究成果；应以教师培训为主体，重点面向中青年教师、基础课程教师和研究生助教开展教学理念、课程设计、教学方法、教学策略与技巧等方面的培训；应以咨询和服务为职责，追踪和研究教与学，向教师和学

生提供及时、便捷的咨询与援助；应以评价为手段，会同校内相关部门，开展学生的学习评价、教师的教学评价、院系的专业和课程评价。

（五）活动形式：应开展分类别和多样化的教学发展活动

教师教学发展活动主要有发展实践活动和教学改进活动两类，它可以给教师提供反思教学的机会。如：为教师提供关于教学研究的阅读材料，为教师举办观看课堂实况录像以反思不足、寻求改进的微格教学和模拟教学，督导组和院系同行的评价与交流，为教师提供的个别咨询，为教师建立包含教学理念、教学过程、教学评价等内容的教学档案袋，教学管理人员的教学观察与反馈，学生评教及学生座谈会等。此外，该中心还可提供面向全校教师的教学专题工作坊，开展一对一的专题咨询活动，举办教学名师客座讲座；为院系开展促进教师教学的工作坊，为院系制定教学改进战略提供支持与帮助；开展新教师适应、教学发展研讨、良师传教、教师教学技术发展培训会等活动。

五、我国大学教学发展中心的历史与使命

我国大学教学发展中心的建立，有其独特的历史背景。从1999年开始，我国高校招生规模持续扩大，与此同时，师资建设却严重滞后。统计数据显示，2010年我国普通本专科高校生师比为17.33∶1。此前几年（除2001年和2002年外），普通高校的生师比指标没有太大变化，基本维持在教育部《普通高等学校基本办学条件指标试行》规定的生师比18∶1的合格线以内。① 生师比是反映一所大学办学质量的重要指标，虽然这一

---

① 教育部. 1999—2010年全国教育事业发展统计公报[EB/OL]. http://www.moe.gov.cn/jyb_sjzl/sjzl_fztjgb.

比例并没有一个国际公认的合理数据，但世界著名大学的这一比例普遍较低，如耶鲁大学生师比基本维持在4∶1；宾夕法尼亚大学2009年秋统计显示，其生师比为6∶1。① 柏林洪堡大学生师比是9∶1。我国普通高校的生师比总体上比国外这些高校生师比都高出一大截。

从常识上讲，过高的生师比会使高等教育的质量下降。虽然目前高校生师比没有超过教育部规定的合格线，但生师比过高是我国高等教育质量提升的一个极大挑战。生师比偏高从侧面反映出我国师资相对紧张和教育资源不足，但短期内显然也难以大幅度增强师资力量。② 这说明，我国高校教师规定在队伍数量和培训方面存在不足。另据统计，2010年我国高校专业教师达到134.31万人，但绝大多数高校教师来自非师范院校，他们刚毕业就走上教学工作岗位，缺少教学实践。所以，引导高校建立教师教学发展中心可使教师培训制度化，从而提升教师教学能力。③

（一）我国大学教学发展中心的历史发展

1. 我国大学教学发展中心的兴起

（1）2001年，教育部开始关注高等教育质量问题。早在"十五"期间，为提高高等教育质量，教育部就出台了两个重要文件：一是2001年印发

---

① Franklin English Language College. University of Pennsylvania［EB/OL］.［2010-08-24］. http：//www.franklinedu.cn/liuxue/留学美国/美国大学简介/宾夕法尼亚大学 University-of-Pennsylvania.html.

② 刘广明. 对《2010年全国教育事业发展统计公报》的基本识读：答《科学时报》记者郝俊［EB/OL］.［2022-08-02］. http：//blog.sciencenet.cn/home.php？mod=space&uid=359436&do=blog&id=470909.

③ 教育部. 将建30个高等学校教师教学发展示范中心［EB/OL］.［2019-08-24］. http：//news.cntv.cn/20110727/118952.shtml.

的《关于加强高等学校本科教学工作提高教学质量的若干意见》，就加强教学工作提出了12条针对性很强的要求；二是召开第二次全国普通高校本科教学工作会议，印发了《关于进一步加强高等学校本科教学工作的若干意见》，强调必须坚持科学发展观，牢固确立质量是高等学校生命线的基本认识，在规模持续发展的同时，把提高质量放在更加突出的位置。这两个文件在高等教育界和高等学校产生了广泛影响，为加强高等学校教学工作、大力提高人才培养质量起到了重要作用。①

教育部原部长周济认为："从那时起我们就开始抓'质量工程'了，我们狠抓了人才培养模式、课程体系和教学方法的改革，开展'教学名师奖'表彰，建设'国家精品课程'，推动大学英语教学改革，建设实验教学示范中心，开展高等学校本科教学评估工作等。"2001年和2005年的两个文件，在高教战线上产生了很大影响，对提高人才培养质量起到了重要作用。各地主管部门和各高校按照文件要求，创造性地开展了许多工作，取得了明显成效。②

（2）2005年，高校大规模扩张势头开始被遏制。从1999年到2004年，是我国普通高校本专科年招生增幅最快的5年。2005年全国高等学校招生人数是1998年的4.7倍，在学人数达到了2 300万人，规模位居

---

① 刘广明. 对《2010年全国教育事业发展统计公报》的基本识读：答《科学时报》记者郝俊［EB/OL］. ［2021-2-21］. http：//blog.sciencenet.cn/home.php？mod=space&uid=359436&do=blog&id=470909.

② 教育部. 实施"质量工程"贯彻"2号文件"，全面提高高等教育质量：周济部长在实施高等学校本科教学质量与教学改革工程视频会议上的讲话［EB/OL］. ［2021-02-21］. http：//www.moe.gov.cn/jyb_xxgk/gk_gbgg/moe_0/moe_1443/moe_1464/tnull_21499.html.

世界第一，毛入学率为21%，我国高等教育已经步入了大众化发展阶段。①不可否认，1999年扩大高等教育招生规模的重大决策，使我国总人口中接受高等教育人数的比例有了较大的增长，为提高国民素质、综合国力和国际竞争力，为我国经济社会的快速、持续和健康发展，以及高等教育自身的改革发展做出了巨大贡献。然而，规模扩张过快、师资队伍建设滞后，使高等教育质量问题进一步突出，引起了国家领导人的关注。

党中央、国务院多次强调，"十一五"期间，高等教育发展要全面贯彻落实科学发展观，切实把重点放在提高质量上。《国民经济和社会发展第十一个五年规划纲要》明确指出："把高等教育发展的重点放在提高质量和优化结构上，加强研究与实践，培养学生的创新精神和实践能力。"2005年5月10日，国务院常务会议强调高等教育要全面贯彻落实科学发展观，适当控制招生规模增长幅度、相对稳定招生规模，切实把重点放在提高质量上。2005年8月29日，中共中央政治局第三十四次集体学习时强调："普及和巩固义务教育，大力发展职业教育，提高高等教育质量，是'十一五'规划纲要对教育事业发展提出的三项主要任务，必须切实抓实抓好。"②

由此，高校大规模扩张势头开始被遏制。2005年之后，我国高校招生增幅有所回落，直至2010年降到3.48%，为1999年扩招后的最低涨幅。高校的招生数量，由1999年后的一路攀升到2005年后的调整下降，显示了我国高等教育从注重数量增长到讲求质量提升的巨大转变。

---

① 教育部. 1999—2010年全国教育事业发展统计公报［EB/OL］.［2021-02-21］. http://www.moe.gov.cn/jyb_sjzl/sjzl_fztjgb.

② 教育部. 用"质量工程"引导带动本科教改：访教育部副部长吴启迪［EB/OL］.［2021-02-21］. http://www.moe.gov.cn/publicfiles/business/htmlfiles/moe/moe_183/200703/20036.html.

第二章　我国大学教学发展中心

（3）2007年，教育部正式实施高等教育"质量工程"。2007年，教育部、财政部联合出台《教育部 财政部关于实施高等学校本科教学质量与教学改革工程的意见》，决定实施"质量工程"，也就是"高等学校本科教学质量与教学改革工程"。同时，教育部下发了《教育部关于进一步深化本科教学改革 全面提高教学质量的若干意见》，面向全国1 000所本科院校、1 000万全日制本科学生，启动了高等学校本科教学质量与教学改革工程，目的是进一步推动本科教学工作，切实提高本科教育质量。

《教育部关于进一步深化本科教学改革 全面提高教学质量的若干意见》针对目前教学工作当中存在的主要问题，提出了6个方面20条具体要求：全面贯彻落实科学发展观，进一步加强对教学工作的领导和管理；适应国家经济社会发展需要，加强专业结构调整；深化教育教学改革，全面加强大学生素质和能力培养；加大教师队伍建设力度，发挥教师提高教学质量的重要作用；加强教学评估，建立保证提高教学质量的长效机制；加强教学基础建设，提高人才培养的能力和水平。专业设置和专业结构调整是人才培养的基本前提；课程和教材建设是提高高等教育质量的关键环节；实践教学与人才培养模式改革创新是提高高等教育质量的重要内容；建设一支高水平的教师队伍是提高高等学校本科教学质量的重要保证；建立教学质量监控体系和评估制度是保障高等学校教学质量的重要手段。"质量工程"重点建设的6个方面内容都是基础性、引导性的项目，在提高高等学校本科教学质量方面起着龙头作用。突出强调了要进一步加大教学投入，强化教学管理，深化教学改革，"建设一支高水平的教师队伍"。

2007年的"质量工程"是继"211工程""985工程"和"国家示范性高等职业院校建设计划"之后，我国在高等教育领域实施的又一项重要工程，是新时期深化本科教学改革、提高本科教学质量的重大举措。①

2. 我国大学教学发展中心建设现状

（1）2011年，教育部首次提出要建设"教学发展中心"。为培养教师的教学能力，提高教学质量，教育部、财政部于2011年7月联合下发的《教育部 财政部关于"十二五"期间实施"高等学校本科教学质量与教学改革工程"的意见》（亦称"本科教学工程"），提出了要建设教师"教学发展中心"，这是我国政府首次以文件的形式明确要求各高校建设此类机构。该文件要求："引导高等学校建立适合本校特色的教师教学发展中心……提高本校中青年教师教学能力，满足教师个性化专业化发展和人才培养特色的需要。重点建设一批高等学校教师教学发展示范中心。"②

（2）我国大学"教学发展中心"还处于初创阶段。2011年7月27日，在教育部新闻通气会上，教育部高等教育司副司长刘贵芹说，我国已正式启动了"本科教学工程"，未来将重点建设30个高等学校教师教学发展示范中心，提高教师教学能力。③

实施"本科教学工程"，就是要引导高等学校适应国家经济社会发展和人民群众接受良好教育的要求，深化教育教学改革，加大教学投入，全

---

① 教育部. 实施"质量工程"贯彻"2号文件"，全面提高高等教育质量：周济部长在实施高等学校本科教学质量与教学改革工程视频会议上的讲话［EB/OL］.［2021-02-21］. http://www.moe.gov.cn/jyb_xxgk/gk_gbgg/moe_0/moe_1443/moe_1464/tnull_21499.html.

② 教育部. 教育部财政部关于"十二五"期间实施"高等学校本科教学质量与教学改革工程"的意见［EB/OL］.［2021-02-21］. http://www.moe.gov.cn/publicfiles/business/htmlfiles/moe/s5666/201109/xxgk_125202.html.

③ 中国网络电视台. 教育部：将建30个高等学校教师教学发展示范中心［EB/OL］.［2021-02-21］. http://news.cntv.cn/20110727/118952.shtml.

第二章 我国大学教学发展中心

面提高高等教育质量。可见,"教学发展中心"作为一个国家战略,是实施"本科教学工程"的重要组成部分。

从我国各高校成立教学发展中心的时间来看,教学发展中心的建设大多是2007—2012年的事情(表2.1)。

表2.1 北京大学等10所高校教师教学发展中心建设概况

学校	名称	隶属机构	成立年份
北京大学	教学促进专题	现代教育技术中心	2007
	北大教学网		2008
华东师范大学	教师专业发展中心	直属学校	2010
首都经济贸易大学	教师促进中心	直属学校	2007
西南财经大学	教学训练与评估中心	隶属教务处	2006
南京师范大学	教师(教学)发展中心	直属学校	2010
中国海洋大学	教学支持中心	高等教育研究与评估中心	2007
北京理工大学	教学促进与教师发展中心	直属学校	2011
上海交通大学	教学发展中心	直属学校	2011
江南大学	教师卓越中心	直属学校	2010
吉林大学	教师教学发展中心	直属学校	2012

资料来源:作者根据各学校网站资料整理。

2012年10月,教育部首批评审出的30个国家级教师教学发展示范中心为:厦门大学教师发展中心、重庆大学教师教学发展中心、清华大学教师教学发展中心、北京大学教学发展中心、复旦大学教师教学发展中心、中国人民大学教师教学发展中心、南京大学教师教学发展中心、山东大学教师教学发展示范中心、浙大教师教学发展中心、华东师范大学教师发展中心、四川大学教师教学发展中心、华中科技大学教师教学发展中心、武汉大学教师教学发展中心、哈尔滨工业大学教师教学发展中心、上海交通大学教师教学发展中心、吉林大学教师教学发展中心、西安交通大学教师教学发展中心、北京交通大学教师教学发展中心、北京理工大学教学促进与教师发展中心、西南财经大学教师教学发展中心、陕西师范大学教师教学发展中心、东南大学教师教学发展中心、大连理工大学教师教学发展中心、西南大学教师教学发展中心、华南理工大学教师教学发展中心、西南交通大学教师教学发展中心、东北师范大学教师教学发展中心、中国科学技术大学教师教学发展中心、中南民族大学教师教学发展中心、北京师范大学教师发展中心。

（二）我国大学教学发展中心的使命

从国家战略高度来说，我国大学教学发展中心的最终使命就是"培养高级专门人才、发展科学技术文化、促进社会主义现代化建设"。

从教育层面来说，我国大学教学发展中心的使命就是"提高质量"以便"建设高等教育强国"。

《国家中长期教育改革和发展规划纲要（2010—2020年）》指出，我国"到2020年，高等教育结构更加合理，特色更加鲜明，人才培养、科学研究和社会服务整体水平全面提升，建成一批国际知名、有特色、高水平的高等学校，若干所大学达到或接近世界一流大学水平，高等教育国际竞争力显著增强"。[①] 其中心内容就是要提高教育质量，这是建设高等教育强国的前提和基础。

提高教育质量、建设高等教育强国不是口号，而必须有切切实实的措施。所以，建设教师教学发展中心，就是重要措施之一。建设教师教学发展中心的直接使命就是要"提高教师教学能力，满足教师个性化专业化发

---

① 中国政府网. 国家中长期教育改革和发展规划纲要（2010—2020年）[EB/OL]. [2021-02-21]. http://www.gov.cn/jrzg/2010-07/29/content_1667143.htm.

展和人才培养特色的需要",即要服务于教师教学。[①]

教师教学发展中心的使命、高等教育的使命与国家战略的关系,如图2.1所示。

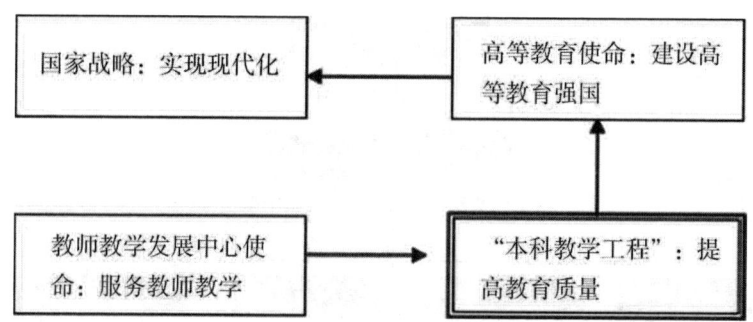

图2.1 教师教学发展中心的使命、高等教育使命与国家战略的关系图

资料来源:根据《国家中长期教育改革和发展规划纲要(2010—2020年)》和《教育部 财政部关于"十二五"期间实施"高等学校本科教学质量与教学改革工程"的意见》整理而成。

六、我国大学教学发展中心的组织结构

我国大学教学发展中心的组织结构大体上分为两种:一种是直属型,就是直属于学校或校委员会领导;另一种是挂靠型,就是挂靠于某个机构,由学校下属的某个机构直接领导。下面分别以北京理工大学和中国海洋大学为例进行介绍。

(一)直属型

北京理工大学教师发展中心直接对校长负责,直属于学校领导。由一名校领导和相关校内外专家组成"专家指导委员会",共同对"教师发展

[①] 教育部. 教育部财政部关于"十二五"期间实施"高等学校本科教学质量与教学改革工程"的意见[EB/OL]. [2021-02-25]. http://www.moe.gov.cn/publicfiles/business/htmlfiles/moe/s5666/201109/xxgk_125202.html.

中心"进行领导和指导。教师发展中心下设培训部、教师服务部、综合办公室和专项办公室等部门,负责组织开展教职工各类教育培训工作,以及不断优化面向教职工的一站式服务机制(图2.2)。①

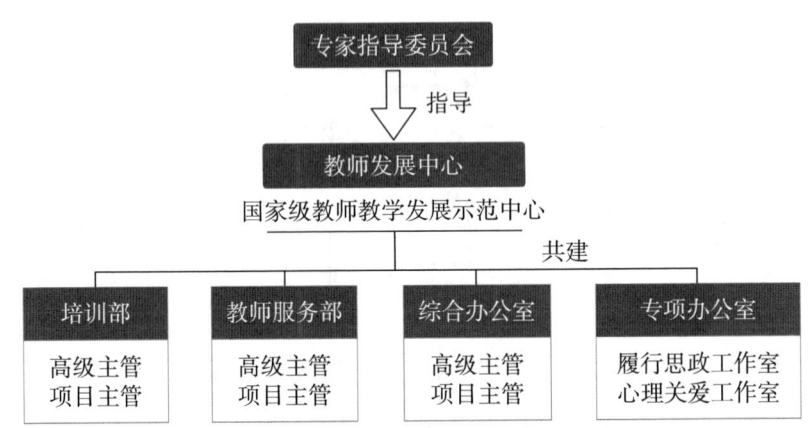

图2.2 北京理工大学教师发展中心组织结构

资料来源:北京理工大学教师发展中心简介[EB/OL].[2021-2-25]. http://cfd.bit.edu.cn/portal/menu？menuId=610793261480550402&articleId=616574140253556736.

(二)挂靠型

中国海洋大学教学支持中心挂靠于高等教育研究与评估中心,其网站亦挂靠于高等教育研究与评估中心网站,其主任也是由高等教育研究与评估中心的主任兼任,组成人员都是从学校各个职能部门抽调而来。

具体而言,中国海洋大学教学支持中心的负责人由高等教育研究与评估中心主任、副主任,人事处副处长,师资管理办公室主任,教务处副处长,数字课程资源中心主任等组成(图2.3)。②

---

① 北京理工大学.教学教师发展中心简介[EB/OL]. http://cfd.bit.edu.cn/portal/menu？menuId=610793261480546305&articleId=616569992598564864.

② 中国海洋大学.高教研究与评估中心/教学支持中心简介[EB/OL]. http://jxfz.ouc.edu.cn/2019/0926/c17763a269996/page.htm.

第二章 我国大学教学发展中心

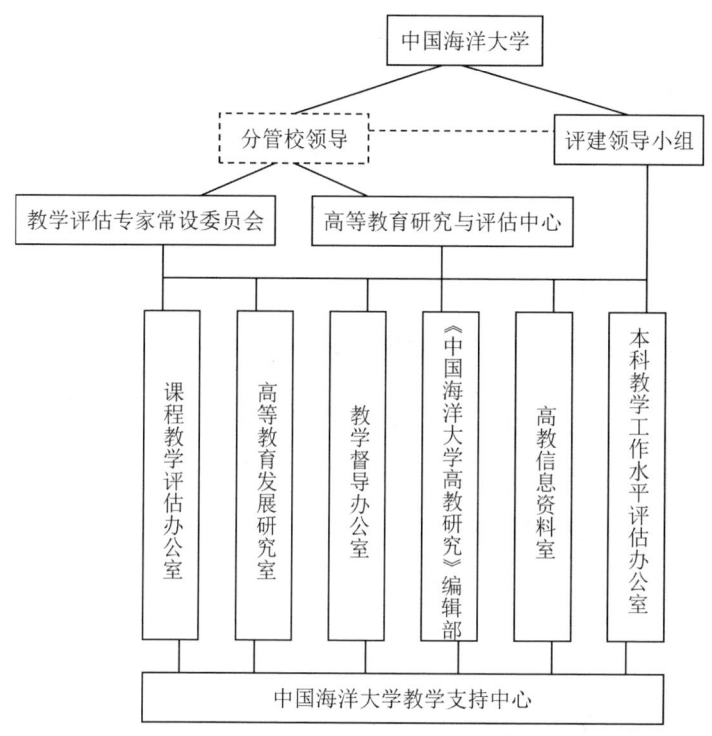

图 2.3 中国海洋大学教学支持中心组织结构

资料来源：中国海洋大学. 高教研究与评估中心/教学支持中心简介［EB/OL］.［2021-02-25］. http://jxfz.ouc.edu.cn/2019/0926/c17763a269996/page.htm.

由图 2.3 可知，中国海洋大学教学支持中心由教学评估专家常设委员会、高等教育研究与评估中心、评建领导小组下设的课程教学评估办公室等多个部门联合领导。

七、我国大学教学发展中心的主要工作

教育部、财政部于 2011 年 7 月联合下发的《教育部 财政部关于"十二五"期间实施"高等学校本科教学质量与教学改革工程"的意见》，提出大学"教学发展中心"的主要工作有如下几方面。

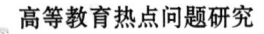

（一）教师培训

提供教师职业发展培训和听课学习交流活动，满足每个教师特别是新教师或助教的教学及职业发展需求，丰富教师专业知识，满足教师个性发展和教学水平提高的要求，提供相关的培训和教法咨询。

（二）教学改革

促进各个教师、各院系之间在教与学方面的多种合作，以及为课堂教学方法改革、教学内容更新和新课程的创建提供教学设计和资源开发方面的支持，指导对已有课程的再设计和改进；为教学材料（包括多媒体教学资源）的设计、开发提供技术性咨询。

（三）研究交流

组织各种各样和内容丰富多彩的主题活动。设计、开发或搭建特定的教学情境，提供教学设备和工具，包括午餐会、沙龙活动等，申请校本及校外课题研究项目；在全校范围内推动热潮及教学革新，推广优秀教学实践；帮助教师提高教学水平和科研能力，促进学生有效学习。

（四）质量评估

提供多层次教学支持，帮助各院系确定教学中存在的问题，提供与课堂教学支持相关的服务，如开展课堂教学评估、支持教学设计、指导教学技术使用。

（五）咨询服务

提供技术支持服务和网上交流平台，开发和维护网上教学支持服务，满足特定教学需求；提供专业的图形、图像、视频软件及制作服务，规划、维护教室技术设备。

同时，要求建立全国示范性"教师教学发展中心"，并"组织区域内高等学校教师教学发展中心管理人员培训，开展有关基础课程、教材、教学方法、教学评价等教学改革热点与难点问题研究，开展全国高等学校基础课程教师教学能力培训"[①]。

为深入说明我国大学教学发展中心的主要工作，下面列举首都经济贸易大学、北京理工大学和南京师范大学三个案例。

首都经济贸易大学教师促进中心的主要工作有以下几方面。

1.一对一的教师私密性帮助

坚持以人为本，为在教学或科研上需要特别帮助的老师寻找志愿帮扶者，并从制度和设施上保证提供私密性帮助，包括咨询、听课、录像分析等。

2.提供全校性的教学与科研潜能开发课程

组织优秀教师从事系列教学与科研，开发特色课程。组织教学案例研究讨论，讨论有关教学问题，例如：如何激发学生的创造性，如何做演讲，如何解决教室中的冲突，如何保护教师个人的版权，如何使用学校的先进设施，如何搜集文献资料，如何进行科研调查与统计分析等。

3.组织和帮助各院系的教学与科研培训

对设有分中心的院系，教师促进中心将根据院系特点，帮助他们设计各项教学与科研培训课程，并直接为院系提供共性化的课程培训与研讨。

---

① 教育部.教育部、财政部关于"十二五"期间实施"高等学校本科教学质量与教学改革工程"的意见[EB/OL].[2021-02-25]. http://www.moe.gov.cn/publicfiles/business/htmlfiles/moe/s5666/201109/xxgk_125202.html.

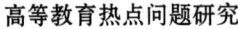

4. 直接服务于新教师

教师促进中心每年都组织对新教师的培训，帮助新教师迅速适应大学的教学和科研工作。培训内容主要有：学校的教学科研服务资源、职业生涯发展、各种教学和科研技巧等。

5. 编写《教师职业导航》

从2007年开始，教师促进中心每两年编辑一本《教师职业导航》。《教师职业导航》从服务教师的角度出发，内容涉及教学、科研、奖励、行为规范、资源、服务等各个方面，是一本实用的教师职业指导用书。

6. 教师职业生涯规划

教师促进中心与各院系通力合作，在总结四个试点院系（工商管理学院、金融学院、信息学院、劳动经济学院）工作经验的基础上，展开全校性的教师职业生涯规划工作，通过教师促进中心的其他工作帮助教师实现自己的职业生涯规划。

7. 教学技术培训

教学技术的更新和改进一方面能提高教学的效率，另一方面可极大地丰富课程内容。先进、多元化的课堂教学技术将有利于实现这两方面的目的。

教学技术可以从多方面来提高，教师促进中心主要提供两个方面的指导：一是提供多媒体教学技术常见问题的解决方案，二是在条件许可的情况下在全校普及使用 Blackboard 这一先进系统。

8. 助教和助研培训

随着学校助教和助研制度的推出，教师促进中心提供系统的助教和助研培训课程。将教授从繁重的事务性工作中解放出来，集中精力做好最关键的工作。

规范的助教培训是教师促进中心的一项重要工作，其具体内容主要有：如何组织课堂讨论、如何做案例分析、如何批改作业、如何初审论文、如何与教授及学生进行沟通等。

规范的助研培训也是教师促进中心的一项重要工作，其具体内容主要有：如何帮助教授搜集文献资料、如何协助教授做好科研调查、如何协助教授做好调查资料的统计分析与处理、如何撰写调研报告等。[①]

北京理工大学教学促进与教师发展中心的主要工作有以下几方面。

1. 教师培训

请专业人士为教师提供教学理念和技能、研究能力和方法、学术道德和师德等方面的培训；组织教师进行交流，帮助教师规划职业生涯，促进教师卓越发展。

2. 质量评估

配合教务处进行教学质量评估，撰写北京理工大学教学质量年度报告；通过调查研究建立本科教学数据库，开展教学评价研究。

3. 研究交流

开展"教"（教师）与"学"（学生）的理论与方法研究，开展教师发展研究，促进不同学科专业教师间的交流与经验分享。

---

① 首都经济贸易大学. 教师促进中心介绍［EB/OL］.［2021-02-25］. https：//ota.cueb.edu.cn/jj/fzlc/index.htm.

4. 咨询服务

通过课堂观摩、录像及分析、微格教学、教与学咨询等，为师生的教与学提供服务；为学校职能部门和专业学院提供教育教学政策的制定、实施、评价等方面的服务。①

南京师范大学教师（教学）发展中心的主要工作有以下几方面。

1. 教师培训

通过多种方式，为新教师进行岗前培训，为其他教师进行专项培训。

2. 专题研讨

组织全校教师开展专题研讨与分享活动，研讨教学问题，交流和分享成功经验。

3. 教学咨询

为需要的教师提供教学咨询、诊断与指导，进行个别辅导和帮助。

4. 教学技术服务

为全校教师运用现代教育技术进行教学提供条件与帮助。②

由上可知，各高校的教师教学发展中心的工作内容，基本依据教育部的通知要求，围绕"培训、研讨、咨询、帮助、评估"等主题开展相关工作。

---

① 北京理工大学. 教学促进与教师发展中心简介［EB/OL］.［2021-02-25］. http://baike.baidu.com/view/5493348.htm.

② 南京师范大学. 教师（教学）发展中心简介［EB/OL］.［2021-02-25］. https://baike.baidu.com/item/南京师范大学教师（教学）发展中心/2608746？fr=aladdin.

八、我国大学教学发展中心经典活动案例

首都经济贸易大学教师促进中心（Office of Teacher Advancement，OTA）主题午餐会，被称为其六大品牌活动中最有特色的项目之一，在其网站简介中排列首位。[①]

（一）主题午餐会的目的

首都经济贸易大学教师促进中心开展主题午餐会的目的，是以午餐会的形式帮助教师解决实际工作中碰到的困难和问题，以沙龙的形式关注教师精神层面的需求，通过大家帮助大家，实现共同提高。[②]

（二）主题午餐会的形式

顾名思义，主题午餐会就是一边吃饭一边就某个专题进行讨论。2008年6月11日中午，首都经济贸易大学教师促进中心成功举办首次主题午餐会。

（三）主题午餐会的内容

首都经济贸易大学教师促进中心举办的"午餐会"，重点内容不在于"午餐"，而在于"会议"。会议提供的午餐都是非常简单的"快餐""饮料"或"点心"等。大家一边吃饭，一边开会；开会的主题内容贯穿始终。

午餐会前三次的主题如下：第一次"午餐会"（2008年6月11日）主题：听取教师们对OTA的期望；第二次"午餐会"（2008年9月17）主题：

---

① 首都经济贸易大学教师促进中心. OTA六大品牌活动［EB/OL］.［2021-02-25］. https://ota.cueb.edu.cn/wck/50209.htm.

② 首都经济贸易大学教师促进中心. 我校OTA教师促进模式备受兄弟院校关注［EB/OL］.［2021-02-25］. https://ota.cueb.edu.cn/wck/50209.htm.

高等教育热点问题研究

OTA 网站开通仪式和关于多媒体教学的方法；第三次"午餐会"（2008 年 10 月 15 日）主题：如何控制课堂秩序，探讨和谐有效的课堂教学秩序的构建。①

（四）主题午餐会的组织

从 2008 年 6 月至 2011 年 9 月，首都经济贸易大学教师促进中心已举行了 25 次午餐会，平均每一个半月举行一次。

首都经济贸易大学教师促进中心在每一学期伊始就制订好本学期午餐会的计划（见下文所附"2009—2010 学年第一学期 OTA 活动安排"），并且在每次午餐会之前两周左右，另外发出通知书（见下文所附"一则午餐会通知书"），以此保证学校教师安排好教学时间、及时获取会议信息，并在可能时按时参加会议。

参加会议的教师一般是自愿的，想参加者可通过邮箱或电话等方式，直接向教师促进中心报名。教师促进中心不采取摊派名额和行政命令的方式督促大家参加会议。

附录：2009—2010 学年第一学期 OTA 活动安排②

1. 新入职教师专场：职业教师之路

欢迎您——新教师！您准备好了吗？您的职业生涯已经正式开始，您有何规划？如何发展？在现有体制下，您的教育观念如何？带着您的思考来这里分享吧。首都经贸大学期待您在实践中不断成长！我们一起做最好

---

①② 首都经济贸易大学教师促进中心. 午餐会［EB/OL］.［2021-02-25］. https://ota. cueb.edu.cn/wck/index.htm.

的老师！

参加人：新入职教师 20 名、志愿者教师 10 名

时间：2009 年 9 月 18 日（周五）中午 11：30（备有午餐）

地点：新办公楼三层第五会议室

2. 专题辅导：发声练习与嗓音保养

从事教育工作的老师，比从事其他职业的人用嗓频率都要高。由于许多教师缺乏嗓音训练及驾驭自己声音的意识，缺乏科学发声的知识，不知道如何获得发声的最佳动力，喉器长期超负荷使用，出现许多喉疾；有些教师几节课下来，嗓音沙哑，声带疲劳，甚至声带充血。因此，有效的科学训练和保护，预防和强化嗓音机能非常重要。我们将邀请著名高校的专家来为大家进行发声指导。通过练习，您也能使自己的声音具有感染力！

参加人：不限参加人数

时间：2009 年 9 月 23 日（周三）中午 11：30

地点：新办公楼五层 503 会议室

3. 教与学的对话：首经贸本科生的特点及对教学的要求

教学要取得较好的效果，不仅取决于教师的技能与水平，还应该考虑教学对象的特点和差异。首经贸本科生有什么特点？"90 后"们有什么鲜明的个性？他们对教学有什么要求和期望？根据学生的特点和差异进行课堂教学设计是很有必要的。通过教与学的对话，我们能朝着反思型教师的方向发展。

参加人：教师、学生各 30 人

时间：2009 年 10 月 12 日（周一）下午 13：30（备有茶点）

地点：学生活动中心

4. 谈谈教学艺术

教学艺术就是教师在课堂上遵照教学法则和美学尺度的要求，灵活运用语言、表情、动作、图像、调控等手段，充分发挥教学情感的功能，为取得最佳教学效果而施行的一套独具风格的创造性教学活动。如何提高教学艺术？教学名师们的独门绝技是什么？教学技能始于基础，精于练习，而艺术化于无形之中。

参加人：志愿者教师10人、参加者25人

时间：2009年10月29日（周四）中午11：30（备有午餐）

地点：新办公楼三层第五会议室

5. 课程考试专题研究

"考、考、考，老师的法宝"。其实，考试的设计也不简单。良好的考试应该具有可靠性（信度）、有效性（效度）、公正性和实践性。课程考试是教师了解学生学习状况的重要环节，科学的课程考试是调整教学方向和内容的重要依据。如何评价考试试题？如何评价考生水平？这些都是考试质量分析的核心内容。

参加人：志愿者教师10人、参加者25人

时间：2009年11月10日（周二）中午11：30（备有午餐）

地点：新办公楼三层第五会议室

6. 课题申请经验交流

如何策划课题选题？如何进行课题论证？如何提高课题申请命中率？如何提高课题申报文本的规范化程度？几类主要课题评审的注意事项有哪

些？让经验碰撞的火花照亮更多人。

参加人：教授、副教授 5~10 人、参加者 25 人

时间：2009 年 11 月 25 日（周三）中午 11：30（备有午餐）

地点：新办公楼三层第五会议室

7. 科学研究的学术规范

遵守学术道德、严防学术不端行为，是每一位高校教师应当遵守的职业操守。理论研究、政策研究、实证研究各自的研究范式有哪些？如何加强科学研究的规范性？这些都是值得我们每一个高校教师认真研究和探讨的问题。

参加人：教授、副教授 5~10 人、参加者 25 人

时间：2009 年 12 月 10 日（周四）中午 11：30（备有午餐）

地点：新办公楼三层第五会议室

8. 经验交流：发挥专业优势，服务首都北京

作为北京市重点大学，高校教师如何提高服务首都北京的水平？如何开拓自身研究领域与相关业界的联系？横向课题报告的特点是什么？如何发挥和保持自身研究领域的相对优势，创立科研品牌？

参加人：志愿者教师 10 人、参加者 25 人

时间：2009 年 12 月 22 日（周二）中午 12：00 中午 11：30（备有午餐）

地点：新办公楼三层第五会议室

以上活动安排，届时将在校园网上发布通知，请各位老师多多关注。

教师促进中心（OTA）联系方式：

电话：83952342、83952365　　电子邮箱：ota@cueb.edu.cn

办公地点：校本部新办公楼 331 房间

附：一则午餐会通知书[①]

OTA 举办"大学教师胜任力探讨"午餐会通知

自 1973 年美国哈佛大学教授麦克利兰博士成功实践了他的胜任力理论以来，"增强胜任力，追求高绩效"的工作理念开始风靡全球。所谓大学教师的胜任力，是指实现高绩效教学、科研和社会服务工作所要求的一组综合素质，包括专业知识与学术素养、教学科研技能、教师核心能力、教师人格特征等因素。

随着我国高等教育改革向纵深发展，大学对教师的要求将越来越高。财经大学教师应该具备怎样的胜任力？就这一话题，新学期开学伊始，OTA 特举办"大学教师胜任力探讨"主题午餐会。

来吧，亲爱的老师们，让我们带着理性与责任齐聚一堂，就"首都经济贸易大学教师应当具备哪些胜任力？"这一话题，做一次生动活泼、内容丰富精彩的交流与沟通。

OTA 特别欢迎 2011 年新入职的教师参加！

请拟参加此主题午餐会的老师们通过下列邮箱报名。

邮箱：ota@cueb.edu.cn，ota_cueb@126.com

时间：9 月 14 日（周三）中午 11：30—13：30（备有午餐）

地点：博纳楼三层 330 会议室（暂定）

2011 年 9 月 5 日

---

① 首都经济贸易大学教师促进中心. 午餐会［EB/OL］.［2021-02-25］. https：//ota.cueb.edu.cn/wck/50213.htm.

（五）主题午餐会的成果与评价

根据首都经济贸易大学教师促进中心网站内容，截至 2010 年 6 月，该校教师促进中心工作成果主要有以下四项。

第一项成果是明确教师职业定位和发展方向，将学校发展规划落实到每一位教师身上。没有优秀的教师，学校的"十一五规划"就不可能实现。因此，一方面，各个教师要进行职业生涯的规划；另一方面，在 OTA 的平台上促进教师与学校共同发展。

第二项成果是提升了教师教学与科研水平。在 OTA 的平台上，教师之间相互帮助，用工作坊的方式为教师提供交流、讨论的平台。讨论的议题均是在教师讨论的基础上产生的。老教师传帮带年轻教师，优秀教师帮助后进教师，在这一过程中，实现教学卓越。

第三项成果是树立了大学公民理念与志愿者精神。用学术沙龙的形式，提升教师的精神。很多年轻教师说自己在 OTA 找到家的感觉。OTA 日常性的志愿者近 100 人。从身边点滴做起，提升教师的精神层次，达到教书育人的目的，这与北京市教委提出的"教学、科研、社会服务"相结合的培养要求完全一致。OTA 已在这方面做出了有益的尝试。

第四项成果是扩大了国内外影响力。与国际近 10 所 OTA 组织建立了日常的紧密联系。与北京大学教育学院、北京师范大学比较教育学院、中国海洋大学 OTA 建立了经常性的联系。[①]

首都经济贸易大学 OTA 在开展特色活动中，以午餐会的形式帮助教师解决实际工作中碰到的困难和问题，以沙龙的形式关注教师精神层面的需

---

① 首都经济贸易大学教师促进中心. OTA 成果［EB/OL］．［2021-02-25］. https：//ota.cueb.edu.cn/wck/index.htm.

高等教育热点问题研究

求,以个别访谈的形式关注教师的多样性,通过大家帮助大家,实现共同提高。①这一模式别出心裁,具有较大的推广价值。

九、我国大学教学发展中心的主要特点

(一)我国大学教学发展中心的使命强调"服务"

在当前高等教育改革不断深化之际,提升教育质量迫在眉睫,而服务于教学、服务于教师的工作则是重中之重。2011年7月发布的《教育部财政部关于"十二五"期间实施"高等学校本科教学质量与教学改革工程"的意见》明确指出,各高校建设教师教学发展中心要为了"提高本校中青年教师教学能力,满足教师个性化专业化发展和人才培养特色的需要"②。因此,我国各高校的教学发展中心在其创办宗旨中,大都强调了"服务"功能。如:北京大学教学促进专题认为,他们的工作是一套有效"保障北大教学的支持服务体系"③。其他高校的教师教学发展中心也有类似强调服务的功能。

(二)我国大学教学发展中心的活动组织形式多为"自愿"

我国大学教学发展中心的组织方式一般都是自愿的。这里有两种情况,其一是指学校的教师自愿接受本校教学中心的服务;其二是指教学

---

① 首都经济贸易大学教师促进中心. 我校OTA教师促进模式备受兄弟院校关注[EB/OL]. [2021-02-25]. https://ota.cueb.edu.cn/wck/50209.htm.

② 教育部. 教育部财政部关于"十二五"期间实施"高等学校本科教学质量与教学改革工程"的意见(教高〔2011〕6号)[EB/OL]. [2021-02-25]. http://www.moe.gov.cn/publicfiles/business/htmlfiles/moe/s5666/201109/xxgk_125202.html.

③ 北京大学教学促进专题. 我们的服务[EB/OL]. [2021-02-25]. http://fd.pku.edu.cn/index.html.

中心所提供的服务，也遵循自愿的原则。双方都本着自愿的原则，开展教学中心的工作。如：首都经济贸易大学校长2008年6月11日在参加教师促进中心举办的主题午餐会时总结说：参加午餐会的各位老师都是自愿来参加的，没有任何行政命令，这也是以后OTA教师服务的一个工作特性。这样的气氛很轻松。[1]并且，首都经济贸易大学教师促进中心还在每次活动中，招聘一些志愿者来协助组织活动；每次活动除了场地或专业的限制而对参加人数和对象有一定限制外，一般都以自愿的方式参加组织活动。[2]

首都经济贸易大学教师促进中心认为，他们的"自愿组织"的有效运作经验可归为三点：首先是学校高度重视、大力支持，党委书记是OTA的主管领导，校长是OTA的高级顾问，教学副校长分管OTA的工作；其次是在这个非行政化的组织中有一批非常热爱公益事业、热心为教师服务的志愿者；最后是OTA能紧密结合教师发展需求来开展工作，让教师们在OTA的活动中受益。[3]

（三）我国大学教学发展中心的工作内容以"经验交流"为主

我国大学教学发展中心的工作内容以经验交流为主，是说我国大学教学发展中心的工作以"传帮带""师徒"传授为主要方式，处于先进带动后进的基本教学技能训练和提高阶段。从各高校教师教学发展中心实际已

---

[1] 首都经济贸易大学教师促进中心（OTA）. 教师促进中心（OTA）成功举办首次专题午餐会［EB/OL］.［2021-02-25］. https://ota.cueb.edu.cn/wck/50260.htm.

[2] 首都经济贸易大学教师促进中心. 午餐会［EB/OL］.［2021-02-25］. https://ota.cueb.edu.cn/wck/index.htm.

[3] 首都经济贸易大学教师促进中心. 我校OTA教师促进模式备受兄弟院校关注［EB/OL］.［2021-02-25］. https://ota.cueb.edu.cn/wck/50209.htm.

高等教育热点问题研究

经开展的主要工作可以发现，工作内容大多都集中在组织教师听课学习、开设专题讲座、教学技能培训等经验交流层面，而且这些活动甚至成了不少教学发展中心的主要或全部工作内容。如华东师范大学高等学校教师教学发展中心的工作，就是打算用3～5年的时间，打造优秀师训队伍，优化课程结构，探索培训与管理模式，极大地丰富优质教学资源，把高等学校教师教学发展中心建设成为立足师范、面向全国，引领教师专业发展，胜任高水平教师培训与教学指导，具有示范作用的一流教师培训基地。[①] 可以看到，以经验交流为主的工作内容，是我国大学教师教学发展中心的一大特色。

（四）我国大学教学发展中心的师资多为"兼职"

我国大学教学发展中心的师资多为兼职，这种情况比较普遍。不少高校的教师教学发展中心，除了日常的管理人员之外，其他领导人员大多是"兼职"的，就是说他们本身的"正职"是在其他部门。这些人原本担任着领导职务，到了教师教学发展中心再担任第二个职务，而且多半也还是领导职务。这些兼职的领导人员，大多都有教授职称或博士学历，但一般工作人员的职称基本没有什么太大要求。如上海交通大学教学发展中心在招聘大学教学发展中心助理职务时，仅要求硕士以上学历，但需具备什么专业职称并却没有要求；而且助理的工作似乎仅限于一些文字处理工作。[②]

---

① 华东师范大学教师专业发展中心. 项目指南［EB/OL］. ［2021-02-25］. http://www.cftd.ecnu.edu.cn/.

② 上海交通大学. 招聘网［EB/OL］. ［2021-02-25］. http://join.sjtu.edu.cn/Admin/QsPreview.aspx? qsid=f70637cd014f4e11ab99c567437d359b.

十、我国大学教学发展中心的主要问题

（一）我国大学教学发展中心的使命过于单一

我国大学教学发展中心的使命大多都比较单一。通过对北京大学等10所高校的教师教学发展中心的使命进行调查后发现，直接用到"服务"一词的高校有6所，用到"保障"一词的有2所，用到"科研"一词的有1所（表2.2）。可见，我国大学的许多教师教学发展中心的使命多半局限于"服务"，而很少有关于"保障"或"研究"的宗旨。

调查还发现，不少教师教学发展中心的所谓"服务"功能，也多限于为教师开设一些培训讲座或座谈交流等活动。

表2.2　北京大学等10所高校教学发展中心的使命

学校	名称	使命
北京大学	教师教学发展中心	保障教学高质量运行
华东师范大学	教师教学发展中心	服务全国的基础教育教师专业发展
首都经济贸易大学	教师促进中心	致力于全面促进教师的教学、科研和身心健康
西南财经大学	教师教学发展中心	培养一大批高层次的经济管理拔尖创新人才
南京师范大学	教师发展中心	提供教学服务，帮助教师进行教学职业生涯设计与规划，解答教师教学中的疑惑，解决遇到的困难，提供提升教学必需的技能与手段，创造充分交流、相互合作与资源共享的平台
中国海洋大学	教学支持中心	致力于教师教学水平的提高，为教师教学能力的进一步提高提供服务、支持和保障
北京理工大学	教师发展中心	促进教师发展，提升教育教学水平，帮助学生有效学习，提高学校教师队伍水平和人才培养质量
上海交通大学	教学发展中心	贯彻先进的教学理念，创建优良的教学文化，探索科学的教学规律，实践创新的教学方法
江南大学	教学评估与教师卓越中心	旨在建设教师教学服务平台，使教师素质获得全面提升，从而整体推进学校的教学工作
吉林大学	教师教学发展中心	推广现代教育理念，营造先进教学文化，促进教学改革创新，提升教师教学能力，服务区域教师发展

资料来源：根据各学校网站资料整理。

（二）我国大学教学发展中心的活动组织过于"松散"

我国大学教学发展中心的活动组织过于"松散"，这可能是我国高校教师教学发展中心存在的共同问题。活动缺少预期规划和严密组织，甚至有不少活动宣传比较匆忙，临时"起意"的现象并不鲜见。比如公布海报的时间离活动举行时间往往只有一周左右，致使学校多数师生还不知道活动就已经举行了，已知道的因时间太近也可能来不及安排时间参加活动；有的活动结束后缺少对活动的总结与经验推广，缺少对活动结果的反馈与运用，也没有进行跟踪和评估，往往仅做一次"新闻报道"了事。这种以"新闻报道"代替"经验总结"和"反馈"的现象较为普遍。

在调查的 10 所高校中，只有西南财经大学教学训练与评估中心规定：55 岁以下各级教师应定期参加培训，新教师未经中心培训不得上岗，重点课程、通识课程教师和讲师以下的教师都应接受培训，促进训练课程规范化、长期化；教师培训情况作为职称评定的重要依据，培训不合格者不得上岗；积极加强培训课程建设，组织进行教师课堂教学质量评价。[①] 其他不少高校仅对新教师参加培训进行鼓励，未对此做硬性规定。

（三）我国大学教学发展中心的工作内容过于"浮泛"

在所调查的高校中，教学发展中心的工作内容涉及"教师培训或教学指导"的有 10 所，涉及"评估"的有 5 所，涉及"科研"的仅有 3 所（首都经济贸易大学、江南大学和吉林大学），涉及"课程建设"的有 2 所（首都经济贸易大学和江南大学）（表 2.3）。许多高校教师教学发展中心的

---

① 西南财经大学教学训练与评估中心. 工作内容［EB/OL］. https://cte.swufe.edu.cn/info/1026/2003.htm.

工作内容大多都停留在组织教师听课学习、参加讲座或座谈等日常管理层面，而未曾深入到对教师教学项目的"研究"或课程建设的"科研探索"层面，缺乏对教师教学工作的理性审视与问题归因。因此，我国大学教师教学发展中心的工作内容还显得过于"浮泛"。

表 2.3　北京大学等 10 所高校教学发展中心的工作内容

学校	名称	工作内容
北京大学	教师教学发展中心	包括各类培训、主题活动、开放资源和理念宣传
华东师范大学	教师教学发展中心	承担"国培计划"师训项目； 培训省级学科名师培养对象； 辅助省级名师总结提炼教育思想； 研发骨干教师培训课程包； 协助地方政府编制区域教师专业发展规划； 指导并合作共建地方教师专业发展学校； 建设教师专业发展信息港
首都经济贸易大学	教师促进中心	主题午餐工作坊（21 次午餐会）； 主题沙龙； 主办高校教师潜能开发国际研讨； 教师职业导航； 一对一私密性教学科研帮助； 巅峰课程（附首都经济贸易大学教师促进中心（OTA）巅峰课程介绍）
西南财经大学	教师教学发展中心	培训与咨询，针对不同发展阶段的教师群体开展教学培训，并结合教师个性特点，创设条件为其提供教学发展帮扶机会； 教学质量评估与调研，了解一定时期内教育教学的困境，提供合理的信息反馈，把握教与学的动态； 学生学业指导，指导学生建立良好的学习模式，开展学生学习指导项目，系统开展学校学业指导活动； 优质教学资源建设，整合资源，促进教师正确合理地使用现代教育技术，积极通过教育技术的更新来改造课程教学； 教师教学发展研究与改革，针对实际问题，寻求系统解决思路，进行顶层设计； 示范推广与交流

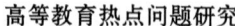高等教育热点问题研究

续表

学校	名称	工作内容
南京师范大学	教师发展中心	通过多种方式，为新教师进行岗前培训，为其他教师进行专项培训； 组织全校教师开展专题研讨与分享活动，研讨教学问题，交流和分享成功经验； 为需要的教师提供教学咨询、诊断与指导，进行个别辅导帮助； 为全校教师运用现代教育技术进行教学提供条件与帮助
中国海洋大学	教学支持中心	整合学校丰富的教学资源，为教师创造机会反省教学并分享经验，协助教师致力于教学方法的改进，并通过建立合理可行的教学指导制度与教学评价制度，创造良好的高等教育环境
北京理工大学	教师发展中心	教师培训、质量评估、研究交流、咨询服务等工作
上海交通大学	教学发展中心	师资培训和教学评估；坚持"问题导向"，注重解决人才培养实践中遇到的具体而又普遍的问题
江南大学	教学评估与教师卓越中心	实施"研究"项目，"提升"教师的教学能力和教学质量，对入职教师、潜能教师进行指导和帮助；进行课堂"评价"、课程"建设"
吉林大学	教师教学发展中心	教师培训、教学研究、教学评价

注：华东师范大学教师教学中心 http://www.cftd.ecnu.edu.cn/；首都经济贸易大学教师促进中心 https://ota.cueb.edu.cn/；西南财经大学教师教学发展中心工作内容 https://cte.swufe.edu.cn/info/1026/2003.htm；南京师范大学教师发展中心介绍 http://jssy.njnu.edu.cn/zxjs.htm；中国海洋大学教学支持中心成立十周年纪念暨教学发展研讨会举行；http://news.ouc.edu.cn/2018/0103/c293a85088/page.htm；北京理工大学教师发展中心 http://cfd.bit.edu.cn/portal；上海交通大学教学发展中心 http://ctld.sjtu.edu.cn/；江南大学教学评估与教师卓越中心简介 http://coe.jiangnan.edu.cn/；吉林大学教师教学发展中心简介 http://ctld.jlu.edu.cn/zxjj.htm。

附录：首都经济贸易大学教师促进中心（OTA）巅峰课程介绍

巅峰：原意为帽子上的石头——压顶石，现喻为最高成就。

巅峰课程（Capstone Courses），现一般指高年级毕业阶段的精品课程（必修课），是一种高层次的通识教育综合课程与专业课程交叉的课程，是一种多学科综合解决问题的课程，是让学生采用多学科的方法深入学习某个问题的课程。具体而言，是将与课程内容领域相关（跨越学科界限）的教师联合起来同台竞技，通过不同学科背景教师们观点的碰撞，让学生们在

第二章 我国大学教学发展中心

同一堂课上欣赏到多样的问题解决方案，领略到不同学科间文化与理念的冲突与和谐。

例如，著名的福特汽车的巅峰课程计划，始于1996年。纳瑟刚接手福特时就开展了此项计划，不仅让福特100多位高层主管成为企业内的种子讲师，也实际推动了福特的全球改革计划。

具体来说，福特汽车的巅峰课程是一个为期半年的学习过程，培训对象是企业内较高层的管理人员。

首先，学员必须参加一个5天的密集训练。在这5天当中，由高层主管团队担任讲师，与这些学员经历团队建立的过程，讨论福特所面对的挑战，并且分配未来6个月所要进行的项目任务。

其次，未来半年中，学员必须花费1/3的时间，通过电子邮件、视频会议甚至面对面方式，讨论、分析与完成所指派的任务。在这个过程中，学员会与讲师也就是高层主管团队再见一次面，讨论项目的困难和进度。

最后，学员会再参加一个密集训练，提出改革的想法，并与高层主管团队进行分享、讨论与学习。而且，密集训练中所提出的改革计划会在一周之内被执行。

同理，我国高校高年级或高层次的课程也可以做成巅峰课程。OTA呼吁：为了我们的学生，我们教师要携起手来，共同设计巅峰课程计划，使我们的学生跟上国际化步伐，使他们能在迅速变化的专业学术领域从优秀走向卓越。同时，OTA愿意提供教师交流的平台，促进与促成教师横向组织巅峰课程。[1]

---

[1] 首都经济贸易大学教师促进中心（OTA）［EB/OL］.［2021-02-25］. https://ota.cueb.edu.cn//index.htm.

高等教育热点问题研究

（四）我国大学教学发展中心的资源过于贫乏

我国大学教学发展中心所能提供的资源，不外乎是一些教学指导书、一些教学视频的下载等。这些资源的数量也非常少，有的中心网站上只发现公布了十余部教学录像。这样的课程与教学资源对于一所拥有众多学科专业的大学来说是远远不够的。

我国大学教学发展中心的专业人员力量较薄弱。在调查的10所高校中，只有西南财经大学教学发展中心的主任不是兼职的，其他大学教学发展中心的主要领导和多数工作人员"兼职"现象较普遍。这也说明了大学教学发展中心的工作尚未得到学校的足够重视，仍处于"边缘"地位。

对10所高校教学发展中心的调查显示，除了南京师范大学有关于中心的"工作规定"外，其他大学都没有正式出台的相关政策制度。中心网站的建设，也非常薄弱，这些网站上提供的资源十分有限，大多是表格下载、通知和新闻发布等。

十一、我国大学教学发展中心建设的策略

目前，世界一流大学基本都已设立了帮助教师提高教学水平的专业机构，这对于创建大学的教学文化、提升教师的教学水平发挥了极为重要的作用。我国要建设教育强国，加强一流大学建设，深化教学发展中心的改革是抓手之一。我国大学教学发展中心的改革应着眼创新使命、强化组织管理、完善制度建设、充实师资队伍、丰富教学资源等方面，以加强教学服务和领导，不断提高教师的教学学术。

（一）着眼创新使命

创新人才的培养与实践体系，是国家核心竞争力的关键之一。高等学

校的专家与科技资源,是培育创新型人才的基础。2011年7月发布的《教育部财政部关于"十二五"期间实施"高等学校本科教学质量与教学改革工程"的意见》指出,"要引导高等学校建立适合本校特色的教师教学发展中心,积极开展教师培训、教学改革、研究交流、质量评估、咨询服务等各项工作,提高本校中青年教师教学能力,满足教师个性化专业化发展和人才培养特色的需要"。各高校教师教学发展中心要着眼于创新的建设使命,从国家的层面来说,要重点建设一批高等学校教师教学发展示范中心,承担教师教学发展中心建设实践研究;从学校的层面来说,要积极组织区域内高等学校教师教学发展中心管理人员培训,开展有关基础课程、教材、教学方法、教学评价等教学改革热点与难点问题研究,开展全国高等学校基础课程教师教学能力培训。[①]

进一步提高学校培育创新人才的质量,加快学校培育创新人才的速度。如上海交通大学以成立"教学发展中心"为契机,进一步明确了创新人才培养和教学发展中心的使命,即贯彻先进的教学理念,创建优良的教学文化,探索科学的教学规律,实践创新的教学方法。[②]通过设立教学发展中心,不断完善创新人才的培养体系,力求充分发挥学校的人才科技优势,为国家培育出更多高质量的人才。

---

① 教育部. 教育部财政部关于"十二五"期间实施"高等学校本科教学质量与教学改革工程"的意见(教高〔2011〕6号)[EB/OL].[2021-02-25]. http://www.moe.gov.cn/publicfiles/business/htmlfiles/moe/s5666/201109/xxgk_125202.html.

② 教育部. 上海交通大学以"教学发展中心"完善创新人才培养体系[EB/OL].[2021-02-25]. http://www.moe.gov.cn/jyb_xwfb/s6192/s133/s166/201105/t20110525_120105.html.

（二）强化组织管理

我国大学教师教学发展中心应注重细节管理，从"小处"着手，努力提升组织管理水平。不少高校的教师教学发展中心是学校的直属单位，应在以教授、专家或教学名师为核心的专家组的指导下，紧密地与各学院的教师及教学管理人员通力合作，强化学校的教学工作，不使教师教学发展中心"游离"于学校教学系统之外。教师教学发展中心的工作必须从"小处"着手，积极研究解决教师教学实践中遇到的问题，精心组织，杜绝放任自流，避免因管理人员"兼职"过多而使教学发展中心的工作被忽视和被边缘化。

教学发展中心的工作应该有更加严密的组织，整个中心的工作应该有一个中长远和近期的总体规划，并向学校师生公布，做到每项活动公开透明，形成有效运行与合理的监督机制。

让师生拥有更多知情权和监督权。所有的工作都要注重实用、讲求实效。力争通过中心的工作和努力，形成浓厚而积极向上的教学氛围和各具特色的校园文化。

（三）完善制度建设

完善的制度是一个组织运行的有力保障。我国大学教师教学发展中心的制度建设是一个非常薄弱的环节，应尽快制订与教师教学发展中心相适应的规章制度与实施条例。

按照各大学人才培养的需要，研究教学计划、教学实施、教学评估等规律、措施和方法，建立起与各大学人才培养目标相适应的教师教学培训机制、质量监控方法、教学评估体系等。

（四）充实师资队伍

师资队伍建设滞后也是我国大学教学发展中心较突出的问题。不少大学教学发展中心缺少专业和专职师资力量，已有的师资又兼职过多、人数过少；师资的专业结构无法满足中心的发展需求，不能适应复杂而专业的工作。这势必会影响大学教学发展中心工作的正常、有效运行。有的大学教学发展中心已意识到这个问题。例如：上海交通大学教学发展中心清晰地认识到，构建创新人才培养体系的关键是建设一支结构合理的、高水平的具有高度奉献精神和创新精神的教师队伍。一方面，学校在教学发展中心的基础上，将不断推进教师专业学术水平向实际教学效果转化，力争使学校教学中心的精品课程、精品教材更加符合教学规律，把师资队伍中的智力储备全面转化为培养创新人才的高质量教育。另一方面，教学发展中心，不仅促进教学结构合理化、学术水平高端化、师德师风高尚化建设，还将帮助学校的师资团队在教学一线掌握、贯彻先进的教育理念、方法和技能。[1]

（五）丰富教学资源

在使命明确的基础上，各高校的教师教学发展中心应与国内外其他大学，尤其是世界一流大学紧密合作，充分利用国内外优质资源，突破自身资源不足的局限，扩大自身作为教师教学发展平台的影响力和实力，促使教师教学水平提升。

当前，我国大学教学发展中心尤其应该大力建设好中心网站，完善网上教学评估系统。如果我们能随时收集学生对教师教学的点评，并通过网

---

[1] 教育部. 上海交通大学以"教学发展中心"完善创新人才培养体系［EB/OL］. ［2021-02-25］. http://www.moe.gov.cn/jyb_xwfb/s6192/s133/s166/201105/t20110525_120105.html.

高等教育热点问题研究

上教学评估系统及时传递给教师（过程管理），将对教师随时调整教学计划、改进教学方法具有实际意义。从课程数据录入、学生选课数据到评估数据准备、采集和处理等，各环节实行闭环管理，保证信息的对称和准确。①

丰富网站的内容，增加交流互动和信息共享的平台，增加教学资料供给与更新速度，加强图文和视听等教学资料的在线学习或下载功能；增加校际之间相关栏目的链接与共享，提升中心网站的活力和吸引力。

如上海交通大学运用教学发展中心这一抓手，对教师的"教"和学生的"学"开展系统的教育理念和教学方法的研究与调查评估，为各专业课程体系的完善和教学方法的改进提供指导和帮助，为教师教学能力提升搭建沟通交流平台，为教师教学实践中的疑难提供个性化的咨询与辅导。②

值得注意的是，各高校教师教学发展中心的定位还应该包括促进教师发展，而不仅仅是促进教学发展。也就是说，教师教学发展中心要致力于全面促进教师的教学、科研及身心健康。③

总之，如何更好地发挥大学教学发展中心对教学的导向作用，科学、客观地开展课堂教学培训等各项工作，着眼于问题解决，加强科学研究，更好地促进学校与师生之间、教师之间和师生之间的良好沟通，发挥教学发展中心对教学质量的服务、保障与监控职能，是学校管理者面临的紧迫任务。

---

① 首都经济贸易大学教师促进中心［EB/OL］. https://ota.cueb.edu.cn//index.htm.

② 教育部. 上海交通大学以"教学发展中心"完善创新人才培养体系［EB/OL］. ［2021-02-25］. http://www.moe.gov.cn/jyb_xwfb/s6192/s133/s166/201105/t20110525_120105.html.

③ 首都经济贸易大学教师促进中心［EB/OL］. ［2021-02-25］. https://ota.cueb.edu.cn//index.htm.

第三章　宾夕法尼亚大学的通识教育课程

通识教育也称"普通教育""一般教育""通才教育"等。通识教育的目标是在现代多元化的社会中，为受教育者提供通行于不同人群之间的知识和价值观。通识教育课程则是实现这些目标的有形与无形载体的总称。本章重点探讨宾夕法尼亚大学的通识教育课程的兴起与发展、理念与目标、现状、课程管理及其评价与启示。

一、宾夕法尼亚大学简介

宾夕法尼亚大学（University of Pennsylvania）是美国八所常春藤盟校成员之一。它于1740年由美国著名科学家和政治家、《独立宣言》起草人之一本杰明·富兰克林（Benjamin Franklin）创办，比美国建国的时间还要早。1755年，学校改名为费城学院和研究院（Philadelphia University and Institute）。1765年，学校成立了北美第一所医学院，使学校成为美国第一所现代大学。但一直到1779年，宾夕法尼亚政府才通过立法对学校进行改组，将其正式命名为宾夕法尼亚州大学（The Pennsylvania State University）。1791年，校名缩为宾夕法尼亚大学（以下简称宾大）。

2015年秋统计显示，宾大全日制学生21 563人，业余时间来学习的学生3 313人，在校学生总数24 876人；其中，全日制本科生10 406人，全日制研究生/专业学生11 157人。当年秋季入学的94%的学生，是他们毕业学校排名前10%的毕业生。全职教师2 566人，兼职教师2 079人，教师总数为4 645人，生师比达到6∶1。2015年宾大有89个本科专业；截至2015年秋季学期，宾大有12个研究生与专业学院，分别是安能堡传播学院（Annenberg School for Communication）、文理学院、口腔医学院、教育研究生院、工程与应用科学学院、设计学院、法学院、佩雷尔曼医学院（Perelman School of Medicine）、护理学院、社会政策与实践学院、兽医医学院、沃顿商学院（The Wharton School）。其中，文理学院、工程与应用科学学院、护理学院和沃顿商学院还提供本科教育，本科生占在校生的比率为41.88%。

宾大如今已成为美国乃至世界著名学府。在2020年度《美国新闻与世界报道》（*U.S.News*）杂志对全美大学进行的评估中，宾大名列第14位。该项评估主要侧重于大学的学术研究成果、全球及地区影响力等指标。①

二、宾夕法尼亚大学通识教育课程的历史沿革

在宾大漫长的发展历史中，宾大的通识课程教育占有举足轻重的位

---

① U.S.News. Best Global Universities Rankings [EB/OL]. [2016-04-07]. http://www.usnews.com/education/best-global-universities/rankings？

第三章 宾夕法尼亚大学的通识教育课程

置。宾大真正实施通识教育课程是从1982年开始,以时任校长哈克尼（Francis Sheldon Hackney）组织编写的《选择宾大的未来》（*Choosing Penn's Future*）的正式发布为标志。但其萌芽却要追溯到宾大的创立者富兰克林。在学校创办之初,富兰克林认为新的知识来自对现有资源最广泛的认识和最有创新的运用,这一思想是他创办学校的指导方针。宾大通识教育课程发展历程可分为以下三个阶段。（表3.1）

表3.1 宾大通识教育课程历史沿革简明表

阶 段	标志性文件	代表人物及（在任时间）	内 因
通识教育课程的萌芽：作为实用的基础(1749—1982年)	本杰明·富兰克林发表《关于费城青年的教育建议》（*Proposals Relating to the Education of Youth in Pennsilvania*）（1749年）	本杰明·富兰克林（Benjamin Franklin）（1749—1790年）	超越过去培养神职人员的传统；致力于培养实用人才
通识教育课程的探索：追求知识的融合(1982—2004年)	《创造未来》（*Choosing Penn's Future*）（1982年）；《建立融合：校长的公开报告》（*Building Connections: A Report from the President to the University Community*）（1983年10月）《追求优秀：宾大各学院战略规划》（*Agenda for Excellence: The Strategic Plans of the Schools of the University of Pennsylvania*）（1988—1992年）《先锋课程》（*Pilot Curriculum*）（2000—2004年）	朗西斯·谢尔登·哈克尼（Francis Sheldon Hackney）（1981—1993年）朱迪思·罗丹（Judith Rodin）（1994—2004年）	学科松散分割，课程改革发展被动；面对当前和未来的问题不足；缺乏一个"共同的目标"
新通识教育课程的实施：追求知识的永恒价值（2004年至今）	《文理学院战略计划》（*A Strategic Plan for the School of Arts and Sciences*）（2006年）	艾米·古特曼（Amy Gutmann）（2004—Present）	课程缺乏灵活性和导向性

注：Proposals Relating to the Education of Youth in Pennsylvania. Benjamin Franklin［EB/OL］. https://www.jstor.org/stable/27796582; University of Pennsylvania［EB/OL］. https://almanac.upenn.edu/.

· 105 ·

高等教育热点问题研究

1. 通识教育课程的萌芽（1749—1982 年）

在 18 世纪，欧洲以及英国所有殖民地的高等院校都以培养神学人员为主。富兰克林想到不仅要建立一个地方高等教育机构，而且要建立一个有别于当时的新英格兰式的教育，以便在人才培养模式与课程设置等方面进行新的探索。富兰克林 1749 年写的《关于费城青年的教育建议》(Proposals Relating to the Education of Youth in Pennsylvania) 中，要求费城学院用英语授课，而不是用希腊语和拉丁语授课，并认为学校不仅要提供经典文学的教学，而且要开设更为"实用"的学科，如数学、物理学、现代语言学等。

1751 年，富兰克林在他亲自执笔的《英语学校的理念：在费城学院董事会商讨的草案》(Idea of the English School: Sketched out for the Consideration of the Trustees of the Philadelphia Academy) 中，进一步阐述了他的教育主张：学生进校后首先必须学习英语语法、英语拼写，并阅读经典文章；到第六学期后，学习历史、修辞、逻辑和哲学，并阅读英语经典原著，如弥尔顿（Milton）、洛克（Locke）、艾迪生（Addison）、荷马（Homer）、维吉尔（Virgil）和贺拉斯（Horace）等人的著作。富兰克林要求费城学院学生除了学习与职业相关的课程外，还要首先学习古典语言课程，以便打下良好的基础。学生掌握了经典的知识，当他们毕业离开学校后，才可能适合继续学习任何专业、适应任何职业的挑战。学校教育服务于经济、政治，这是宾大有关通识教育课程功能的最早表述。富兰克林的教育主张，在 18 世纪中叶的西方世界是非常先进的，是现代通识教育课程的发端。①

费城学院从其创办之初就主张学校教育要与职业教育紧密联系，要

---

① University Records Center. Franklin's Vision [EB/OL]. [2016-01-24]. http://www.archives.upenn.edu/histy/features/1700s/penn1700s.html.

第三章 宾夕法尼亚大学的通识教育课程

求学校教育服务于社会经济、国家政治与社会生活，要求学校的教育目标不只是为了培养牧师，而是要与社会生活建立紧密联系。这种教育主张得到费城市民的支持与赞许，因为他们看到费城这座城市在日益发展壮大，正需要大量的商业与政界精英。为此，学校建立了美国殖民地时期的第一家医院（1751年）和第一所医学院（1765年），这正是这种教育主张的体现。①

　　直到19世纪，宾大一直坚持实用主义的通识教育思想。1933年，专门招收女生的文理学院（College of Liberal Arts）建立，宾大为女生们提供通识教育，而非仅限于将她们培养成为教师。"二战"结束后，学校进行过一些课程改革，其中与通识教育改革密切相关的是，1946年，一个政策和计划委员会（即大学发展委员会）向校长和董事会提交了一份综合调查报告，以指导战后的教育计划。经过长时间的调查，大学发展委员会（The University Development Commission）发表了一份教育改革报告，这份报告显示，宾大的通识教育课程仍然非常孤立，仅限于少数几个学院和专业，而且管理分散。因此，报告要求学校加强通识教育课程建设。校方采纳了这一建议。此后，宾大加大了对通识教育改革投入的力度，加快推进通识教育课程的建设步伐。如进行学科重组，注重学生课程的探究学习，加强对通识教育课程的管理等。②

---

① University of Pennsylvania. Penn's Heritage［EB/OL］.［2016-04-08］. http://www.upenn.edu/about/history.

② University of Pennsylvania. President's Report 1983［EB/OL］.［2016-01-26］. http://www.upenn.edu/almanac/v30pdf/n12/111583-insert.pdf.

2. 通识教育课程的探索：追求知识的融合（1982—2004年）

宾大将通识教育课程建设上升到学校战略高度，并对其进行较为完整的规划，要追溯到20世纪80年代。1981年7月，宾大成立了学术规划与预算委员会（The Academic Planning and Budget Committee），该委员会在审议学校1981—1982学年规划时就优先考虑的问题达成了共识，形成了会议纪要。其中一份会议纪要描绘了宾大20世纪80年代所面临的中心问题，概括为六个方面：提高少数民族受教育权问题、本科生教育问题、研究生教育问题、提高学生研究能力问题、教育延伸功能问题、学校与费城的关系问题。时任校长哈克尼高度重视这些问题，他委派工作组深入调查研究，并提出具体解决方案。1982年，工作组提交了报告，报告在广大师生之间引起了广泛而热烈的讨论，并提出了许多建议。学术规划与预算委员会、系主任委员会对这些建议进行了认真的审议，其中许多建议得到采纳和执行。1982年秋天，哈克尼校长在这些报告的基础上进行总结归纳，最后形成了正式的课程改革规划报告《选择宾大的未来》（Choosing Penn′s Future），在全校公布执行。

哈克尼校长在《致全校公开信》（To the University Community）中指出，宾大不是各院系、各部门"居住"在一起的简单组合，而是一个相互支持、相互融合的学术团队。要整合各学科，使课程发挥最大的功能。《致全校公开信》简明地阐述了哈克尼校长开展通识教育的思想根源：要建立一个相互联系和支持的学术共同体。他还在《选择宾大的未来》正文中说道："宾大吸引高水平学生的竞争优势来源于学校学科的多样性和丰富性，尤其是它的通识教育与职业教育相结合的不寻常的活力。我们的目标是要使本科通识教育成为全校教师的共同责任，要避免过分强调本科阶段的职业

第三章 宾夕法尼亚大学的通识教育课程

教育,要通过扎实多样的基础知识教育,使通识教育极大地丰富起来。"①这是宾大校方正式文件中首次出现"通识教育"一词。

哈克尼校长宣称,宾大要坚持以下四项原则。首先,教师是关键,大学通识教育的质量依赖其教师的实力,教师是学校的重要资源,大学高水平的教学与卓越的科研能力都依赖一支优秀的师资队伍,好的大学需要有众多大师。其次,财政是支柱,大学必须节约资源和保护其金融体系的完整性,各种专业的发展,包括通识教育专业与课程的开发,都需要财力支持,因此需要合理利用学校的有限资源,以支持学校的发展。再次,包容是魅力,大学的独特魅力体现在其对不同爱好的包容与其对广大师生的吸引能力上,通识教育的发展,是基于学校中每一个人的不同社会背景、不同兴趣爱好与不同发展潜能,每一个不同的个体构成了学校发展的多样性,也是学校得以保持其生机活力的源泉。最后,要量力而行,大学的发展规模必须适度,使其能够保证教育的最高质量与学术科研的最高水准。宾大不会牺牲教育质量去换取数量的增长。通识教育的质量是学校品牌的重要组成部分之一。

在本科生教育方面,宾大的教育规划指出,要建立本科课程基金,以支持共同学术体验,实现以下目标:提高本科生学习的内在联系性;培养学生对主要学科基本概念和理论的掌握;加强基础能力的培养;加强针对社会现实问题的教育;为本科生提供共同必修课程,如"现代文明";开设新生研讨课。各学院在宾大教育规划的指导下,制订了各自的五年规划,核心主旨就是"选择宾大的未来"。根据宾大校长的解释,"选择宾大的

---

① University of Pennsylvania. Choosing Penn's Future [EB/OL]. [2016-01-22]. http://www.archives.upenn.edu/primdocs/uplan/choosingpennsfuture1983.pdf.

高等教育热点问题研究

未来"意味着宾大要积极地和有目标地发展。根据学校的追求去设计自己的未来,而非根据外在事件或非人为因素去"铸就"自己的未来。①

宾大的通识教育课程形成了较紧密的内在联系,搭建了基本的课程管理框架。20世纪90年代中后期,通识课程仍缺乏一个"共同的目标",因此,1994年朱迪思·罗丹当校长后,宾大将加强写作教学、数学教学,注重现代技术的应用与本科生的实践探究等作为通识教育的基本要求。在《追求优秀:宾大各学院战略规划》中,文理学院提出要在全校建立一个共同的通识教育课程目标,以实现学校追求优秀的愿景。对本科教育越来越重视,希望在为学生打好基础的同时,发展其核心创新能力和关键技能。②

文理学院注重培养学生的独立探究精神与集体使命感。宾大在考虑其课程发展时得出两个结论:一是宾大的学生正在接受了不起的课程教育;二是宾大的文理学院蓬勃发展的时候,正是在本科教育中寻求课程进步的时候。为此,他们决心进行教育实验,寻找一种可代替目前课程的课程。于是,先锋课程(Pilot Curriculum)实验应运诞生,这是一项高瞻远瞩的实验。

当时,在美国高校中,宾大的通识教育教学水平已排名前列。但教师们认为,通识教育水平是最高的,但能否把它做得更好?由此可见,先锋课程教育是通识教育的延伸和提升阶段。同时,先锋课程是现有课程的一种补充,是试图寻找更高水平的教育的一种实验,是可选项。

先锋课程的目的是改变宾大学生的学习方式,进而带动改变整个国民

---

① From the Provost. Planning at Penn:A Progress Report1984 [EB/OL]. [2016-01-06]. http://www.upenn.edu/almanac/v30pdf/n32/050184-insert.pdf.

② Agenda for Excellence. The Strategic Plans of the Schools of the University of Pennsylvania [EB/OL]. [2016-01-26]. http://www.upenn.edu/almanac/v43/n18/schools.html.

的学习方式。

先锋课程提供了一个更加紧凑的通识教育课程要求。这一要求设置成了跨学科的课程,给学生学习选修课和专业课提供了更多选择机会。

学校要求学生制订一个深思熟虑的,能够获得知识的广度、深度和连续性的选修课学习计划。另外,还要求学生在学业方面提高写作能力,至少熟练使用一门外语,发展定量分析和推理的能力;打破传统的班级教学形式,提倡发现学习;学习先锋课程的学生还需完成一项研究课题或者在他们的专业范围内独立开展一项研究。[1]

文理学院的四年"先锋课程"实验,是为当时已实施了20多年(1982—2004年)的通识教育课程寻找多元选择的一种尝试,也为通识教育的实施提供阶段性"验收评估"(Re-evaluation)文本。

从2000级开始,每学年从新生中随机抽取约200名学生来修读先锋课程,其余的新生作为控制组。修读先锋课程的学生的要求有别于学校的正常要求,他们要修读更加集中和更加紧凑的通识教育课程;修读更多的自由选修课程;要与学术导师商量制订自己的学习计划;同时要求参加一个课题研究。本次实验的结果,采取多种方式进行收集,于2004年11月发布了最终报告。本次实验最令人惊讶的发现是:选择先锋课程的学生和没有选择该课程的学生,总体上来说,尽管要求不同(表3.2),但其结果几乎没什么不同,即在学习能力和个性养成上并无太大差别。先锋课程实验获得的另一条启示是:对学生个性应采取定性分析评估的方法。当然,先锋课程提供了有价值的实验方式,包括如何设置跨学科课程;同时,为

---

[1] University of Pennsylvania. Pilot Curriculum Frequently Asked Questions [EB/OL]. https://www.college.upenn.edu/sites/default/files/files/pilot.pdf

学院尝试了不同的咨询方式——使用"在线杂志"论坛,学生可以在网上记录自己学习过程中的想法,并与自己的学术导师进行探讨交流。①

表 3.2 现有课程与先锋课程的区别

课程学习要求	现有课程（Current Curriculum）	先锋课程（Pilot Curriculum）
专业课要求	相同：12~20 门课程； 不同：鼓励研究项目，但不做硬性要求（除少数几个专业外）	相同：12~20 门课程； 不同：要求有研究项目，如重点研究、学术和创新项目要求
选修课要求	相同：除专业课外，还要修读 16~20 门课程；还可以包括语言、数据资料分析和通识教育要求的课程； 不同：至少 5~7 门课程必须是自由选修课程（其数量依据语言要求及专业要求不同）	相同：除专业课外，还要修读 16~20 门课程；还可以包括语言、数据资料分析和通识教育要求的课程； 不同：至少 8~10 门课程必须是自由选修课程（其数量依据语言要求及专业要求不同）。大二结束前必须修读完自由选修课程
毕业学分要求	相同：32~36 学分	相同：32~26 学分
通识课要求	相同：要求前四个学期内完成； 不同： （1）学习与以下内容相关的 10 门课程 ①社会知识（Society）； ②历史与传统知识（History & Tradition）； ③艺术与词语知识（Arts & Letters）； ④形式推理与分析能力（Formal Reasoning and Analysis）；（后来改为：人文与社会科学知识（Humanities & Social Sciences）； ⑤生命世界（Living World）； ⑥物理知识（Physical World）； ⑦科学研究（Science Studies）（后来改为：自然科学与数学知识（Natural Science and Mathematics） （2）部分课程是跨学科课程，许多课程以传统学科理论为基础，并由一位教师教授	相同：要求前四个学期内完成； 不同： （1）学习与以下内容相关的 4 门课程 ①人文科学结构与价值（Structure and Value in Human Societies）； ②科学、文化与社会（Science, Culture, and Society）； ③地球、空间与生命（Earth, Space and Life）； ④想象、再现与现实（Imagination, Representation and Reality） （2）许多课程是跨学科课程，一些课程由一个教师团队教授；通过一系列教学观体现一个具体而共同的主题

---

① University of Pennsylvania. School of Arts and Sciences Annual Report（2004–2005）［EB/OL］.［2016-01-02］. http://www.sas.upenn.edu/home/about/strategic/SOS_05PDF.pdf.

第三章　宾夕法尼亚大学的通识教育课程

续表

课程学习要求	现有课程（Current Curriculum）	先锋课程（Pilot Curriculum）
写作课要求	不同： 参加1门写作研讨课；或者2门全校性写作课程学习；或者为期1年不间断的写作小组学习	不同： 在大一参加1门写作强化课程学习
语言课要求	相同：学习一段时间之后进行水平测试（所修课程0~4门）	相同：学习一段时间之后进行水平测试（所修课程0~4门）
定量分析课要求	相同：在大学4年中，在任何学期完成1门指定的定量分析课程	相同：在大学4年中，在任何学期完成1门指定的定量分析课程

资料来源：University of Pennsylvania. An Introduction to the Pilot Curriculum［EB/OL］.［2016-01-02］. http://www.college.upenn.edu/pilot_curriculum/pcintro.html.

注：

（1）先锋课程是循环开设的，每学年重复开；除修读本院的课程外，要求学生在其他学院修读至少4门课程，作为毕业的条件之一；多选不计，少选不行。

（2）先锋课程的通识教育课程，比原来的通识教育课程门数减少了6门，这样学生可以多修读6门自由选修课程；这意味着学生将有更多的对自己的学习进行管理的权利。

（3）修读先锋课程的学生，将被要求写一份修课计划书，以及完成这些课程的方法，将计划书交给指导老师指导。

（4）与现有通识教育课程不同的是，先锋课程要求学生在自己的专业范围内进行一项课题研究。先锋课程为大一和大二的学生提供更加紧凑和更有针对性的学习实践。这一实验用于发展学生对人类行为、追求与艺术表现的反思习惯。学会理解和接受在一所研究型大学中，不同的学科，不同的课程，相互交织、融合与碰撞的现象。与此同时，先锋课程给学生更多自由去追求自己的学习需要与兴趣。

3. 追求知识的永恒价值：新通识教育课程的实施（2004年以后）

文理学院面临的挑战就是，要把通识课程上的发展推向更高的层次。校长艾米·古特曼（Amy Gutmann）于2004年提出，宾大要追求"从优秀到卓越"，通过三个目标来实现：一是全面提高教育质量；二是提高跨学科知识的整合；三是促进师生的个性化和国际化。

2006年1月发布的《文理学院战略计划》（*A Strategic Plan for the School of Arts and Sciences*）指出，经过前20年的通识教育课程改革以及"先锋课程"实验，文理学院从2006年开始实行新通识教育课程方案（*New General Education Curriculum*）。新通识教育课程方案的特点是：更加灵活和具有导向性，继续强调跨学科学习和思维，提高学生对生命和物理科学的理解、对文化和美术的创新理解、对世界不同文化的比较与理解；学校通过给予资金支持，鼓励教师开发通识教育课程，特别欢迎针对问题和议题的跨学科方法课程。

宾大文理学院的使命是为本科生提供最好的通识教育。

在宾大，文理学院被其他学院所包围。这些学院有的提供学生毕业后的专业训练，有的强调为特定职业进行训练。在此环境中，文理学院重新强调其在艺术和科学教育中的信念与责任。他们希望学生在校期间能够学习到广博的知识，学生不仅应该追求知识和技能，而且应具有终身学习的潜能，以确保他们毕业后在所选择的职业领域里保持领导地位，做一个有独立思考能力和有创新思维的思想者，能够得心应手地通过口语和书面语交流自己的思想。

宾大文理学院致力于培养宾大的所有本科生，为他们传授所需要的基础知识，以支持和提高他们的专业水平。为了达到后一个要求，宾大要求设置的课程要有助于提高学生对美国民族文化、历史知识、多元文化和异族文化的理解和把握。①通过课程学习,学生能够适应快速变化的社会环境,能够成为有思想、有担当的人,能够成为所在社区、国家乃至在全世界有号召力的人。

三、宾夕法尼亚大学通识教育课程的理念与目标

（一）宾夕法尼亚大学通识教育课程的理念

宾大通识教育课程的理念,是讲求创新和实用人才的培养、道德和完人的培养。讲求创新和实用人才的培养,是宾大通识教育课程的核心理念之一。

宾大一贯鼓励师生进行创新性学习、工作和生活。宾大校门上镶刻着这样一句话:"我们会找到办法,否则就创造一个。"这句话对日常进出校门的师生以时时警示:要创新! 此外,宾大校长艾米·古特曼在接受《环球时报》记者访问时也心照不宣:"创新是宾大的根本。我们最近提出了提升宾大的创新战略计划。我们要吸引并留住全世界最好的教授和最好的学生。"②宾大的目标就是鼓励创新,不因循守旧。创新成为宾大壮大图强的砝码。

宾大的创建者之一、著名的科学家和发明家富兰克林深信:如果你的愿望足够强烈,就一定能找到一个解决问题的办法,即使没有现成的,也

---

① University of Pennsylvania. A Strategic Plan for the School of Arts and Sciences [EB/OL]. [2016-01-02]. http://www.sas.upenn.edu/home/about/strategic/StrategicPlan06.pdf.

② 环球时报. 宾夕法尼亚大学校长访谈 [EB/OL]. [2016-01-02]. http://news.sina.com.cn/o/2006-03-21/03578487058s.shtml.

高等教育热点问题研究

能"发明"出一个。宾大多年来一直奉行着这条准则。富兰克林认为,新的知识来自对现有资源最广泛的认识和最有创新的运用。这一思想不仅指导着他的研究工作和通识教育课程改革,也是他创办富兰克林学院的指导方针。他想通过学校教育尤其是通识教育培养具有创新思维、对他人的创造反应敏捷、不脱离现实生活的人才。这一教育思想始终贯穿于学校的发展历程。

讲求道德和完人的培养是宾大通识教育课程的另一核心理念。

宾大校徽上面的海豚代表富兰克林家族,三个圆盘代表费城的基督徒创校者,缎带拉丁文座右铭是"没有道德,法律一无是处"(Laws Without Morals are Useless)。这说明,宾大致力于学生道德的培养,为学生成为社会公民打下良好的基础。

很多研究型大学都把发展重点放在学术理论研究方面,而宾大多年来一直致力于发展实用性学科。"实用是指长期的实用,而不是短期的实用。宾大进行的许多最伟大的研究发明从短期来看并不实用,但从长远来看都非常实用。宾大所进行的通识教育课程正是这一理念的体现和贯彻。宾大所有的本科生都必须学习通识教育课程。相对于具体的职业教育,通识教育强调对'人'的教育,而不是对'技艺'的教育。它关注的是如何把一个人教育成一个能够独立思考、具有价值观念和道德操守的健全个体和合格公民。"①

---

① 中国青年报. 宾夕法尼亚大学校长:实践是知识的终点也是起点[EB/OL]. [2016-01-02]. http://news.sina.com.cn/o/2006-03-21/03578487058s.shtml.

（二）宾夕法尼亚大学通识教育课程的目标

宾大通识教育课程有两大目标：一是基本技能目标；二是跨学科知识目标。

学生在接受任何一门通识教育课程的学习时，学习方法和基本知识的掌握是不可或缺的，即知识的掌握是通过正确的学习方法进行的；而学习方法的提升依赖知识的不断积累，两者紧密相随。

例如，学生使用一门外语的能力是在充分理解扎根于这门语言的文化之后获得发展的。要真正理解一件作品，就要能想象出作者创作的过程，即能够使用语言对艺术作品进行描述、比较，质疑和评价作品所创造出的或你感受到的内容，能够根据自己的学识和客观现象、特征对数据进行科学分析。

对于特定的课程，虽然两者是不可分割的，但却是有先后的。对于一些课程，须优先发展基本的技能和方法，而对于另外一些课程，则须优先掌握知识内容。

在宾大的通识教育课程目标结构中，有六方面主要涉及基本技能和方法，宾大将之称作"基本技能目标"；而有七方面更多地涉及多方面的知识内容，宾大将之称为"跨学科知识目标"。两种目标所包含的具体内容如下。

基本技能目标（The Foundational Approaches）

（1）写作能力（Writing）；

（2）语言能力（Language）；

（3）定量数据分析能力（Quantitative Data Analysis）；

（4）形式推理与分析能力（Formal Reasoning and Analysis）；

（5）跨文化分析能力（Cross-Cultural Analysis）；

（6）了解美国文化多样性能力（Cultural Diversity in the U.S.）。

跨学科知识目标（The Seven Sector Requirements）

（1）社会知识（Society）；

（2）历史与传统知识（History & Tradition）；

（3）艺术与文学知识（Arts & Letters）；

（4）人文与社会科学知识（Humanities & Social Sciences）；

（5）生命世界（Living World）；

（6）物理知识（Physical World）；

（7）自然科学与数学知识（Natural Science and Mathematics）。①

（三）宾夕法尼亚大学通识教育课程与学校战略的关系

宾大通识教育课程为宾大本科教育提供了教育基础。宾大的卓越建立在拥有众多优秀学生的基础上，而通识教育是培养优秀学生的基础。研究发现，宾大的每一个战略发展阶段都与其相应的通识教育理念和内容息息相关（表3.3）。

表3.3　通识教育课程与学校战略的关系

学校战略发展阶段	通识教育理念	通识教育课程内容
讲求实用（1749—1982年）	为学习实用课程打基础	开设语言、修辞、经典著作等学科
追求未来与优秀（1982—2004年）	追求知识的整合、融合	开设全院必修课和共同知识基础课程
从优秀到卓越（2004至今）	追求知识的永恒价值	开设更加灵活、更加具有导向性的课程

资料来源：University Archives and Records Center.Franklin's Vision［EB/OL］．［2016-01-25］．http：//www.archives.upenn.edu/histy/features/1700s/penn1700s.html.

---

① College of Arts and Sciences．The Purpose of the Curriculum［EB/OL］．［2016-01-27］．http：//www.college.upenn.edu/curriculum-purpose.

四、宾夕法尼亚大学通识教育课程的实践

宾大的通识教育课程方案,在课程目标、课程内容、课程结构、课程组织和课程评价方面均有明确阐述,具体如下。

(一)课程目标

宾大要求学生在其专业学习之外必须学习通识教育课程。要在指定领域学习相关通识教育课程内容。这些课程的学习,旨在培养学生不仅在专业学习上,而且在未来生活中都十分重要的技能和灵活的应变策略(详述见本章"二、宾夕法尼亚大学通识教育课程的理念与目标")。

(二)课程内容

宾大的通识教育课程包括以下内容。

1.基本技能知识

除外语能力须根据学生教育背景的不同进行教育,学分在0～4之间,其余技能课程要求从通识教育课程总目录(见本章"课程安排")中各选一门课程修读,每门1学分。成绩以A、B、C、D四个等级计,所有课程至少获得C等级才算通过。①

(1)写作能力。宾大将写作能力好坏当作评判学生学习成绩好坏的重要指标。其学分不能用其他课程替换。宾大认为,能清楚地、有说服力地表达自己的思想,是个性完满和将来事业成功的基础。因此,宾大对学生写作能力的培养相当重视。要求学生在大一结束前参加一次"基础写作研讨会"(Critical Writing Seminar),如果觉得自己已具备基础写作能力,

---

① College of Arts and Sciences. Policies Governing Foundational Approaches [EB/OL]. http://www.college.upenn.edu/foundational-policy,2016-1-27.

也可直接参加"高级写作研讨班"（Advanced Topics in Writing）；大一以后如学生想继续修读，还可参加写作培训班。

（2）外语能力。宾大认为，外语学习是培养学生的重要手段，外语学习的经验也是学习其他课程的基础；在当今全球化趋势下，学生要进入世界大家庭，与其他国家进行交流、理解别国文化，就需要有外语知识。因此，其学分不能用其他课程替换。

（3）定量数据分析能力。在当今社会，人们的生活、工作和做任何决定，都需要精密的数理分析能力。学生须完成一门用数理统计方法来理解另一门学科的课程。通过这样的学习，学生学会数据分析推理，并能使用数据分析方法去解释数据和验证假说。

（4）形式推理与分析能力。课程强调用数学与逻辑方法对客观世界进行分析与推理；课程内容范围包括计算机科学、语言学、逻辑学和决策理论。

（5）跨文化分析能力。在我们这个联系日益紧密的世界里，跨文化能力的培养旨在提高学生对于美国之外的社会文化更深厚的知识和更透彻的理解。学生至少要修读一门课程，以了解本国之外的文化。重点是对过去或现在的国外文化的了解。

（6）了解美国文化多样性能力。了解美国的历史及文化多样性，要求学生至少修读一门相关课程，以使学生了解越来越多样性的美国文化。学习历史考察，学习文化表达方式和社会数据分析能力，使学生关注种族、性别、社会等级和宗教问题，使学生毕业后成为社会合格公民。

2. 跨学科知识

（1）社会知识。这部分内容使用许多分析的方法来分析当代社会，关注个体与更多的群体的问题。

（2）历史与传统知识。这部分内容关注人类思想、信仰和行为的连续性和变迁过程；认识古代和现代文明，为学生提供一个了解当代生活的独特视角。

（3）艺术与文学知识。这部分内容包括视觉艺术、文学和音乐的手段和推理，以及围绕这些内容的各种批评观点。课程内容都与绘画、电影、诗歌、小说、戏剧、舞蹈和音乐相关。

（4）人文与社会科学知识。这部分内容至少包括本小节前三个内容中的两个。学生将以多种方式参与社会、历史、传统和艺术活动，获取丰富的实践经验。

（5）生命知识。这部分内容涉及生命系统的演变、发展、结构和功能。课程内容主要涉及生物多样性，以及它们与环境的相互关联与相互作用。

（6）物理知识。这部分内容关注物理科学的基本方法和概念，提供一个观察现代物理科学内容与工作原理的视角。要求学生使用数学原理和方法去理解物理科学。

（7）自然科学与数学知识。学生将以多种方法探寻自然科学和数学科学知识，更深入地在相关知识上进行体验性学习，以各种科学视角对某一个问题或议题进行探讨，并参与相关学术活动。

（三）课程结构

宾大的课程结构是：通识教育课程＋专业课程＋自由选修课程。

选修课程是指除通识教育课程和专业课程之外，学生可以自由选择学习的课程，也称自由选修课程。对于选修课程的学习，最多不超过8学分。学校建议学生修读的自由选修课程在2～3学分，这些学分也计入毕业总

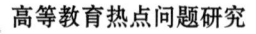

学分之中。

其中，通识教育课程的结构是：基本技能目标部分 + 跨学科知识目标部分（表 3.4）。

表 3.4 宾大通识教育课程结构

基本技能		跨学科知识
交流	写作能力 语言能力	社会知识 历史与传统知识
分析	定量数据分析能力 形式推理与分析能力	艺术与词语知识 人文与社会科学知识
观察	跨文化分析能力 了解美国文化多样性能力	生命知识 物理知识 自然科学与数学知识

资料来源：College of Arts and Sciences.Structure and Requirements［EB/OL］.［2021-02-25］. https://www.college.upenn.edu/sector-policy.

如表 3.5 所示，宾大的通识教育课程设置是双重的，由"基本技能课程"和"跨学科知识课程"组成。其中，基本技能课程又分为"交流""分析"和"综合"三类；跨学科知识课程分为社会知识等七部分。

（四）课程实施

1. 学分要求

宾大本科毕业学分一般是由 20 学分的通识教育课程学分和自由选修课程学分，再加上 16 学分的专业课程学分组成（表 3.5）。其中，通识教育课程学分占 16 学分，包括基本技能课程 6 学分，跨学科知识课程 10 学分。有些通识教育课程学分要计入专业学分，在此情况下，学生就得另外在自由选修课程中拿到相应学分。

每门课程计 1 学分。总学分至少在 32～36 学分，不得过多也不得过少。专业学分不得少于 12 学分，如果专业学分大于 16 学分，那么其他学分将相应减少（表3.5）。

表3.5　宾大课程学分结构

学分结构	通识教育课程学分		自由选修课程学分	专业课程学分	合计
	基本技能课程学分	跨学科知识课程学分			
学分	6	10	0~8	12~20	32~36
合计	16				

数据来源：College of Arts and Sciences.Credits Needed for Graduation by Major［EB/OL］．［2021-02-25］．https：//www.college.upenn.edu/index.php/credits-needed-major.

值得一提的是，宾大对各类专业所修的通识教育课程学分有明确规定，即不得少于16学分。如果毕业总学分以36学分计，则通识教育课程学分占44.4%。

各学院在每年的暑假期间，通过邮件或信件的形式，给即将升入大四的学生发放毕业资格审查表，告知学生，并由他们自己审查毕业所需学分及其他要求是否已达到，如未达到，学生可在最后一年并在毕业前设法补足毕业所需学分及其他条件。

各专业对毕业学分的要求略有差别。

通识教育课程要求学生修读至少10门课程，"社会知识""历史与传统知识"和"艺术与文学知识"类各两门课程，其余各类则修读一门课程。

2. 教学方法

宾大对不同种族、性别、性取向、国籍、宗教和地区等的学生没有任何歧视，在教学上对他们一视同仁。

（1）导师制。为了有效进行教学，宾大设置了导师制度，以有效地帮助新生过渡到大学生活。在新生过渡完成后，还对他们进行全方位的学业指导和帮助。

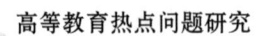

（2）小班教学。宾大采取的是小班教学模式。70%的班级人数少于25人。这些班级包括课堂教学、演讲课和讨论课。小班不包括实验课、朗诵讲座课、独立研究课和工作室，在这些课堂上，人数通常比平均课堂人数更少。在这些地方，教师可能会与学生整天待在一起。

（3）研讨课。每周参加两次研讨会，每学期共需参加10次。如果你不能参加研讨会，需在24小时前取消报名。如果你有两次缺席，将不能再继续参加本学期剩余的研讨会。教师不欢迎迟到学生；迟到超过十分钟视为缺席。除非得到指导教师的许可，否则学生不能将课堂考试作业带回家做。每次研讨会上，学生必须带来至少两页纸的自写文章，以供讨论。学生可以"新生研讨课"和"本杰明·富兰克林研讨课"来冲抵跨学科知识课程的学分。

需说明的是，每次"新生研讨课"可冲抵一门跨学科通识教育课程；宾大只允许用一次"新生研讨课"，以及至多两次"本杰明·富兰克林研讨课"或上述两者各用一次来冲抵相关跨学科通识教育课程。

3. 课程安排

以下为生命世界（Living World）在2014年秋季开设的课程表，带星号的表示该学期未开课。学生可从开课的课程名单中选择一门课程修读，如表3.6所示。

表3.6 2014年秋季生命课程目录

课程名称	课程编号（搜索编码）	开课学期
人类疾病的生物学（BIOLOGY OF HUMAN DISEASE）	BIOL015	*
达尔文的遗产	HSOC123	*
达尔文的遗产	STSC123	*
后代变异（DESCENT WITH MODIFICATN）	BIOL014	FALL 14
在微生物世界的人类	BIOL011	FALL 14

第三章　宾夕法尼亚大学的通识教育课程

续表

课程名称	课程编号（搜索编码）	开课学期
生物与分子生物基础（INTRO BIO-MOLEC BIO LIFE）	BIOL121	FALL 14
生物学基础 A	BIOL101	FALL 14
生物学基础 B	BIOL102	*
人类进化基础	ANTH003	FALL 14
大脑与行为介绍	BIBB109	FALL 14
大脑与行为介绍	BIOL109	FALL 14
大脑与行为介绍	PSYC109	FALL 14
心理学基础	PSYC001	FALL 14
语言与认知	LING058	*
古生物化石	GEOL205	*
性与人性	ANTH104	*
性与人性	BIBB150	*
性与人性	GSWS103	*
食品生物	BIOL017	

注："FALL 14"表示2014年秋季，"14"为"2014"的缩写；课程编号（Course ID）前面的字母为该课程所属学科的英文名称的缩写，如"BIOL 015"为"生物学科 015"。

资料来源：College of Arts and Sciences．Sector V：Living World courses［EB/OL］．［2016-01-27］．http：//fission.sas.upenn.edu/col/genreq/results.php？req［］=L&cls=10.

所有宾大课程均只用一个课程代码标识。课程代码由三部分组成：前4个字母代表学科名称+3位课程编排序号+3位分项序号（Section Number）。[1]前两项可并称为"搜索编码"，即通过此两项合成的编码可寻找到相应的课程，后一项称为"选择编码"，即通过选择编码可对开设课程的内容和时间段进行选择。

（五）实施案例

宾大课程安排分春、秋两个学期。比如春季学期，学生可在公布的课程目录中选择一门在春季开设的课程进行修读。为了简明起见，笔者从

---

[1] College of Arts and Sciences．Course Codes［EB/OL］．［2021-02-25］．https：//www.college.upenn.edu/registration-tips#.

2014年以后开设的通识教育课程中,选择了4门通识教育课程予以展示,其所在类别和对应项目及课程名称见表3.7。

表3.7 宾大4门通识教育课程

序号	类别	项目	通识教育课程名称	开课专业
(一)	跨学科知识课程	人类与社会科学知识	全球化(Globalization)	人类学(Anthropology)
(二)		自然科学与数学知识	能源、石油与全球变暖(Energy, Oil, and Global Warming)	物理学(Physics)
(三)	基本技能课程	定量数据分析能力	高级计量经济学方法与应用(Advanced Econometric Techniques and Applications)	经济学(Economics)
(四)		了解美国文化多样性能力	宇宙调查(Survey of Universe)	天文学(Astronomy)

资料来源:College of Arts and Sciences. Structure and Requirements[EB/OL].[2021-02-25]. https://apps.sas.upenn.edu/genreq/results.php？req[ ]=L&cls=10.

1."全球化"课程

(1)课程基本情况。"全球化"(Globalization)课程属于人类学专业(Anthropology)的课程,课程搜索编号为ANTH012,在2015年春季(及以后)开设。本课程为1学分,属于通识教育课程"跨学科知识"类中的"人类与社会科学知识"的内容。

(2)课程目标。本课程试图表面这样一种观点:从政治的、社会的和文化的角度理解和了解不同全球化进程的发端历史和历程。

(3)课程内容。本课程介绍全球化现状。它提供了有关方法性概念:以人类学、历史学、政治经济学和社会学的方法和知识,分析和解释全球化发展过程中所发生的方方面面的现象。涉及多方面问题,不仅是全球化的现实进程,还有这些进程所带来的人们的意识观念的变化,以及由此引起的各种变化。

第三章　宾夕法尼亚大学的通识教育课程

在回答全球化所带来的种种疑惑、问题时,课程内容重点关注全球范围共有的活动(如开拓市场、民主化)和有组织贸易、资本流动、旅游和互联网的新途径及其无计划的扩散。

课程的主体将重点关注全球化发展演变过程,尤其是全球化进程的早期和近期历史。

(4)课程组织。课程组织总的方法是历史法和比较法。对当今世界各地经济、政治和文化发展在更大范围内进行历史学解剖和比较分析。

这一课程由人类学家、历史学家和社会学家协作教授,不同学科观点进行鲜明的比较与对比。

2."能源、石油与全球变暖"课程

(1)课程基本情况。"能源、石油与全球变暖"(Energy, Oil, and Global Warming)课程属于物理学专业(Physics)的课程,课程搜索编号为PHYS016,在2015年春季(及以后)开设。本课程为1学分,属于通识教育课程"跨学科知识"类中的"自然科学与数学知识"的内容。

(2)课程目标。本课程主要针对非理科生,当然也欢迎理工科学生修读,使学生了解能源尤其是石油的重要性,以及由于能源纷争可能导致的全球变暖的危险。

(3)课程内容。经济的发展过度依赖化石燃料,将成为21世纪人类最大的挑战。本课程描述了能源理论、能源产品和消费,以及环境污染和温室气体效应等问题。

本课程探讨一系列可替代的再生能源措施:风能、太阳能、核能等,并且研究每一种能源的物理和技术因素;以及它们可能对社会结构和生活规律引起的社会、环境和经济方面的影响。本课程没有前人的研究资料可

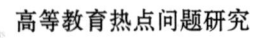

供借鉴，全是创新性内容和讨论。

3.高级计量经济学方法与应用

（1）课程基本情况。高级计量经济学方法与应用（Advanced Econometric Techniques and Applications）课程属于经常学专业的课程。本课程为1学分。属于通识教育课程"基本"类中的"定量数据与分析能力"。

（2）课程目标。在学习计量经济学的基本理论和基本方法的基础上，从矩阵代数的角度，进一步了解计量经济学的理论、方法，具备应用所学的理论和方法分析经济问题能力。

（3）课程内容。本课程探讨当今一些重要的经常学领域的前沿问题，联系现实与经济焦点，展示社会众生百态，通过分析以了解社会经济的发展情况以及经济运行问题的各种动力。对当前政府的政策和可供选择的政策，进行评估和讨论。

（六）教学效果

通识教育课程带给学生的不是"你想做什么就做什么"，而是"做事的方法"。在宾大，学生学习通识教育课程不仅能让他们吸收课本上的知识，而且能使学生学会分析问题、交流思想，能将客观事实的东西变成理论知识，能将理论知识变成自己的思想。

例如，通过通识教育课程培养学生的基础写作与创新写作、公众交流和数理分析能力等，为学生在将来成功地从事各行各业或成为卓越的领导者奠定了基础。

通识教育课程的最终使命，或说它们所能具备和达到的功能就是，无论学生将来从事何种职业，他们在宾大的学习经历将铭刻在他们心中，影响着他们的每一天。

宾大深信，通识教育课程能做到这一点。

宾大在通识教育上的创新与自由思想，造就了影响深远的诸多伟业，如 1946 年，宾大莫尔电子工程学院设计出了世界上第一台全电子数学计算机"ENIAC"，开创了计算机的新时代。

利用跨学科专业优势和着眼科技前沿的研究，宾大的通识教育产生了巨大的优势，在培养卓越人才方面，展现了自己独特的能力和魅力。世界著名的校友有投资家沃伦·巴菲特（Warren Buffett）、美国第九任总统威廉·哈里森（William Harrison）、我国建筑学家梁思成和林徽因等。

五、宾夕法尼亚大学通识教育课程的管理

（一）开课要求

学校以教师为本，教师以研究立身，研究以创新为要。教师根据自己的研究来开设课程，并把研究中的新成果带到教学中去；教师也从学生的提问和讨论中发现、提出研究课题，还根据学生选课的情况来检验自己的研究方向是否适合社会需要。不少教师还担任本科生的选课导师或学生公寓的"楼长"，负责学生的课外活动、学术项目指导等。大多数学院的教师都不在校外兼职。

通识教育课程设置的基本原则是适应社会和学生个性发展的需要，着力发展跨学科教育，注重发展学生的研究、思辨和创造能力；能加大学生知识的深度，促进学生探究学习，不断追求新知，勇于在不同学科领域内创新学习。

宾大规定，课程设置和教学内容的选定都由教授负责，保证了学术

自由。课程设置的要求是：内容应该是广泛的，不一定仅介绍知识架构或涉及的内容，应该主要为学生设置开放性问题，了解一门或多门学科要求的同时，建议学生学习其他相关课程。通识教育课程应该能激发学生追求本科学习生活的动力并避免阻力。同时，通过课堂内外提供给学生的古典和现代课程，培养学生的社会认同感和知识体系，以使学生既能找到适合具体专业的通识教育课程，也能通过自由选修课程培养其他兴趣爱好。

通识教育课程设置的基本程序是：在调研的基础上由教师提出新课程设置方案及报告，学院教授委员会进行论证，通过论证后，经过两年的试开课实践后，由教授委员会确定是否正式设置。

（二）选课要求

1. 选择原则

宾大允许学生在全校通识教育课程中跨专业选课，任意选修自己感兴趣的课程。通识课程内容横跨 50 个专业和方向。宾大鼓励学生在学术研究的许多领域进行探讨，借助通识教育课程以满足各自的兴趣爱好；引领学生寻找适合自己的专业，当学生发现了自己的擅长领域，宾大将提供更多课程让学生自由修读，以培养学生的知识深度，促进学生专业的发展。①

2. 选择方法

所有的课程选择都可以通过网络进行注册。在宾大，通识课程的选择

---

① College of Arts and Sciences. Course Selection［EB/OL］.［2021-02-25］. https://www.college.upenn.edu/electives.

第三章　宾夕法尼亚大学的通识教育课程

有两个时段：预先选择和规定期间内的正式选择。每一个选择阶段，含义各不同。

（1）预先选择。学生在预先注册时间里，为即将到来的学期所需学的课程进行注册。对于新生，他们可在到校前的暑假时间里进行课程注册。在预先注册期间，学生通过"Penn In Touch"网上注册系统，提交他们将要选择的课程信息。学生可在此期间的任一时间内提交他们的课程选择要求。在注册期间，无论何时提交注册信息，网上注册系统都能够受理。学生若提前注册，要注册的所有课程并无任何优先权或保证。

提交注册非常重要，没有提交注册的学生，可能最终无法选择到自己最想修读的班级或课程。

（2）正式选择。在学期第二周周末之前（选课期限前），学生可添加课程。语言课程、写作研讨课，第一周以后才可以开始选课。

课程选择期间，允许学生去试听；但为了跟上学习进度，要求学生全程听课；在此期间，教师也只认可那些定期参加听课的学生修读了这门课程。

与预选不同的是，在正式选择期间，课程讲授正在同时进行。所以，选课一定要及时，学生可即时知道课程是否能选上。

（3）取消选择。学生可在第五周前取消选择的课程。取消选择的课程将不再出现于学生的选课单中。

（4）退选。学生可以在每学期的第五和第十周之间退选课程。学生不选或退选课程应该事先与指导老师商议，并注意由此引起的风险。超过第十周退选的，需向本科学术委员会提出申请，如无特殊原因，这一申请可以获得批准。

退选方法：①到学院办公室咨询并填写申请表；②将申请表交给指导

老师或其指定代表人签字确认；③将签好字的申请表在退选期限前（第十周周末）拿到学院办公室。

退选期限过后，如需退选，除需走以上程序外，还需要：①填写一张申请表及申请书，写清退选事由；②提交退选表格、申请书及可能附带的支持材料。①

（三）学习指导安排

宾大的校园充满挑战。在这里，学校鼓励学生独立学习和思考。宾大同时也是一个随处可获得学习帮助的地方。学生通过这些帮助，可以解决课程学习和作业中遇到的各种挑战。以下介绍几种主要的学习指导措施。

1. 万家顿学习资源中心（The Weingarten Learning Resources Center）

万家顿学习资源中心为学生提供各种学习的教学支持和学习策略指导。例如，学生可到该中心学习如何在听大课时做笔记，学习如何阅读不同的课文，或者学习应付考试的技巧；通过个人指导和集体指导相结合，在该中心还能学习如何管理自己的学习时间，学习如何尽快完成作业，不拖拉，减少在学习和研究上走不必要的弯路。

万家顿学习资源中心包括"学习资源办公室"（The Office of Learning Resources）和"残疾学生学习帮助办公室"（The Office of Student Disabilities Services）。

---

① College of Arts and Sciences. The Registration Process［EB/OL］.［2016-01-28］. http：//www.college.upenn.edu/registration-process.

第三章 宾夕法尼亚大学的通识教育课程

2. 教师中心（The Tutoring Center）

教师中心为学生提供个性化学习指导和小组指导，以补充学生在课堂学习上的不足。学生在课堂上的疑难缺漏问题，均可能在教师中心上获得圆满解决。教师对学生的学习帮助完全是免费的。

3. 课程交流中心（Communication within the Curriculum）

在宾大，同学之间的帮助也是重要的学习指导措施。宾大提倡学生之间在课程内外的交流。学生可能通过不同方式进行学习交流，这些交流得到学校和教师的鼓励，并能帮助学生提高口语表达能力和课程学习水平。

4. 写作中心（Writing Center）

宾大将写作能力的培养作为通识教育的重要一环。因此，学校开设了一个写作中心，提供不同层次和水平的写作指导和培训。写作中心提供专业水准的写作指导，学生在学习写作的过程中能得到无微不至的关怀和指导。

5. 学院社团与学习服务中心（College Houses & Academic Services）

1763年宾大第一栋宿舍楼开始建设，学院社团开始成立。两个多世纪过去了，现在宾大全校分布有11个社团。社团的主要任务是为本科生社员提供学习帮助。这些社团是社会的缩影，给学生提供多元化知识和传统课堂之外的经验。参加社团活动，也让学生有机会体验领导者和组织者的角色。在社团活动中，学生、教师和学校职工的联系无处不在，对学生成长终身受益。

6. 导师制（Academic Advising）

宾大设置有较完善的本科生导师制度，对学生的学习适应、专业选择

和生活等方面进行指导。

(四)教学质量保障

1. 制度保障

与通识教育课程直接相关的制度主要有《关于费城青年的教育建议》等8份文件(表3.8)。当然,还有其他不少文件,对通识教育课程的开展进行了不同程度和不同角度的阐述,但这8份文件是最基本和最基础的蓝本。这些文件的名称、发布时间、它们对通识课程改革的意义等,详见表3.8。

表3.8 宾大通识教育课程制度统计

序号	文件名称(发布时间)	意义	提出者(部门)
1	《关于费城青年的教育建议》(Proposals Relating to the Education of Youth in Pennsylvania)(1749年)	最先阐述通识教育课程的基本主张	本杰明·富兰克林
2	《创造未来》(Choosing Penn's Future)(1982年)	提出"通识教育"一词,并阐述通识教育课程的方针	时任校长朗西斯·谢尔登·哈克尼(Francis Sheldon Hackney)
3	《建立融合:校长的公开报告》(Building Connections: A Report from the President to the University Community)(1983年10月)	较全面地论述了通识教育的含义	
4	《追求优秀》(Agenda for Excellence)(1995年11月)	论述现代通识教育课程的基础作用	宾大
5	《追求优秀:6个学术优先》(Agenda for Excellence: Six University Academic Priorities)(1996年9月)		宾大
6	《追求优秀:宾大各学院战略规划》(Agenda for Excellence: The Strategic Plans of the Schools of the University of Pennsylvania)(1997年1月)		各学院
7	《先锋课程》(The Pilot Curriculum)	探索跨学科和自由选修制度的可行性	文理专业学院
8	《纹理学院战略规划》(A Strategic Plan for the School of Arts and Sciences)(2006年1月)	提出现今实行的通识教育课程理论	文理专业学院

资料来源:笔者根据本表各文件整理而成。

第三章 宾夕法尼亚大学的通识教育课程

2. 机构与管理保障

（1）隶属机构。宾大有12个学院，其中，文理学院是通识教育的主要管理和执行机构。文理学院下设三个部门：文理专业学院、研究生部、自由与职业教育学院。通识教育课程的直接管理机构是文理专业学院办公室下辖的"教学中心"（Center of Teaching & Learning），如图3.1所示。

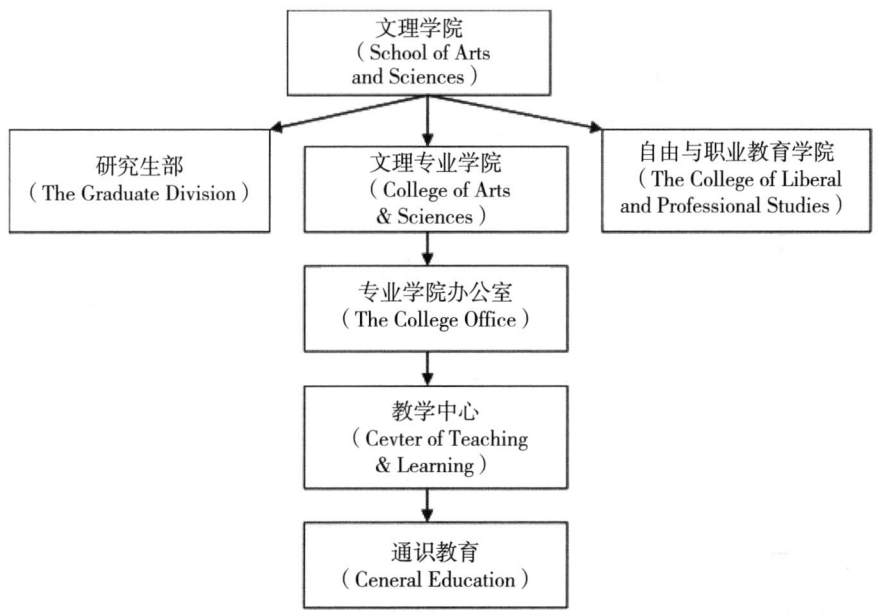

图 3.1 宾大通识教育课程管理机构

资料来源：The University of Pennsylvania. Teaching and learning［EB/OL］.［2016-01-12］. http：//www.ctl.sas.upenn.edu/file/about.html.

文理专业学院开设自然科学、社会科学和人类学等专业课程，这是其他院系课程的基础学科。当然，文理专业学院也需要与其他学院通力合作，以完成其追求卓越的理想。

（2）管理机制。宾大的内部管理反映出"专家治校，教授治教"的鲜明特点。教师民主决策学术事务。宾大规定,学校的学术权力在于教师。学术方面的事情,包括教学计划制订、课程设置、教学内容等,都由教授负责。

教师在学术方面的权威主要是通过教师群体表现出来的。每一个教师群体(12个学院就有12个教师群体)都有一位校董事会任命的院长,都有一个教师推选出来的秘书,都选举一位教师参加"学术自由和责任委员会",都有一个"教师人事委员会",都选举一位代表参加学校的"教师评议会",都有其他的常任委员会。在学校一级,则有常任教师组成的"教师评议委员会""教师经济状况委员会""学生和教育政策委员会""行政委员会"等,它们代表教师与教务长、校长、董事长联系,讨论有关教师的各种事项。实际上,学术方面的事情大多是由相关的教授投票决定的。教授组成的各种委员会参与管理和决策学术事务,同时,学校通过相关法规和制度保障教师开展教学、研究工作的自由。教师是学校教学、研究和社会服务的主体,学校各级行政单位和各方面的管理,都想方设法为教师的教学和研究工作服务。

宾大有两个全校性的议事机构:校务委员会(the University Council)和教师评议委员会(the Faculty Senate)。他们主要是为校董事会、校长、教务长等主管领导提供咨询、决策帮助。后者以监督为主,前者以议事为主。这些委员会在行政上彼此不是隶属关系,而是在不同级别上发挥相同的功能——为通识教育的教学和师生服务。

通识教育课程的直接监管组织是"教师学术自由与责任委员会",如图3.2所示。

第三章 宾夕法尼亚大学的通识教育课程

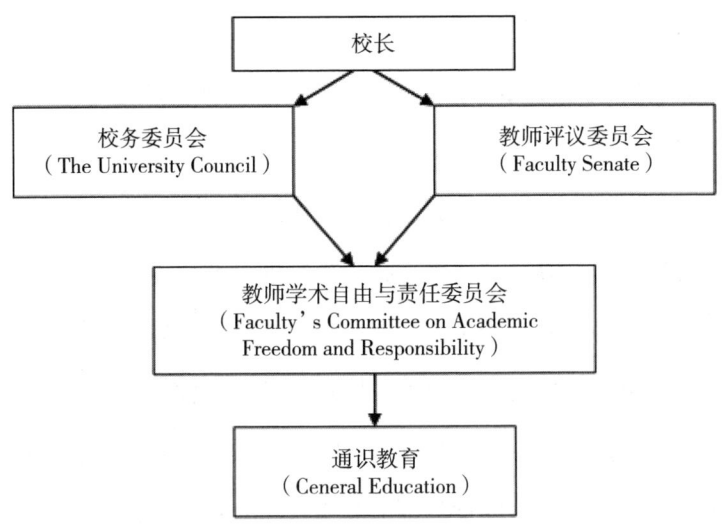

图 3.2 宾大通识教育课程审议与监督机制

资料来源：The University of Pennsylvania. Handbook for Faculty[EB/OL].[2021-02-25].https：//provost.upenn.edu/senate/faculty-senate-rules.

（3）师资选择与培养。宾大聘用新教师有较严格的规范与要求。这些新教师之所以被录用，是因为他们教学教得好，在自己的研究领域较好地诠释了知识的广度和深度以及宾大通识教育课程理念。并且在知识结构方面，他们有着跨学科的背景。例如，基因学专业，兼具大脑科学、行为学、民主与政策学、社会学等学科基础，能够胜任不同的教学任务。事实上，宾大要求教师必须在两个以上不同专业或院系中承担教学工作任务。要顺利完成这些工作，教师必须是一个跨学科知识背景的学者。

宾大师资来源多样，教职工都有着不同的社会背景。在宾大学习，学生将有机会接触到世界顶尖的师资力量，并与来自世界各地的同龄人一起进行探讨、研究。

高等教育热点问题研究

1）师资聘用。

宾大在选聘教师方面有一些基本的要求和原则。如面向全社会、全世界公开选聘，应聘者必须具有博士学位，不选留本校刚获博士学位的毕业生，着重考察应聘者的研究和教学能力，由终身教授民主选聘，在一定年限内"非升即走"，等等。教授、副教授和助理教授等常任教师以及助理教师的选聘，由各学院批准岗位设置，提出具体选人方案，报校长和教务长认可，最后由校理事会统一批准。助理教师以下教师（他们不具有常任教师资格）的聘任，一般由校长和教务长授权各学院院长自行聘任。

宾大选聘常任教师和助理教师的基本程序是：公开招聘——申请人报送材料——系招聘委员会讨论——面试——全系终身教授表决——学校表决——校长认可、校董事会批准——签订聘用合同。在美国高校，选聘教师常常要到别的学校"挖人"，特别是"挖"成绩突出的年轻教师。

新教师到校工作后，资深教授会与其交谈，并在教学、研究、发表论文、出版专著以及如何帮助学生等方面给予指导。在终身职位考察期间，教学、研究等业绩均记录在案。入校第三年，新教师本人根据各项要求准备材料，由系里的终身教授评审，系主任写评语，并转告新教师哪些方面做得不够，或者告诉新教师该离开本校了。一个助理教授如果在 6~7 年内评不上终身副教授（宾大可以提前评），就必须另谋出路。在宾大评终身教授是很难的，受评人的教学、研究、社会活动都要评价，都要求有优异的表现。其中，最主要的是看研究能力和业绩，只有 55%~60% 的助理教授可以获得终身职位。虽然大多数学校认为教学更重要，但在研究型大学，教师的研究比教学更有价值，因为研究是提高教学质量的根本途径，并且和学校的学术声誉直接挂钩。一般来说，一个年轻教师要调两三所学校，通过

第三章 宾夕法尼亚大学的通识教育课程

10年左右的奋斗才能评上终身教授。大多数助理教授在申请终身职位的同时，也申请副教授。

宾大教师职称晋升的基本程序是：本人申请——系审查——学校晋升办审查——校外同行专家匿名评审——系终身教授评审——学院人事委员会表决——学校表决——学校认可、董事会批准。从以上程序可以看出，申请者是否符合学校和学科的学术标准，是由系、学院和学校三个层次判断的，教授的民主决定和院长的决定在其中起非常重要的作用，一般来说，校方基本上尊重各学院的意见。

2）专业发展。

在宾大，无论是助理教授还是讲座教授，都在不断地完善和提高自己的专业能力和水平，其主要动因是事业进步、利益驱动和努力实现自我价值。学校或学院努力帮助教师提高专业水平，在促进教师专业发展方面也采取了一些办法，比如：减轻教师从事研究工作的压力（升等晋级的主要标准、助理教授非升即走、一部分研究经费作为薪水的部分来源等）；年轻教师到校工作的第一学期可以减免教学工作量，第四年也可以减少教学工作量，以便集中精力搞研究，争取评终身职位；年轻教师可以获得研究或新技术方面的基金资助，并都配有一个助教和研究生助手等，以帮助年轻教师争取终身职位；鼓励教师开设新的课程，更新教学手段（为教师配计算机、培训多媒体技术等）；终身教授每工作7年，可以获得一学期或一年的学术休假，专心致力于研究工作，发表成果；创造各种条件和机会，让教师接触不同的思想观念，加强国际交流与合作等。①

---

① 罗中枢. 宾夕法尼亚大学教师队伍的管理、建设及其对我国高校的启示[J]. 中国高教研究，2004（5）：12-14.

3. 业务发展

（1）教学中心。宾大教学中心（the Center for Teaching and Learning）建立于 1999 年 7 月，它的主要任务是通过个别咨询、专门研讨会和实践工厂帮助教师提高教学水平。教师们对教学中心反映积极、良好。不少教师发现，教学中心的交流和帮助，提高了自己的教学自信心和教学技能。教学中心成立的头两年，帮助了 85 位教师，共有 100 人次的教师通过教学中心进行互动交流学习。

（2）通过各种比赛和评比，促进教师专业成长。每年由学生提名评选教学奖。所有在校的文理学院学生均可投票评选年度"教学之星"（Distinguished Teaching），每个提名附 50 字左右的评语。2014 年"教学之星"的评选项目见表 3.9。

表 3.9　2014 年"教学之星"评选项目

奖　项	评选条件	名　额
艾布拉姆斯（Ira H.Abrams）教学之星	教学体现智慧及严谨性； 体现教学内容的高度完整性与公正性的统一； 促进学生努力学习，尤其是探究学习	1～2
研究生教学之星	当年至少在文理学院教一门本科课程，总计不少于三门课程； 每年报送的名额不超过 4 个，可不受其学习成绩限制	10
创新教学之星	评选对象是全院教师；使用"创新"的教学方法提高学生学习能力；"创新"指非传统模式的教学法；这一教学法本人曾在另外的地方实验过或曾被他人效仿并行之有效	1～2
本科生科研指导奖励	评选对象是指导本科生提高从事科研的兴趣和科研能力的教师	1～2
埃德蒙（Eadmund）和路易斯·卡恩（Louise W.Kahn）助教教学之星	授予对教学表现高度热情的助教或学者	1～2

第三章　宾夕法尼亚大学的通识教育课程

续表

奖　项	评选条件	名　额
兼职教授和讲师教学之星	评选当年至少在文理学院教一门本科课程，总计不少于三门课程； 运用教学智慧和教学机智，激发学生学习和促进互动交流	1～2

资料来源：The University of Pennsylvania. Teaching Award Descriptions and Nominations［EB/OL］.［2021-02-21］. https://www.college.upenn.edu/index.php/student-award-nominations.

近几年来，除了"研究生教学之星"外，其他教学之星的评比都只评出了1～2名。通过学生的评选，促进教师认真教学，提高教学水平，同时也促进教师本人专业的发展。

4. 辅助措施：导师制

宾大设置有较完善的本科生导师（Academic Advising）制度，对通识教育课程的实施和改革具有重要的辅助作用。因此，有必要进行具体介绍。

在大学的4年时间里，学生要做各种各样的决定：选择课程、专业和学业目标等，参加各种考试，正确认识并发展自己的能力等。在这些活动中，学生都要做出正确的决定；有些选择和自我评价，是学生可以自己做到的，有些则需要学术导师的帮助。

宾大的本科生导师制度分为以下三个不同的种类（级别）。

（1）学院指导。学院指导是指在四年本科学习期间，宾大欢迎并鼓励所有本科生与学院副院长交流，以获取各种建议。他们可以帮助学生分析问题以及选择各种可能的学习机会。

（2）专业前指导。专业前指导是指在每一个新生入学时，均指定一名专业前导师，承担学生最终选定专业之前的指导工作。专业前导师负责辅导学生大学前两年（大一和大二）的学习。这些专业前导师来自学院的

教师或相关专业的职工。

学校鼓励学生与专业前导师发展良好的关系，尽可能经常拜访这位私人顾问，而非限定于开会时才见面。专业前导师将帮助学生选择专业，待专业确定后，相关专业的导师继续对学生的专业学习进行指导。

（3）同伴指导。同伴指导是宾大的一大特色，是为了使新生尽快适应新环境，尽快从高中生角色转变到大学生角色，以及有效帮助新生处理好与学院各部门和专业前导师的关系等而开展的一项重要举措。担任同伴指导的学生主要是高年级学生。他们的指导工作主要是在新生大一时帮助他们处理入学手续、与专业前导师联系、处理校园网络和各种学习设备的使用等相关事宜。

六、宾夕法尼亚大学通识教育课程的评价

进一步了解宾大的通识教育课程，可从其追求、内容、教学与学习等角度进行简要评述，并分析其对我国高教改革的启示。

（一）宾大通识教育课程的追求：不断创新

宾大的通识教育课程历史悠久，但它并没有被自己的历史光环所束缚，形成故步自封的思维模式。相反，宾大的通识教育课程自开设以来，便以勇于创新、善于开拓而著称。也许，这种创新精神与宾大的创立者——一位注重实际又极富人道主义精神的美国先哲——富兰克林有着密切的关系，且其后的诸位校长，在进行通识教育课程改革时都秉承了其鲜明的创新精神和理想主义思想。

富兰克林创立宾大时，就把创新精神作为办校宗旨。在这种注重创新主张的感召下，宾大建立之初，其通识教育课程的教学团队就聚集了学校

第三章　宾夕法尼亚大学的通识教育课程

里最优秀的教师队伍,许多一流的学者和教授都承担了通识教育课程的教学工作。费城学院(宾大的前身)的第一任教务长史密斯(Smith)就是一位富有创新精神的教育家,他的不少课程改革主张与富兰克林的教育主张十分相似,因此富兰克林向董事会推荐他来做教务长一职,以推动宾大通识教育课程的创新改革。

在宾大通识教育课程的纲领性文件《选择宾大的未来》中,时任校长哈克尼指出,这是具有雄心壮志的创新行动,通识教育课程的创新发展过程将给宾大积累宝贵的精神财富。富兰克林在为宾大拟定建校方针时就明确说过,他不希望宾大的大门只对神职人员敞开,而应欢迎所有聪明、富有才华的年轻人,让他们接受通识教育,这些人今后也许不会选择当神职人员,但他们所拥有的通识知识将有助于他们竞选公职或者进入商业等世俗生活领域。今天的宾大在这方面比18世纪时做得更加出色。他们从全世界范围选拔优秀学生,让他们到宾大接受通识教育。宾大致力于探索并创新通识教育的内容与方法,使其与社区和社会相融合,可以说创新是宾大通识教育的灵魂,也是它独具特色与魅力的重要原因之一。

通识教育课程改革需要创新意识,而创新意识的动力就是课程理想,理想让课程发展超凡脱俗、高屋建瓴。进入新世纪后,社会文化与经济发展风起云涌,急功近利思想甚嚣尘上,在此背景下宾人仍能不忘初心,不断创新其通识教育课程,以适应21世纪的挑战。

(二)宾大通识教育课程的内容:实用的知识

宾大的通识教育课程以实用知识为主,但又超越了速成班式的纯技能课程内容。宾大校长古特曼曾说,当前宾大所主张的实用教育跟富兰克林时代的主张一脉相承,所谓实用是指长期的实用,而不是短期的实用。宾

高等教育热点问题研究

大所开设的许多通识教育课程和教学研究，从短期来看似乎并不实用，但从长远来看都非常实用。宾大非常重视把一个完整的知识体系传授给学生，也就是教给学生尽可能多的技能知识，这样当他们面对未来的挑战时才可能学以致用。所以，宾大通识教育课程内容的实用标准是，必须面向实际的需要，必须注重长远的发展，教师根据自己的研究来开设课程，并把研究中的新成果带到教学中去；教师从学生的提问和讨论中发现问题或提出研究课题，以不断更新与充实通识教育的内容。宾大通识教育课程的实用性，主要根据学生选课人数的多少来衡量，选课的学生越踊跃，说明该课程在社会上的需求越旺盛、越适合社会的需要。

宾大通识教育课程内容可以在课堂内外生成，不仅覆盖世界最新知识，还能帮助学生获得社会实践的技能，使学生学会分析生活环境，学会与团队合作共事，学会创造性思维，学会积极高效地解决实际问题，对未来的挑战能够制订多种应对方案。因此，无论学生将来选择什么样的职业，宾大的通识教育都能保证他们在毕业时，拥有相关专业的必要的基本技能，这些技能足以保证他们对相关工作的胜任力与竞争力。

宾大通识教育的课程内容基于现实社会，直面现实问题，承担社会责任，培养社会急需人才。通识教育课程需要创新，创新是事物进步的动力，也是宾大通识教育课程发展的灵魂。①

基于实用性的丰富的通识教育课程内容对培养学生的技能至关重要，它不仅消弭了学习与生活、教学研究和现实世界的隔阂，也弥补了课堂教学与校园学习的不足。学生通过各种专业领域的探究获取实用知识，通过

---

① 中国校长网．"创新是根本"——访宾夕法尼亚大学校长艾米·古特曼［EB/OL］.［2016-01-8］. http://www.ce.cn/xwzx/gjss/gdxw/200602/28/t20060228_6222304.shtml.

第三章　宾夕法尼亚大学的通识教育课程

与当地社区与组织的合作获取社会实践知识；拓展了通识教育课程的内容边界，将社区服务的实践活动与教育教学活动相结合，以解决社会的突出问题。宾大鼓励学生进行课外项目研究、实习经验交流，通过适应与了解多元化的社会环境，迎接与应对校内外学习与生活的挑战。[①]

（三）宾大通识教育课程的教学：注重师生互动

宾大通识教育课程教学比较注重师生的互动。在大学一年级开设新生研讨课，构建跨学科课程、教师组联合授课等教学模式，增强师生互动教学，例如环境设计、城市研究、管理与技术、生理行为基础等通识教育课程，在全校广泛开设，让学生自由选修。学校成立了一个由教务主任牵头的教师委员会，其主要职能是监督通识教育教学质量。此外，设计共享平台，在全校推广与分享学习经验。无论哪个学院或专业的学生，参加学习分享会是通识教育的基本要求之一。增进学校教学方式方法的多样性与丰富性，使学生获得独特的学习体验。有些通识教育课程的教学可以在教室外进行，这些课外进行的课程对学生的成功体验至关重要，它有助于学生个人能力的成长。学校为学生的学习提供咨询服务，同时提供机会让教师与学生进行对话交流，交换不同的想法、兴趣与经验。宾大为学生提供多种多样的通识教育课程学习场所，寝室、公寓和课外活动中都可以安排通识课程的教学。每个学生学习完某一门课程之后，要求能认识几个具有不同学科背景的教师。同时，每个宾大的教师，都为能教授通识教育课程而自豪。

设置各种教学奖励以促进教师锐意进取，改革教学方法，提高通识教育课程的教学质量。如获得教务主任教学革新奖（Dean's Award for

---

① Penn University. Academic-opportunities [EB/OL].［2016-11-23］. https://www.psu.edu/academics/.

Innovation in Teaching)的教师,将获得 5 000 澳元的奖励。申请者需提交课程简介、系主任提名信、两位教师的推荐信、3~10 封来自本科生或研究生的提名信;此外,教师所在学院办公室需向评选委会提交该教师过去 10 年所教的课程清单及一份教学评价概述。①

宾大通识教育课程的教学质量评价,主要由学生通过网络评估平台进行。这个平台上罗列了一个学年内宾大所开设的全部课程,每学期末学生可以通过学生账号登录该平台,对相关课程的教学质量进行评价。每个学生对课程的评价排名与评语都会出现在选课系统中,供其他学生选修课程时参考。从 20 世纪 60 年代开始,学生对课程的评价信息成为学生选择课程的重要参考。此后,宾大还不断优化评课系统,以使学生更容易找到其教学班级与授课教师。

每学期末,教务办公室与网络中心联合对宾大的通识教育课程质量评价活动进行管理,并实施教学评价。学生通过回答评价指标中的若干问题,来评价通识教育课程的教学质量。每个问题的赋值范围从差到优秀,通识教育课程教学质量的评级最终用数字表示:0 为差,1.00 为中等,2.00 为好,3.00 为优秀。

(四)宾大通识教育课程的学习:跨学科学习

宾大所有的本科生,无论是工程学院的、商学院的、护理学院的,还是人文艺术学院的,都必须学习跨学科的通识教育课程。这是基于学生未来发展的现实来考量的。

学校要求学生毕业的总学分中,须有一定比例的跨学科课程学分。其

---

① Penn University. Dean's Award for Innovation in Teaching [EB/OL]. [2021-02-25]. https://www.college.upenn.edu/node/225.

第三章　宾夕法尼亚大学的通识教育课程

中，全校学生统一必修的课程有外语课、写作课、统计学或数学课。学校重视学生对信息社会的准备与适应，鼓励学生尽可能地多选修相关课程，以增加跨学科课程的学分。

根据不同的专业，宾大的毕业总学分需要32～36学分。在这些毕业总学分中，至少有16～20学分为通识教育课程学分，其中多数为跨学科通识教育课程学分。一般而言，宾大学生须完成最低16个学分的通识课程学习。[①]所有本科生必须选修一门跨文化课程，以增加对世界文化的了解。此外，宾大的跨学科学习还体现在其普遍推行的双学位课程上，学生无须参加入学考试，可自由参加双学位课程学习，只要成绩达到宾大四个本科学院中任何两个学院的要求，均可获得本科双学位。

通识教育课程的学习成绩评定，主要是由考勤分加考核分组成。考勤分究竟占课程得分的多大比例，目前没有成文规定，基本是由任课教师把握。有些任课教师对上课考勤非常严格，如果任课教师觉得某位学生缺课过多，该生的期末成绩就会比较低。有些院系对外语课程的考勤非常具体：在一个学期内，如果连续缺课5天（含5天）以内，学生需尽快利用网上互动平台中的缺课报告功能，报告任课教师；缺课超过5天，则需要尽快报告学院办公室。学生如因病、课外兼职、参加活动等原因未能按时完成作业的，也需要过后补交。任课教师是学生学业的唯一权威评价者，有权对学生的通识教育课程学习情况进行评价、考核与给分。

学生的通识教育课程成绩采用5分制，得分对应不同的字母，最高等级为A，最低等级为F（没有D-），对应的分值为：A=4.00, A-=3.70,

---

① Penn University. Credits Needed for Graduation by Major [EB/OL]. [2021-02-21]. https://www.college.upenn.edu/node/281.

B+=3.30，B=3.00，B-=2.70，C+=2.30，C=2.00，C-=1.70，D+=1.30，D=1.00，F=0。选择通识教育课程时，学生可以选择是以字母还是以"通过与不通过"来评价课程学习。表示课程成绩合格的字母至少在D（含D）以上，以"通过或不通过"的方式来记录课程成绩的，即使成绩在D（合格）等级以上，也不计入毕业总分中。但获得F等级的课程成绩将以0分计入毕业总分，并将影响期末绩点分，即等级平均分。课程成绩被评为F的，如想获得该课程学分，需要重修，但需注意，重修前后的课程得分都将记入课程档案。为了使自己的学习过程不至于留下"不良"的记录，学生须努力学习，这对学生形成了一种鞭策。鼓励学生尽可能多地选修一些跨学科课程，但为了不分散学生太多的精力，学校规定选修此类课程不能超过8学分（约8门课程）。①

七、宾夕法尼亚大学通识教育课程的启示

（一）重塑通识教育课程的核心价值

通识教育课程的核心价值究竟是什么？通识教育课程的核心价值，应该像宾大所认识和坚持的那样：通识教育课程要能为学习实用知识打基础——它本身超越了实用知识的范畴；通识课程的教育应能解决未来的现实问题、能有助于激发创新思维；通识教育课程超越了一般的基础性知识，强调跨学科思维分析方法；通识课程教育超越了一般的思维逻辑。宾大的通识教育课程超越了我们过去狭隘和简单的理解，是更高一层的具有方法性、思维性和前瞻性的综合学科。鉴于此，至少我们不能将通识教育课程

---

① Penn University. Policies Governing Grades［EB/OL］.［2021-02-21］. https://www.college.upenn.edu/node/264.

第三章　宾夕法尼亚大学的通识教育课程

仅当作职前入门课程来看待。

（二）改变对通识教育课程设置的轻视思想

现今我国高校正努力进行课程改革。发展通识教育，既是满足社会经济和科技发展对高层次应用型人才的需要与个体受教育个性化的需求，也是专业教育走向大众教育的必然趋势。我国有些高校对发展通识教育的意义认识不清，甚至有所轻视。通识教育课程在我国不少高校中还处于边缘位置，有的高校甚至把通识教育课程与自由选修课程混为一谈。通识课程学分占毕业要求的总分也偏少。宾大从建校之初就把通识教育提高到战略高度，并认为通识教育是学校教育的灵魂，是实现学校育人理想和谋求竞争优势的重要手段。宾大的通识教育课程与自由选修课程，都是课程体系的组成部分，但对两者的要求有较明显差别。同时，通识教育课程的学分至少为16学分，占毕业总学分（32～36学分）的近一半，体现了宾大对通识教育课程的重视。因此，我们应认识到通识教育课程的重要性，将其作为学校教育改革的中心，以实现学校教育目标和办学特色。

（三）构建多样化的跨学科课程体系

我国许多高校的通识教育课程结构还不健全。在长期的分科课程理论的影响下，我国大学的通识教育课程大多分科设置。有些通识教育开展比较好的大学开设了部分整合课程，但有些通识教育课程是各院系以专业课程的形式开设的任意选修课程，这些课程既作为本专业学生的专业课程，又作为全校学生的通识教育课程。这种课程设置的方式难以与科技发展的综合化趋势相适应。宾大的通识教育课程设置了"基本技能和跨学科知识"两个体系，基中基本技能包括"交流、分析与观察"三个维度，跨学科知

高等教育热点问题研究

识包括"社会知识"等七个维度，每一个维度都设置了充足的课程供学生选择。通过构建多样化跨学科课程，发展学生跨学科思维能力和分析方法；增设自由选修课程，调整学生的综合知识结构，增强学生将来应对职业挑战和适应社会能力。设置培养学生能力和知识基础多样化的跨学科课程结构，注重知识的整合，强调从跨学科的角度进行教学、统一规划和实施。这些都是我们应该借鉴的。

（四）加强对通识教育课程设置的调查研究

我国大学的办学行为受行政权力的影响较深，在通识教育课程设置上表现得也较为明显。在课程内容、课程结构设置和实施方式、方法等层面，缺少必要的调查研究和实验；通识教育课程方案在"办公室"里产生比较普遍，甚至不少高校的通识教育课程是由教学秘书负责设置的，没有经过广大师生民主讨论和实验论证。这既不科学，也不合理。宾大的很多通识教育课程方案都是经过长时间和大范围的调查和讨论才最终形成的。如正在执行的通识教育课程方案《文理学院战略规划》（*A Strategic Plan for the School of Arts and Sciences*），就是在教师、学生、校友、职工和教学督导等多方面人士的广泛参与下，经过了一年的调查研究和研究论证才最终成文的；又如《先锋课程》方案，也经过了四年的实验，最后因与原课程方案实施效果没有太大区别而没有继续执行。因此，要科学、完整和有针对性地制订通识教育课程方案，需要增加通识教育课程改革的理想和勇气，增强方案设计的耐心，增进课程论证的广泛民主与科学严谨的实践精神。

第三章　宾夕法尼亚大学的通识教育课程

（五）采取灵活多样的教学方式

灵活的教学方式有助于实现教学整体目标。在我国高校的通识教育课程教学中，主要还是以传统的班级授课制为主，教学方式单一，上百人甚至数百人一个班的现象比较常见。由于人数众多，通识教育课程的教学组织与教学内容安排都受到不同程度的限制，学生的主体地位被剥夺、主体价值被削弱，教学效率不高、教学效果低下。宾大在通识教育课程教学中，主要采取小班化教学，采取小组讨论、小型研讨会等教学组织形式，教学场地也不拘一格，教学活动不仅可以在教室，还可以在会议室、咖啡室或校园的草坪上进行。严格控制课堂人数，使每个学生都能投入学习中，每个人都能被教师关注到，每个人都有机会发言和参与课堂讨论，因此课堂气氛活跃，学生兴趣浓厚。相比而言，我国高校的通识教育课堂过于沉闷，缺少生机，学生学习积极性不高，不少人抱着混学分的心态上课。因此，我国高校应在教学基础设施上进行更大的投入，建设小而精的微格教室和休闲式的小型会议室，增加通识教育课程的开班数量，减少班级规模，这将有助于教师提高课堂组织效果，有助于提高学生参与课堂学习的机会。此外，改变过分依赖课堂教学的单一教学方式，采取更加灵活的教学组织形式，将通识教育的课堂教学延伸到教室外面，使课堂教学与社会生活和生产实践紧密结合，增强通识教育课程教学的针对性与时代感，培养学生的学习热情与兴趣，提高通识教育课程的教学质量。

（六）重视通识教育课程的探究学习

探究学习是锻炼学生思维能力、培养创新思维的重要学习方法。我国高校的通识教育课程教学不大重视培养学生的探究学习能力，学生对通识教育课程的学习大多是随堂听课、跟班学习，教师在课堂上专注于讲授书本内容，学生在课堂上忙于接受教师的知识灌输。教师没有深入研究通识教育课程的本质特点与教学方法，学生没有深入思考自己学习通识教育课程的目标与意义，无论是教师还是学生，面对通识教育课程都采取被动应付的态度，积极性不高、热情不够。此外，由于班额过大，师生双方缺少交流，上完一个学期的课，很多教师还不能认识全班的同学，甚至叫不出每一个同学的名字。学生缺少独立思考与动手操作的机会，师生缺少对话的时机，学生与学生之间缺少交流的时间。宾大的通识教育课程教学方法值得我们借鉴，它主要通过学生课前预习准备、课堂讨论交流，课后社区服务与社会实践等途径，使学生对通识教育课程进行全方位的体验，学得深入、学得扎实。鼓励学生大胆质疑，增加学生在课堂内外的实践机会，减少教师对通识教育课堂的主宰，发挥学生在通识教育课堂教学活动中的主体地位。提倡教师在课堂教学中成为指导者与促进者，而不是灌输者与主宰者；成为学生探究学习的引路人，而不是代替学生走路的"苦行僧"。教师努力营造积极求索、探求真理的活跃与浓烈学习氛围，促进学生创新能力的发展。

第四章　清华大学的通识教育课程

清华大学作为世界著名的综合性研究型大学和我国"双一流"高校，其教育教学与课程建设等领域，一直处于我国的领先水平。清华大学通识教育课程开发与建设的经验，对其他高校具有示范作用，值得深入研究与学习。本章重点探讨清华大学通识教育课程的理念与目标、课程方案、课程组织、课程保障、课程实施案例、课程评价和课程改革的建议。

一、清华大学简介

清华大学主体所在地——清华园，地处北京西北郊名胜风景园林区，是清代皇家园林的旧址。北京许多著名的历史遗址如颐和园等，都在其附近不远处。其前身是清华学堂，始建于1911年，是美国"退还"的部分"庚子赔款"建立的留美预备学校。1912年更名为清华学校，1925年设立大学部，开始招收四年制大学生，同年开办研究院（国学门）。1928年更名为"国立清华大学"，并于1929年秋开办研究院，各系设研究所。1937年抗日战争爆发后，南迁长沙，与北京大学、南开大学联合办学，组建国立长沙临时大学，1938年迁至昆明，改名为国立西南联合大学。1946年，清华大学迁回清华园原址复校，设有文、法、理、工、农等5个学院，26个系。

1952年全国高等学校院系调整后，清华大学成为一所多科性工业大学，重点为国家培养工程技术人才，被誉为"红色工程师的摇篮"。改革开放以来，清华大学逐步确立了建设世界一流大学的长远目标，进入了蓬勃发展的新时期。学校先后恢复或新建了理科、经济、管理和人文类学科，并成立了研究生院和继续教育学院。1999年，与中央工艺美术学院合并成立清华大学美术学院。2012年，原中国人民银行研究生部并入，成为清华大学五道口金融学院。在国家和社会的大力支持下，通过实施"211工程""985工程"，开展"双一流"建设，清华大学在人才培养、科学研究、社会服务、文化传承创新、国际合作交流等方面都取得了长足进展。①

截至2020年，清华大学共设20个学院、59个系，82个本科专业，在校学生50 394人（其中本科生16 037人，硕士18 606人，博士15 751人），教学教师3 565人，生师比14.1∶1，已成为一所具有理学、工学、文学、艺术学、历史学、哲学、经济学、管理学、法学、教育学和医学等11个学科门类的综合性研究型大学。②

一所大学的实力体现在学生能否从学校得到充足且高水平的教育资源以实现自身的发展。国际一流的大师、领先的设备、丰富的知识宝库使清华大学成为国内教育资源最雄厚的大学，是培养"高层次、高素质、多样化、创造性"人才的必备条件。

研究有关数据资料，我们发现清华大学拥有以下众多全国高校之"最"。

---

① 清华大学概况［EB/OL］．［2021-02-25］．https：//www.tsinghua.edu.cn/xxgk/xxyg.htm．
② 清华统计资料［EB/OL］．［2019-12-31］．https：//www.tsinghua.edu.cn/xxgk/tjzl.htm．

第四章 清华大学的通识教育课程

（一）最强的师资力量

清华大学培育和凝聚了一批又一批高水平的专家学者。近年来，学校遵循"引进与培养并举"的方针，加强青年教师队伍建设，在国内外选聘优秀人才，师资队伍水平稳步提高。

截至 2019 年 12 月底，学校有教师 3 565 人，其中 45 岁以下青年教师 1 725 人。教师中具有正高级职称的有 1 400 人，具有副高级职务的有 1 703 人。现有教师中诺贝尔奖获得者 1 名，图灵奖获得者 1 名，中国科学院院士 53 名，中国工程院院士 40 名，16 名教授荣获国家级"高等学校教学名师奖"，174 人入选教育部"长江学者奖励计划"特聘教授，67 人入选青年学者，253 人获得"国家杰出青年科学基金"，177 人获得"优秀青年科学基金"，国家海外高层次人才引进计划入选者 131 人，在职国家海外高层次人才引进计划青年项目入选者 274 人。拥有全国高校最"豪华"的体育教师阵容：奥运射击冠军王义夫、亚洲艺术体操冠军周小菁、中国足球"金哨"孙葆洁，原中国跳水队副总教练于芬等多位世界冠军都在清华任教。

（二）最多的科研经费

多年来，清华大学科研经费一直高居全国高校榜首，并且呈逐年上升的趋势。如 2019 年艾瑞深中国校友会公布的中国大学排名评价体系中，清华大学的科研经费为 153 亿元人民币，为国内科研经费最雄厚的大学。从科研机构建设方面看，清华大学作为全国科研重镇，拥有实力最强、设备最先进、资金最雄厚的科研机构。截至 2019 年 3 月，在运行的校级科研机构共 421 个。其中，国家研究中心 1 个，国家重大科技基础设施 3 个，国家大型科学仪器中心 2 个，国家重点实验室 13 个，国家工程实验室 11

个，国家工程研究中心4个，清华大学—北京大学生命科学联合中心1个，国家国际科技合作基地（联合研究中心）6个，国家国际科技合作基地（示范型合作基地）2个，习近平新时代中国特色社会主义思想研究院1个。

（三）其他全国高校之最

由于历届政府对清华大学的重视，以及清华大学在不同时代始终如一地坚持对培养卓越人才的追求等，清华大学在硬件和软件办学条件等众多方面，比国内其他高校获得更多的资源，以致在许多方面都独占鳌头。

全国高校中规模最大、水平最高的学生业余文艺团体：全校各院系千名同学组成了军乐队、交响乐队、民族管弦乐队、键盘队、合唱队、舞蹈队、话剧队、京剧队、曲艺队、国际标准舞队、美术队等共12支队伍。

全国综合性大学中最丰富的艺术课程：艺术史导论、中外名剧欣赏、西方音乐史与名作赏析、舞蹈艺术表演、摄影艺术创作、欧洲歌剧知识与赏析、京剧艺术表演、交响音乐赏析、话剧与曲艺表演、传统与现代音乐等近40门艺术课程。

全国大学中最丰富的体育课程：定向越野、赛艇、铁人三项、射击、跳水、艺术体操、瑜伽、游泳、武术、太极、轮滑、垒球、跆拳道、拳击、柔道、射箭、飞镖、沙滩排球、空手道、网球、乒乓球……40多门体育课供同学们选修，其中大部分是在非体育院校中头一回开设。

全国高校中最美丽的校园：清华大学校园内随处可见人工湖，湖边设有石椅，湖面上荷花浮动，能够启发学生的思考。此外，虽然校园内的景色和建筑都是传统中国式的，但也有许多西式建筑物，例如方院和礼堂。据香港《文汇报》报道，以"明确的组织结构图"和"重要的连贯性"为

第四章　清华大学的通识教育课程

主要审美标准，美国著名财经杂志《福布斯》评选出全球 14 个最美丽的大学校园，其中 10 个来自美国，3 个来自欧洲，而亚洲唯一上榜的是位于中国北京的清华大学。①

在无数学子、家长和老师眼中，清华就是"优秀"的代名词。有学生列出了清华大学的十二项全国高校之最：②

第一，清华大学是中国综合实力最顶尖的大学；

第二，清华大学是最具有高等学府精神的大学；

第三，清华大学具有第一流的人文社会学科和最好的教育环境；

第四，清华大学是中国理工学科最好的大学，科研实力国内高校第一；

第五，清华大学拥有最出色的经济管理学科，培养模式与国际一流接轨；

第六，清华大学拥有最好的医学院——北京协和医学院；

第七，清华大学拥有国内大学中最雄厚的师资力量；

第八，清华大学拥有国内最好的教育培养和人才成长环境；

第九，清华大学拥有最好的生源质量，半国英才聚清华大学；

第十，清华学子拥有最好的毕业发展前景；

第十一，清华大学拥有国内最具影响力的校友群体；

第十二，清华园是求学成才的理想之地。

由以上可知，清华大学的办学条件优越，国内其他高校难以望其项背。它坐拥全国最优质的高校教育资源，必然在通识教育方面有诸多优势及与众不同的特点。

---

① 清华大学本科招生网［EB/OL］．［2021-02-04］．https://www.join-tsinghua.edu.cn.

② 选择清华大学的十二大理由［EB/OL］．［2021-02-25］．https://www.docin.com/p-288086727.html.

二、清华大学通识教育课程的历史沿革

清华大学通识教育课程改革历经4个主要阶段,各阶段都有其改革动因、改革理念、主张改革的代表人物、改革内容,及通识教育课程改革所服务的相应办学理念。如表4.1所示。

表4.1 清华大学通识教育课程历史沿革

改革阶段	改革动因、理念	代表人物	改革内容	服务的教学理念	服务的办学目标
发轫阶段（1925—1927年）	动因：此前清华仅有一个留美预备部,实行的是美国化教育；理念：让学生具备较好的融合中西、通晓文理的基础	胡适教授、曹云祥校长等	一年级的学生主要以自然、人文、社会通识课为主,不分专业,第二年起分专业学习	重视学生的通识教育,中西融汇、文理贯通、学术独立	以在国内造就今日需用之人才为目的,摆脱作为留学之预备
1928—1930年,北洋政府的倒台,国民党执政,通识教育课程受到压制					
探索阶段（1931—1937年）	动因：当时大学教育通识教育欠缺；理念：通识教育是参加社会事业的准备	梅贻琦校长等	"一为展缓分院分系之年限,有自第三学年始分者；二为第一学年中增设'通论'之学程"（梅贻琦）	主张"通识为本,而专识为末"	建成一所研型大学,具体目标是：教授治校；文理兼备、倚重通识；注重科研
1937—1980年因战争或社会动荡等原因,通识教育课程实际上中断或完全被边缘化					
发展阶段（1981—2005年）	动因：针对新中国成立后到"文革"前清华大学偏重工科的问题,特别是"文革"中大学"不培养人"的弊端；理念：将通识教育课程视为人才培养的基础工程	顾秉文校长等	2002年,建成10大课组,通识教育课程由原来教学体系的一个组成部分上升为培养德智体美全面发展人才的基础平台	通识教育基础上的宽口径专业教育,强调加强实践教育,培养创新人才	1978年后提出"一个根本,两个中心,三个结合"和"主动适应社会需要"办学方针；1985年提出建成世界一流的有中国特色的社会主义大学的目标；1998年提出"综合性、研究型、开放式"的办学模式

第四章 清华大学的通识教育课程

续表

改革阶段	改革动因、理念	代表人物	改革内容	服务的教学理念	服务的办学目标
深化阶段（2006年以后）	动因：条块分割、学分统得过死；理念：旨在更加坚实地奠定全体本科生的人文素质基础，从过去单一学科背景下的专业教育向多学科交叉背景转变	顾秉文 校长等	将原10个通识教育课组整合为8个课组，并重点建设一批通识教育核心课程	同上	其他同上；并提出"高素质、高层次、多样化、创造性"的人才培养目标

资料来源：傅林，胡显章. 清华实施新的本科生文化素质教育方案[J]. 清华大学教育研究，2005：1-9；傅林，胡显章. 追寻大学理想：清华大学办学理念的形成与发展[J]. 清华大学教育研究，2005：1-9.

从上表可知，清华大学通识教育课程的历史实际上是"主动适应社会"的过程。其理念从培养文理兼通的人才，到作为社会求职的基础，再到作为人才培养的基础，再到作为塑造学生综合素质的根本，无论其具体改革动因、服务的教学理念和办学目标如何变换，其核心理念一直都没有放弃"如何培养人才"这一要求。

（一）发轫阶段（1925—1927年）

1925年9月清华学校大学部设立，此后清华的办学宗旨发生了巨大的转变，大学部"以在国内造今日需用之人才为目的，不为出洋游学之预备"[1]。与此同时，还成立了国学研究院，它与大学部、留美预备部一起构成了校内三个相对独立的教学单位。

大学部的办学方向是培养国内所需的各类人才，设立了涵盖文理科的11个学系。学校重视通识教育，一年级的学生主要以自然、人文、社会通

---

[1] 清华大学. 北京清华学校大学部暂行章程[N]. 清华周刊，1925.

识课为主，不分专业，第二年起分专业学习，目的在于让学生具备较好的融合中西、通晓文理的基础。学校对学生的学业要求甚严，考核制度非常严格，淘汰率很高，清华严谨之学风可见一斑。大学部在办学中力求使学生能够融贯中西，并在课程方面做了相当多努力，但在针对我国现实需要、为社会发展实际服务方面还是显得不足。尽管如此，毋庸置疑的是，大学部的设立使清华逐渐摆脱了为学生留美做准备的办学目的，迈出了自主办学、学术自立、独立培养专门人才的第一步。国学研究院建立的目的，一为进行国学研究，传承发展中国传统文化；二为培养国学研究人才。胡适先生是筹建国学院的最早倡导者，当时他力倡"输入学理，整理国故"，建议清华利用庚子赔款建立国学研究院；时任校长曹云祥提出建立国学院旨在研究"中国固有文化"，使中国文化与西方文化相沟通。

伴随着大学部和国学研究院的建立，清华由一所专门培养留美预备人才的学堂，变为一所综合性大学，它兼有培养国内所需各类人才、研究传承中国传统文化、培养留美预备人才三项功能，在办学上也始兴中西融汇、文理贯通、学术独立之风。这是清华历史上办学理念的一次具有深远意义的转型，也是清华通识教育的发轫阶段。

（二）探索阶段（1928—1937 年）

1931 年底，梅贻琦归国后就任清华大学校长，在他以后长达 17 年的校长生涯中，逐步形成和发展了清华大学作为研究型大学的办学理念。这一时期清华大学的办学理念有三个核心思想。一是教授治校。梅贻琦的一句名言是："所谓大学者，非谓有大楼之谓也，有大师之谓也。"他把组建优秀的教师队伍作为学校一项十分重要的工作，千方百计网罗人才，并

第四章 清华大学的通识教育课程

依靠这些教授来治理学校。梅贻琦非常注重听取教授们的意见，博采众议，他常言"吾从众"，在他的倡导下，教授治校得以发扬光大，并且作为一项制度确立下来。二是文理兼备、倚重通识。清华在此期间增设了工学院，在注重发展理工的同时，也发展了文科院系，到1934年，清华已发展为兼有理、工、文、法4个学院16个学系的综合性大学。梅贻琦认为，"无通识之准备者，不能取得参加社会事业之资格"，主张"通识为本，而专识为末"。他痛感通识授受不足，为今日大学教育之一大通病，于是提出了两种解决办法：一为展缓分院分系之年限，有自第三学年始分者；二为第一学年中增设"通论"之学程。三是注重科研。梅贻琦认为，"办学校，特别是办大学，应有两种目的：一是研究学术；二是造就人才"。当时，在清华任职的教授多为专业方面训练有素的专家学者，且有学校物力支持。清华研究院设立文、理、法3个研究所，包含10个学部，为全国大学之最，成为全国学术研究的中心之一，在通识教育课程改革方面做了卓有成效的探索。[1]

（三）发展阶段（1981—2005年）

多年来，清华大学将通识教育视为人才培养的基础工程，大力推行通识教育课程体系建设。早在1981年，清华大学就设立了以文史哲为主的人文选修课。1987年，通识教育课程以指定的选修课方式正式进入清华大学的课程体系；1999年，即教育部下达《关于加强大学生文化素质教育的若干意见》、成立高校文化素质教育指导委员会的次年，清华大学经教育

---

[1] 傅林，胡显章. 追寻大学理想：清华大学办学理念的形成与发展[J]. 清华大学教育研究，2005：1-9.

部批准正式建立了首批国家大学生文化素质教育基地；2000年，文化素质教育在清华大学第21次教育工作研讨会上成为受到高度重视和关注的话题。在培养方案规定的学分总量降低的情况下，理工科学生的通识教育课程学分由5学分增加到13学分。2002年，通识教育课程建成十大课组，清华大学的通识教育课程由原来教学体系的一个组成部分，上升为培养德智体美全面发展人才的基础平台。一批通识教育精品课程教学效果显著，受到学生热烈欢迎。

（四）深化阶段（2006年以后）

清华大学现有通识教育课程约150门，是自1981年以来逐步建设起来的，其中有相当一部分是自发形成的。目前施行的八大课组对现有课程进行了分类组合，除了课组名称和内涵尚有调整和改进余地之外，各个课组缺少龙头核心课程。

2006年，通识教育课程方案出台，适应了通识教育课程进一步建设和完善的需要。此方案将原来的10个文化素质教育课组重新整合为8个课组，并重点建设一批文化素质核心课程。清华大学将通识教育课程作为本科培养方案中的重要基础课。八大课组分别是：历史与文化、语言与文学、哲学与人生、科技与社会、当代中国与世界、艺术与审美、法学、经济与管理、科学与技术（表4.2）。

表4.2 清华大学2001年与2006年通识教育课程组群对比

时间	2001年	2006年
课程组	1.历史与文化 2.文学 3.艺术欣赏与实践 4.哲学与社会思潮 5.写作	1.历史与文化 2.语言与文学 3.哲学与人生 4.科技与社会 5.当代中国与世界

第四章　清华大学的通识教育课程

续表

时间	2001年	2006年
课程组	6. 当代中国与世界 7. 环境保护与可持续发展 8. 经济、管理与法律 9. 科学与技术 10. 国防教育与学生工作	6. 艺术与审美 7. 法学、经济与管理 8. 科学与技术

资料来源：《清华实施新的本科生文化素质教育方案》《清华大学2006年培养方案》2001年清华大学《本科生全校性选修课选课办法》。

从上表来看，改革后清华大学所有通识教育课程（"科学与技术"除外）不再条块分割。学校对通识教育课程的选修只进行总量控制。改革后突出了核心课程的选修要求，即在上述8大课组中选修8学分，其中必须包含2门文化素质核心课程。

自2006年开始，要求理工科各专业学生本科毕业前在8大课组中修满13学分，且其中必须包含2门文化素质通识教育"共同核心课程"。人文社科类专业学生除选修人文社科类文化素质核心课程外，还应选修一定的科学与技术类课程。

时任清华大学国家大学生文化素质教育基地主任胡显章教授介绍，明确通识教育核心课程旨在更加坚实地奠定全体本科生的人文素质基础，并对其他通识教育课程起到以纲带目的示范作用，而不仅仅是简单地扩大知识面。基于这一思路，清华大学核心课程全部由相关学科领域的学术带头人和骨干教师领衔开设，在课程遴选上注重基础性而非实用性，力图培养学生的文化自信和文化自觉，形成科学与人文均衡发展的基本理念。

文化素质教育基地副主任曹莉教授表示，学校相关部门对核心课程的建设倾注了很大心血和希望。核心课程不是普通的公共课，而是一种深度教学，应当以对待专业课的态度来对待这笔宝贵资源。课程考核将全部采取考试方式。①

从 2008 级学生开始,还要求选修 1～2 学分的《文化素质教育讲座》课程。

时任清华大学教务处副处长张文雪表示,以人文社科基础教育为通识教育课程的重心,重点建设一批核心课程和若干精品课程,最终形成比较完善的通识教育课程体系,不断提高课程的教学质量,引导学生深入了解我国优秀传统文化和国情,开阔国际视野,吸纳世界一切优秀文明成果,以使学生有效地从通识教育课程中获得有益于自己全面成才的知识和养分,这是清华专门设计全校性人文社科核心课程的基本出发点。②

2014 年 9 月,清华大学正式成立了旨在探索通识教育与专业教育相结合、人文教育与科学教育相融合的新雅书院(通识教育改革实验区)。"新雅"意为"人文日新、渊博雅正"。新雅书院意在继承和发扬清华"中西融汇,古今贯通,文理渗透"的传统,进一步凝练和借鉴国内外文化素质教育和通识教育的先进理念,发挥清华大学跨学科人才培养的资源优势,探索"通识教育"与"专业教育"、"课程教育"与"养成教育"相结合的人才培养模式和有效方法。在新雅书院成立典礼上,陈吉宁校长指出,新雅书院既基于老清华时期重视通识教育的历史传统,又立足于近 20 年来对素质教育的不断探索,是面向未来的一项重要战略举措。书院推行住宿学院制度,所有入选学生按学科交叉、专业融合的原则安排宿舍。通过

---

① 清华实施新的本科生文化素质教育方案[EB/OL].[2021-02-25]. http://www.360doc.com/content/08/0420/15/10096_1203315.shtml.

② 清华大学文化素质教育通识课程选课指南(2006 届新生开始实施)[EB/OL].[2021-02-10]. http://rwxy.tsinghua.edu.cn/xi-suo/szjd/selectcourse.html.

书院建制，形成清华大学通专结合、文理交叉人才培养的新格局；通过共同核心课程的学习和开展以学术为导向的书院活动，形成跨学科、跨专业学习和交流的教学和生活共同体。通识课程由书院统一安排：以"文明与价值"为主线，以文学、历史、哲学、艺术和科学为基础，推及政治、经济、社会和传播；通过深度学习、有效研讨、学科交叉、师生互动等环节，提升通识教育的育人实效，培养清华学生对文明和价值的综合理解与有效表达，在认知、思维、表达和运用方面达到融会贯通的高度。[①]

三、清华大学通识教育课程的理念与目标

（一）清华大学的办学理念

清华大学徐葆耕教授曾说："在林林总总的大学中，只有一部分的大学有自己独特的办学理念。清华可以说是较为突出的一所。"[②]

清华大学的办学理念集中体现于校训中：自强不息，厚德载物。早在1911年，清华学堂初创时就提出"以进德修业、自强不息为教育之方针"（《清华学堂章程》）。1914年，著名学者梁启超作了题为"君子"的讲演，以"自强不息""厚德载物"勉励清华学生。后"自强不息""厚德载物"被铸入校徽，高悬于大礼堂的上方，成为师生共同遵守的校训。清华大学在教育史、科学史、学术史上所创造的杰出业绩，清华师生在拯救民族危亡和争取民族解放斗争中所表现出的英勇献身精神，以及在社会主义建设

---

① 新时期文化素质教育在清华的探索与发展［EB/OL］.［2021-02-25］. https://news.tsinghua.edu.cn/info/1003/25515.htm.

② 徐葆耕. 大学精神与清华精神［EB/OL］. http://www.tsinghua.org.cn/xxfb/xxfbAction.do?ms=ViewFbxxDetail_detail0&xxid=2006776&lmid=4000382&nj=.

高等教育热点问题研究

各条战线取得的成绩，都是"自强不息""厚德载物"的历史精神在新的历史条件下的光辉体现。迈入新的历史时期，为适应新时代的各种挑战，清华大学提出了建设世界一流大学的宏伟目标。为此，清华大学在更高的标准上，以前所未有的广度和深度，继续弘扬"自强不息，厚德载物"的伟大精神。①

（二）清华大学通识教育课程的理念

清华大学通识教育课程的理念集中体现于其"自强不息，厚德载物"的校训中。《清华大学本科教学计划（1999）》的序言中写道：清华大学认为培养学生要坚持德智体全面发展，德育要放在首位，要贯穿教学过程的各个环节。德育的内容包括：教育学生树立坚定、正确的政治方向，引导学生走与实践相结合、与工农相结合的道路，使学生养成优良的品德和作风。清华大学通识教育课程的理念强调，基础教学不能仅仅从专业教学甚至专业课教学的需要来考虑，而应当着眼于学生今后的发展，着眼于学生思想及文化、科学素养的提高。同时，也要拓宽学生的专业面，增强学生的工作适应性，加强实践，使教育与生产劳动相结合；实行因材施教，培养多种模式人才。要更加坚实地奠定全体本科生的人文素质基础，从过去专业教育的单一学科背景向多学科交叉背景转变。②

（三）清华大学通识教育课程的目标

时任清华大学副校长顾秉林在2000—2001年第21次教育工作讨论会

---

① 徐葆耕. 关于校训的解释［EB/OL］.［2021-02-25］. http://www.tsinghua.org.cn/xxfb/xxfbAction.do？ms=ViewFbxxDetail_detail1&xxid=10090330&lmid=4000386&nj=，2021-2-25.

② 傅林，胡显章. 追寻大学理想——清华大学办学理念的形成与发展［J］. 清华大学教育研究，2005：1-9.

总结发言中，首先肯定了清华大学文化素质教育基地和文化素质精品教育课程建设取得的成绩。他说，清华大学通识教育课程要从学校高层次、高素质、多样化、创造性的人才培养目标和建设世界一流大学的办学目标的大背景出发，要以如何培养学生素质和能力、力求外在气质和内在修养的平衡发展为宗旨，不断总结和宣传推广好的经验，同时也要在加大学生阅读原著的力度、建设高层次精品课、扩大学生的受益面等诸方面继续努力。

四、清华大学通识教育课程的方案

清华大学新的通识教育课程方案于 2006 年秋开始全面推行。2006 级本科新生开始按照新方案为自己"配餐"。新方案根据"高素质、高层次、多样化、创造性"的人才培养目标和学科之间的内在联系，将原有的通识课程十大课组重新整合为八大课组，即历史与文化、语言与文学、哲学与人生、科技与社会、当代中国与世界、艺术与审美、法学、经济与管理、科学与技术，并增设了一批新的通识教育选修课程。[①]

（一）课程理念

清华大学本科教育实施"通识教育基础上的宽口径专业教育"，努力把广大学生教育培养成具备高尚的健全人格、宽厚的业务基础、敏捷的创新思维、厚重的社会责任、广阔的国际视野和潜在的领导能力，将来能够对国家和社会做出重要贡献的优秀人才。学校于 2001 年全面修订了本科生培养方案，以世界一流大学为参照，继承并发扬清华大学长期形成的注重基础、强化实践的培养特色，在课程设置上总体建立了适应研究型教学、

---

① 清华实施新的本科生文化素质教育方案［EB/OL］．［2021-02-21］．http：//www.360doc.com/content/08/0420/15/10096_1203315.shtml.

有利于学生自主学习的教学框架与课程平台。近年来，学校稳步推进"按院系招生，按大类培养"的模式，积极推进因材施教，促进学生和谐发展与全面成长。

清华大学通识教育课程以培养具有宽厚的基础知识、多元的文化视野和敏锐的思维习惯，全面、均衡、和谐发展的人为根本目的，课程设置力求体现人与社会、人与自然以及人自身和谐发展的目标，提倡为学与为人相统一、科学与人文相交融、传承和创新相结合的教育理念，重在提高和加深全体学生的人文底蕴和科学素养，使学生在科学文化和人文文化的融合中、在人类古今中外优秀文化的熏陶中，成为具有远大理想、道德责任和探究精神的优秀人才。

围绕"高素质、高层次、多样化、创造性"的人才培养目标，和"通识教育基础上宽口径专业教育"的模式，不断完善本科生培养方案，努力培育学生具有健全的人格、创新的思维、宽厚的基础、适应的能力和领导的潜质。在课程体系中设置通识课程的宗旨在于，为全体学生提供一个共同的人文和科学基础，培养人文精神和科学素养，提高和开启探索新知识、新学科的兴趣和多元视野。

（二）课程目标

清华大学通识教育课程在总体上服务于如下目标。

（1）对中国文明史和中华民族精神有较全面的认识和较深刻的认同；对世界文明史有基本的了解，学会自觉地从世界文明史与振兴民族文化的高度来看中国和世界，增强文化自觉。

（2）对中外哲学有一定的了解，对人与自然、人与社会和人与自我的关系有较深入的思考，对人生和复杂社会问题有较强的独立思考与价值判断能力。

（3）对中外经典文学作品具有较丰富的知识和较强的阅读欣赏能力。

（4）对人类科学发展史和现代科学技术理论及其应用有一定的认识和了解，培养正确的科学技术理念与科学精神。

（5）对当代中国国情有较深入的认识，对重大国际问题有所了解，能应对全球化带来的对价值观念和文化传统的挑战。

（6）有较强的中英文写作和口头表达能力，能有效地表达思想和情感，积极健康地与他人交流和沟通。

（7）掌握一定的艺术基础知识和才艺，有较高的审美品位。

（8）在知识结构方面，有科学与人文均衡发展的自觉意识和基本理念，自主学习、全面发展。

（三）课程体系及选课要求

2006级新生实施新的本科生通识课程计划。课程设置根据一般学科分类特点，划分为八大课组：历史与文化、语言与文学、哲学与人生、科技与社会、当代中国与世界、艺术与审美、法学、经济与管理、科学与技术。要求全体本科生在本科学习阶段，在以上八大课组中选修若干门课程（含新生研讨课），修满13学分，其中必须包含2门文化素质通识教育"共同核心课程"与1门艺术与审美类课程。建议理、工、医类各专业本科生在1～7大课组内选课，文科学生在1～8大课组内选课，注意避免在与自己所学专业学科相同的课组内选课。文科学生应自觉培养自身的人文素质，同时具备必要的自然科学知识和科学素养，除选修人文社科类文化素质教育课程外，还应选修一定的科学与技术类课程。

（四）教学方法

在保持学分总量的前提下，针对不同学科的特点，适当提高了实践环节的课时及学分比重，确保实践教育在人才培养的整个过程中不断线。根据以上课程体系调整，全校各院系重新调整制订了2006级本科生培养方案与指导性教学计划。

（五）课程考核

通识教育核心课程的考核采取考试的方式。其他通识教育课程采取考试或考查的方式，由开课院系和开课教师自定。如果课程考核不及格，学生可以重修该课，也可选修其他课程。

通识教育"共同核心课程"的考核采取考试的方式，如果考试不及格，学生必须重修或补考。其他课程采取考试或考核的方式，由开课院系和开课教师自定。如果考试不及格，学生可以重修该课，也可选修其他课程，但原修课程的成绩将保留在成绩单上。

（六）课程设置与学分分布（以2006年清华大学外语系英语专业本科生培养方案为例）

通识教育课程须修满18学分。

要求在历史与文化、语言与文学、哲学与人生、当代中国与世界以及艺术与审美几个课组中选足18学分的课程。

五、清华大学通识教育课程的组织

（一）开课

1. 新开课程申报条件

新开课程必须切实保证任课教师可以按时上岗，任课教师必须熟悉并完全掌握新开课程内容，首次开课的教师还须通过教务处教学研究与培训中心组织的试讲。

新开课程必须有明确的开课目的。新开课程必须有详细的教学大纲，内容包括各教学主要环节：授课、讨论、实验实践、作业、考核、教材及参考书等的安排，对学生的基本要求，开课教师及联系方式等。新开课程教学大纲规定的基本实验已具备开出条件。教案已基本完成。

2. 新开课程申报程序

开课教师填写"本科课程开课审批表"，并报所在院系教学主管部门。院系教学主管部门根据上述新开课程申报条件审核批准后，通知开课教师填写"清华大学课程数据表"，提交课程教学大纲。教学办公室于开课学期的前一学期第3周将以上材料报教务处审批（认定课程编号、学分、学时等），批准后教务处发出教学任务书通知开课院系教学办公室，由教学办公室通知任课教师本人填写"排课任务书"，并经本人签字。

每学期教学任务确定后申报新开课程，除按以上程序办理外，须同时填报"本科课程调课审批申请表"。

凡未按时申报或申报后未批准的新开课程一律不能开课。未经批准所开课程成绩无效。

原有课程的主要内容、授课方式、先修要求等若有变动，不需申报新课，

高等教育热点问题研究

但应及时通知教务处修改相应的课程信息。

（二）选课

1. 选课原则

（1）学生要参照本专业培养方案和指导性教学计划，在导师的指导下安排学习进程。

（2）学生应根据自己的学习情况及能力，听取导师意见后，决定每学期选修的课程。按本科四年学习进程安排。平均每学期选修20～24学分，但一般应多于12学分。

（3）每学期考试课程门数一般不宜超过5门。（课序号前打＊的课程为考试课）

（4）选课时要首先保证必修课。对于有先修要求的课程，一般应先选修先修课程。

（5）上课时间冲突的课程选课原则：周学时在2或2以下的课程不允许冲突；开课时间完全冲突的只能选一门；开课时间局部冲突的课程，征得导师同意并经院（系）教学主管部门负责人批准，可以减免其中一门课程的部分听课时间，但不得减免实践类课程（包括实验课程）上课时间。

（6）学生不能参加未办理选课手续的课程的学习和考核；选课后未在规定时间内办理退选手续而无故不参加课程学习和考核者，该课程成绩记为0分或不通过，不能取得相应的学分。

（7）对于累计平均学分绩不低于85的学生，经指导教师及任课教师同意，学生所在院（系）教学主管部门负责人批准，可以按照有关规定免

第四章 清华大学的通识教育课程

修自学部分课程（按规定不得自修的课程除外）。[①]

2. 选课要求

（1）学生选课前要熟悉本专业的《培养方案》《指导性教学计划》《选课手册》及《班级课表》，在征得导师同意后，提出预选课程。按照课名、上课时间，从《选课手册》上查出相应的课号、课序号；也可以上网查询本学期课程，查出希望选修的课号、课序号，然后上机选课。《选课手册》总表中有序号的课即代表一门课程，同一课号不同课序号的课程不能同时选择，只能选修一个自己优先选择的教师对应的序号。凡提前选修研究生课程（课程编号第一位数字为6、7、8或9的课程），均须按《研究生课程学习管理办法》中的要求执行。《研究生课程学习管理办法》可在校园网（http://info.tsinghua.edu.cn）"教务"栏的"研究生手册"中查询，或到所在院（系、所）教学科研办公室查询。当选修该类课的学生转成本校研究生身份时，凡作为"任选"课在本科期间提前选修的研究生课程，都将转入本人的研究生课程学习记录中，并出现在研究生成绩单中。（不及格后补考的课程只打印补考成绩，并在备注栏中标注"补考"字样，未补考的不及格课程成绩也将出现在成绩单中）

（2）班级课表的作用。班级课表提供了本专业按照《指导性教学计划》在某学年第N学期安排的课程，排课时已经保证它们之间不发生时间冲突，并在计算机上直接登录，但学生预选时必须上机校对计算机所列课程是否正确。

《班级课表》提供了部分没有列入《选课手册》的实验课和辅导课的

[①] 中国教育. 清华大学本科学分制学籍管理暂行条例（试行）[EB/OL]. [2001-08-27]. https://www.edu.cn/zhong_guo_jiao_yu/gao_deng/zong_he/zhuan_ti/xue_fen/200603/t20060323_13543.shtml.

上课时间和地点，这部分课程需要同学按照《班级课表》安排上课，不需要再上机选课。

《班级课表》中安排的必修课及部分限选课也是该班拥有特权的课程。预选时系统已经设置好学生拥有特权的课程，正选时确认这部分课程后系统保证学生可以选上这门课。对系统已经设置好但不属本专业方向选修的限选课或已在前几学期提前选修的课程需及时上机删除此课。

3. 选课方法

（1）选课地点。计算机开放实验室或任何一台可进入清华校园网上选课系统（http://info.tsinghua.edu.cn）的计算机。

（2）登录。使用该系统之前必须登录，以确定学生的身份。如果系统的显示与学生的实际身份不同，要及时与学校注册中心联系，以免影响选课。

如果学生遗忘密码，需携学生证到计算机开放实验室西机房请管理人员查询。密码由系统预先设定，并同"个人信息""学生成绩"项的密码一致，使用时可根据需要修改密码。

（3）选定课程。本科生选课通常分为三个阶段：预选、正选、补退选。预选阶段：选定下学期希望上的课程，不必多选，但要求学生一定要参加预选，因为特权只有参加了预选后有效，未预选的课程在正选时特权无效。正选阶段：对那些报名人数大于课容量的课程进行抽签。抽签过程完全随机，不因抽签的时间不同而提高中签机会。补退选阶段：对已选中的课程可以进行删除操作，并可增选希望选修的课程，不受预选限制（但受课程接纳人数限制）。在选课过程中，任何时候均可点击系统主界面左边的"课程查询"，以便查找该学期全校所开课程。用鼠标单击系统主界面左边的"选定课程"。学生就可以在主界面右边提供的各类课程框中选取课程。

学生分别在必修课、限选课、系内任选课框中选中下学期想要上的课程，一次可选择多门课程，并可配合CTRL、SHIFT键使用。对于校内任选课，学生必须在校任选课、课序号框内输入正确的课号与课序号。选定后击点按钮"提交"完成操作，击点"重置"则取消刚才所选定的课程。

（4）课表显示。当学生选择系统主界面左边的"课表显示"时，即可看到所选中的全部课程。

4. 几点说明

（1）课号说明见《学生手册》。

（2）课号前的序号，代表同一课程（课号相同）不同教师或不同时间所开的课的顺序号，如序号为"0"，则表示该课只有一位教师开设。序号为"1"及以上表示有几位教师同开一门课程；如序号为"91"，表示有几位教师同开一门全校性任选课或辅修课组课程，序号为"90"，表示只有一位教师开设全校性任选课。

（3）选课手册总表内的"时间"一共有两位数字，第一位数字代表星期几，第二位数字代表节次，如"32"表示星期三第二大节。

（4）凡课程名前注有"*"标记的均为考试课程。

（5）课程名称后面的字母A、B、C……代表档次，A最高，B次之，依次类推。

（6）对于学生运动员、学生艺术骨干队员、少数民族预科班转入的学生，其选课学分的要求按相关规定执行。

（7）正选结束后，必修课或限选课未选上的同学请及时到注册中心处理。

高等教育热点问题研究

（8）开学后第九周的后半周（周三至周五）将给全校学生安排一次退课。届时因各种原因不能继续学习所选课程的学生，可到注册中心办理退课手续（所退课程不包括第八周及第八周以前结束的课程）。

（9）考核已及格或通过的课程不得办理重修（考）手续或再次选课。

（三）教学方法

尝试小班讨论。小班讨论制最早出现在美国哥伦比亚大学，后来普遍运用到美国高校的通识教育课上。除了清华大学和复旦大学在通识教育课程教学中有一些小班讨论制的尝试外，国内许多高校对此还比较陌生。清华大学教授彭林、李学勤、汪晖等分别尝试了小班讨论学习。清华大学文科工作委员会副主任胡显章多年来致力于推动通识教育，他认为小班讨论制实际上是一种研究型教学，对通识教育来说是很不错的教学方式之一。但小班讨论制只是一种好的方法，并不是通识教育特有的标签，要搞好通识教育还有其他的方法值得研究、讨论。

（四）学习指导

借助网络。清华大学网上 BBS 的讨论区深受学生欢迎，是校园网络文化中非常活跃的一个模块。在学校教学研究中心的支持下，教师们将通识教育课程网上学术讨论区设在"教师憩园论坛区"，按课程进行分类。将老师的课件挂到网上，供同学下载。任课教师经常上网参加同学的讨论，回答同学的提问，在网上发布各种新的教学参考材料，这进一步体现了"人文带读课"的带读功能，也为同学提供了更丰富的学习资料。

清华大学开展网络讨论课，有助于使教学从"灌输式"的教师独角戏转变为"参与式教学"，有助于推广"无标准答案"的作业与考试方式，

第四章 清华大学的通识教育课程

有助于鼓励学生创新文科作业方式。通识教育在此教学环节的建设过程中具有特殊的意义。

（五）教学效果

清华大学通识教育的教学体现在培养了众多优秀学生，他们在考研、就业、出国、创业等方面都有突出表现。

随着国家对高层次人才的需求，读研是清华学生的首选，大部分学生选择到国内外著名学府继续深造。

清华学生以扎实的基础知识、良好的学风、踏实的精神、较强的创新能力受到国内外高校和研究机构的青睐。除在本校攻读学位外，还有许多学生被免试推荐到中科院、社科院等知名研究机构和复旦大学、北京大学等学府深造。还有一批学生由学校免试推荐或通过个人努力到国外一些高校深造，如哈佛大学、麻省理工学院、斯坦福大学、牛津大学等。

由于清华大学拥有学科交叉的优势并注重对复合型人才的培养，许多学生有机会跨系免试攻读硕士学位或博士学位。

极少数参加工作的清华毕业生也受到了用人单位的青睐。对用人单位连续几年的跟踪调研结果表明，清华大学毕业生的数理基础、专业知识、计算机能力、外语能力、自学能力、实践动手能力和创新能力，综合素质和能力潜质，职业道德和敬业精神等都受到了用人单位的高度评价。职业适应性强的清华毕业生，跨专业就业也并不罕见。一部分双学位毕业生，因其独特的复合专业背景受到用人单位的青睐。鉴于历届清华毕业生在社会各个工作岗位上的良好口碑，北京市破格将清华大学参加就业的非北京生源应届本科毕业生的留京指标放宽到30%左右。

录取清华毕业生的用人单位不仅数量多，而且层次高，包括中央各大

高等教育热点问题研究

部委在内的党政机关，比如中组部、中宣部、财政部、公安部、高级人民法院等；名列世界500强企业的微软、三星、斯伦贝谢、壳牌等；作为国内高科技企业领军代表的联想、中国联通等；以国有银行、证券机构为代表的金融事业单位，比如中国银行、工商银行等；以新华社、中央电视台等为代表的全国各大主流媒体；包括清华大学、北京大学、中国科学院等在内的各高校和科研院所。从就业地区看，清华毕业生主要集中在北京、上海、广东等经济相对发达的地区；到国有企业、事业单位及非国有企业（包括外企和民营、私营企业）就业的比例各占约1/3。

这些都在某种程度上依赖于清华大学坚持的通识教育。学生在学习通识教育的过程中加深了对"自强"与"厚德"的理解，升华了信念与灵感，增加了知识，锻炼了技能，因此能在各种竞争中获得更多成功的机会。

六、清华大学通识教育课程的保障

（一）制度保障

体制保障了通识教育课程的顺利实施。清华大学有若干相关制度，如《清华大学关于开设本科课程的管理规定》《清华大学关于规范课程教学环节的工作意见（试行）》《清华大学精品课程评选办法》《新生研讨课制度》等，这些制度文件从通识课程的开设、运行和指导等环节进行了相应规定。

（二）机构与管理

为了更好地推进通识教育课程改革，清华大学成立了以学校人文学院院长、新闻与传播学院常务副院长胡显章教授兼任主任，西北大学名誉校长、教育部文化素质教育指导委员会顾问张岂之教授担任顾问的组织机构。2014年9月,清华大学正式成立了旨在探索通识教育与专业教育相结合、人文教育与科学教育相融合的新雅书院(通识教育改革实验区)。①

同时,为解决通识教育课程实施中出现的问题,学校还成立了"文化素质(通识教育)课程评审委员会",负责考查任课教师教学质量和规范开课程序。同时,增加经费投入,搞好精品课程建设。完善协调机制,加强选修课的正规化建设。深化广义教学观念,重视学生课外人文活动,投入更多的人力、物力等,将深化通识教育课程改革作为一项思想文化工程来推进,使通识教育课程实施成为立在清华、功在千秋的事业。

(三)辅助措施:新生研讨课

清华大学致力于构建研究型大学的人才培养体系,倡导以探索和研究为基础、以师生互动为主的"边学习、边研究、边实践"的研究型教学模式。2003—2004学年秋季学期首次设立新生研讨课,是在一年级教学中探索研究型教学的一种尝试。

新生研讨课将架设新生与教授间沟通互动的桥梁。通过研讨课,新生在大学一年级这个特殊的至关重要的人生转折期,能够有机会亲耳聆听教授的治学之道,亲身感受他们的魅力风范。新生研讨课将有助于新生确立为学为人的目标、尽快适应研究型大学的学习坏境。

新生研讨课或将成为清华大学研究型教学模式的示范。教师精心选择的独特专题与认真组织的小组讨论,学生热情积极的全员参与,标志着新生研讨课的教学模式不同于传统的以知识传授为主的方式,而是以师生互

---

① 新时期文化素质教育在清华的探索与发展[EB/OL].[2021-02-25]. https://news.tsinghua.edu.cn/info/1003/25515.htm.

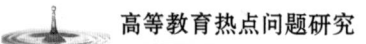

动、探索研究为主。新生研讨课逐渐推动了清华大学教学向研究型教学模式的转变。

"所谓大学者,非谓有大楼之谓也,有大师之谓也。"在新生研讨课的教师队伍中,有受人尊敬的院士,有教育部"高等学校首届教学名师奖"获得者,有"长江学者奖励计划"特聘教授,有国家杰出青年基金获得者、院长、系主任等代表高水准教师队伍的学者、教授。

所有这些措施,从学生知识准备、学习态度和心理状态方面,对通识教育课程的顺利实施注入了强劲的动力与活力。

七、清华大学通识教育课程的实施案例

表 4.3 为清华大学从 2006 年开始实施的其中四门核心课程,这四门课程都评为了国家级精品课程。

表 4.3 清华大学通识教育四门核心课程方案

级别	课程名称	任课教师	开课院系	学分	开课学期
2007 年国家级精品课程	国际关系分析	阎学通	国际所	2	秋季
2007 年国家级精品课程	外国工艺美术史	张夫也、周志	美术学院	2	秋季
2006 年国家级精品课程	环境保护与可持续发展	钱易	环境系	1	秋季、春季
2003 年国家级精品课程	文物精品与文化中国	彭林	思想文化所	2	秋季

资料来源:清华大学国家精品课程。

(一)国际关系分析

1. 课程理念

作为清华大学人文素质教育系列课程的重要组成部分,"国际关系分

析"课程的建设目标是：为全校本科生提供高质量的人文素质教育，通过传授国际关系基础知识和研究方法，增强学生对国际社会变化趋势的了解和认识，提高学生独立思考、独立研究国际问题的能力，同时培养学生的爱国主义情怀和人文素质，拓展学生立足中国放眼世界的视野。

课程建设的指导思想体现在：以课堂教学为主，以问题为先导，讲授与讨论相结合；注重研究与教学相结合的方针，培养学生自主学习和批判创新的能力；注重将基础理论、概念教学与中国外交实践和国际环境变化相结合，提高学生分析、解决问题的实践应用能力；采用符合课程特点的现代化教学方法、教学手段。

2. 课程发展的主要历史沿革

"国际关系分析"课程于2001年开始设立，选课学生累计超过了3 000人。作为清华大学人文素质课程的重要组成部分，本课程注重将科学方法、批判能力培养纳入教学内容，并与国际关系现实紧密结合。这些特点激发了学生们的学习兴趣，受到了学生的普遍欢迎。

2002年，由于教学效果显著，本课程一位主讲教师获得了清华大学"良师益友奖"，另一位主讲教师则获得了清华大学"优秀教师奖"。

2004年，本课程列入清华大学精品课程建设计划，并启动了新一轮的课程改革和建设计划。

2006年，"国际关系分析"课程先后获得清华大学"教学成果奖一等奖"和"北京市精品课"等荣誉。

2007年，被评为国家级精品课程。

3. 课程内容

（1）注重讲授基本概念和基本原理。由于选修此课程的学生绝大多数都是第一次接触国际关系知识，因此课程十分重视国际关系基本概念的讲解，如民族国家、国家利益、综合国力、国际格局、国际制度、国际战争、国际组织等，为学生理解和掌握国际关系基本知识奠定基础。在此基础上，课程重点介绍、讲解国际关系的基本原理，如国际体系与国内体系的区别、国家利益与对外政策制定之间的关系、国际战争的原因、国际合作机制的建立原理等，并详细介绍基本原理的推论过程和应用范围，以帮助学生理解各概念之间的关系，掌握分析国际关系现象的基本理论和方法，从而提高分析问题和解决问题的能力。

（2）倡导科学方法和批判精神。选课的同学大多是理工科专业的学生，对国际关系研究缺乏了解，并且普遍存在一些误解，如社会现象无法定量分析、社会行为没有规律、国际政治只有新闻没有科学研究等。为此，教研组专门辟出一讲介绍国际关系研究中的科学方法，包括变量概念、研究程序、常见方法等。通过实例对比自然科学和社会科学的研究方法，澄清学生们对国际关系研究科学性的模糊认识，为学生们正确对待国际关系专业奠定基础。课程特别注重培养学生们的批判精神，将批判思维训练贯穿于课程讲授、课后讨论和期末考核之中，从而提高学生的独立判断能力。从课程的反馈意见看，学生们对课程把科学方法、批判能力培养纳入教学内容之中给予了充分肯定，并希望今后能够继续坚持下去。

（3）紧密联系国际关系和中国外交实践。选修本课程的同学大都十分关注国际形势和中国外交实践的变化，希望能够对这些变化提出自己的

第四章 清华大学的通识教育课程

见解和建议。为了满足同学们的学习需求，课程教学十分注重依据现实变化，以最新事件来说明国际关系原理，将课程基本内容与国际关系和中国外交的重大事件有机结合起来。例如，以伊拉克战争为例，讲解国际战争的根源；讲解国家认同和如何维护国家统一等。同时，鼓励学生运用所学的基础知识来分析现实的国际关系事件。教学实践表明，把教学内容与国际关系现实紧密相连，极大地激发了学生的学习兴趣，受到了学生们的普遍欢迎，收到了较为理想的教学效果。

（4）教学内容与后继课程相互衔接。"国际关系分析"是清华本科人文素质课系列课程中的核心课程，其后继和相关课程有"国际政治与中国""当代世界经济与政治""国际安全战略""战略武器及其控制"，供有兴趣继续深入学习国际关系知识的同学选修，"国际政治与中国"课容量为200人，其他课程平均选修学生在50～100人。核心课程与四门相关课程在教学内容上已经形成有机整体。

4. 教学方法和手段

（1）讲授与讨论相结合，鼓励学生参与。主讲教师十分重视合理安排教学内容，增强课程内容的连贯性和紧凑性，精心选择课程案例，提高课堂教学效率和教学质量，帮助学生在有限的时间内清晰准确地掌握课程重点内容。在提高讲授质量的同时，教师鼓励学生积极参与课程全过程，激发学生的学习兴趣，提高课堂教学效果。主要的教学方法包括以下几种。

1）鼓励学生跟随课堂进度积极思考，在教师提问的引导下，理解基本概念之间的区别，掌握基本原理的推理过程，把被动的接受转换为主动的发现，既有助于培养学生的学习兴趣，也有利于知识掌握和能力培养。

2）学生可以在课堂上随时提出疑问和见解。教师注意保护学生的积极性，以正面鼓励为主，肯定合理的见解，利用不同的见解引导学生开展讨论。学生有独到见解或指出教师讲解中的疏忽时及时给予肯定和表扬。

3）组织学生进行课后讨论。每次课程结束后，教师会根据教学内容布置思考题，学生在四名助教的带领下，围绕思考题分组进行讨论。在讨论过程中，学生要提出自己对问题的分析思考，同时要对其他同学的观点和分析做出评论。课后讨论有助于学生巩固所学内容，提高分析问题的能力，同时能够锻炼学生口头表达能力和沟通能力。

4）教师鼓励学生关注国际关系和中国外交的现实，主动运用所学知识，分析自己感兴趣的国际事件。如遇到困难，可在每次课前通过电子邮件向助教、教师提出，助教和教师会及时给予解答。教师在每次讲课之前利用15分钟时间解答同学们在上次课后提出的问题，重点讲解典型问题和共性问题。

（2）实施全过程教学，全方位提高课程质量。为了提高课程教学质量，主讲教师提出了全过程教学的概念，即将课前准备、课堂教学、课后讨论、课后答疑和检测考核形成有机整体。主讲教师和助教全程参与、各有侧重，相互配合、形成合力，确保教学质量。主讲教师负责课前准备、课堂教学和教学全过程的设计和管理，助教负责课后讨论和答疑。每周上课前主讲教师和助教都要召开教学例会，总结上周的教学情况，沟通课后讨论和答疑情况，将讨论和答疑中出现的普遍问题分类整理，对其中的主要问题，主讲教师将在课堂上及时予以解答。主讲教师定期直接或通过助教了解学生对授课的意见和建议，及时吸取合理部分，切实改进，逐步提高教学质量。

第四章　清华大学的通识教育课程

（3）充分利用现代化教学手段。主要做法是：①自行制作和使用多媒体课件进行教学。多媒体课件不仅可以丰富展示手段，提高展示效果，而且可以逐步演示思维过程，十分有助于讲解基本原理的推导过程，启发学生思考，增强学生的参与程度，提高学习效率。②充分利用清华大学良好的网络环境，讲义、思考题、阅读资料和相关课程讲义等全部上传网络，并在网上开设了课程教学讨论区，这些方法不仅为及时更新和丰富教学内容提供了方便，而且提高了教学效率和学生的自学能力，更有助于加强教师与学生之间的交流。

（4）改革考试方式，注重培养学生能力。考试是教学过程中的重要环节之一，考核方式和考核内容集中体现了教学指导思想、内容体系和教学效果，对学生的课程学习具有极强的引导作用。因此，教研组反复讨论，广泛征求意见，逐步形成了特色鲜明的系列考核方式，主要包括四个环节。

1）参与讨论，主要考查学生的听课情况、思维能力和口头表达能力，所占比例为10%。

2）期中开卷考试，题型为选择题，命题时注意将理论方法寓于实际案例之中，主要考查学生对基本概念、基本原理的理解程度和应用所学基本原理的能力，所占比例为30%。

3）期末文献回顾与批判，要求学生撰写一篇2 000字左右的小论文，其中要明确提出研究问题，回顾已有的研究成果并做出批判，在此基础上提出自己的回答并简要加以论证。这种考核方式注重考查学生发现问题、解决问题的思考能力，遵守学术规范的意识，有助于培养学生的研究能力和科学精神。

4）鼓励学生参与《环球时报》国际关系论文评选活动。对于获得奖学金的同学，酌情加分。

5. 教学指导

配备留学生助教，开阔学生视野。"国际关系分析"课程的主要目标之一就是培养学生的国际眼光，拓宽学生的视野。为此，课程教研组充分利用国际问题研究所拥有留学生的优势，聘请外国留学生和中国学生共同担任助教。几年来，先后有来自韩国、新加坡、美国等国的留学生担任助教。这些留学生助教与中国助教一起参与教学全部过程，共同主持讨论，与中国学生交流看法，互通有无，甚至展开辩论。这种跨越国界、文化的课堂交流与讨论，有效地激发了学生的学习兴趣，特别是参与讨论的兴趣，十分有助于开阔学生视野，培养学生的国际眼光和国际意识。

6. 教学效果

"国际关系分析"课程是清华大学人文素质教育系列课程的重要组成部分，已经连续开设多年，选课学生累计超过3 000人。由于始终保持着较高的教学质量，该课程在清华大学历年组织的教学评估中都得到了同学们的较高评价。例如，2005年秋季学期，在选课的561名学生中，有550人参加了打分，对本课程的平均评分为93.51分；而2006年秋季学期，在523名选课学生中有516人参加了打分，本课程平均评分上升到94.19分。

本课程授课教师中，一位主讲教师获得了清华大学"良师益友奖"，另一位主讲教师则获得清华大学"优秀教师奖"。2004年，本课程列入清华大学精品课程建设计划，并启动了新的课程改革和建设计划。2006年，本课程先后荣获清华大学"教学成果奖一等奖"和"北京市精品课"。

第四章　清华大学的通识教育课程

7. 课程特色

本课程最大的特色是在教学内容选择和安排上将科学批判训练贯穿于讲授课程、课后讨论和期末考核之中，以提高学生的独立分析和判断能力。

同时，课程教学内容还紧密联系当代国际关系和中国外交实践，以最新时事来说明国际关系原理，强调学以致用。

改革了传统考核方式，本课程的考核方式包括：

（1）课后讨论，考察学生的批判思维能力和口头表达能力；

（2）期中考试，考察基本概念与原理的掌握；

（3）期末文献回顾与批判，培养学生问题意识和遵守学术规范的习惯；

（4）鼓励学生参与《环球时报》国际关系论文评选活动。

（二）外国工艺美术史

1. 课程理念

确保国内领先，争创世界一流；将高科技与传统文化相结合；争取国家、市级教材立项；培养综合性的、具有优秀人文素质的新时代艺术人才。

理论研究与教学实践一体化，注重工艺美术理论和门类工艺美术实践的结合，中西工艺美术的比较研究，古代工艺美术研究与现当代工艺美术研究的沟通等领域的新课题。面向本专业、全院、全校开放。

注重对世界优秀工艺美术的保护、继承，提升学生的综合素质，培养学生的艺术历史观、文化观。

2. 课程发展的主要历史沿革

课程负责人张夫也教授开创并建立了外国工艺美术史研究体系，出版了首部外国工艺美术方面较为全面而又权威的著作及相关图书。张夫也教授于1982年1月毕业并留校任教，开始在全院范围内开设"外国工艺美术史"课程，这在全国范围内也属于首次。1990年，张夫也受教育部派遣赴日本东京艺术大学任客座研究员，1992年回国并任中央工艺美术学院工艺美术学系副主任，继续开设"外国工艺美术史"课程。1999年，张夫也完成博士学位论文《外国工艺美术史研究》，并于同年在中央编译出版社出版了《外国工艺美术史》一书，2003年出版了修订版。该书曾荣获2000年北京市第六届哲学社会科学优秀成果二等奖和2001年北京市教育教学成果（高等教育）一等奖。由张夫也开创的外国工艺美术研究，在全国相关院校，尤其是艺术设计学博士点列为研究项目。

"外国工艺美术史"已经发展成为一个被全国各专业院校高度重视的学科，张夫也教授培养的学生在全国各大艺术高校担任外国工艺美术史的教学任务，为中国工艺美术事业的发展做出了突出贡献。

2006年，"外国工艺美术史"课程被确定为北京市精品课程和清华大学人文素质核心课程，并确立了国家级精品课程建设项目。"外国工艺美术史"作为一门精品课程，在清华大学已形成了结构合理、梯队齐备、极具学术优势的教学。

3. 课程内容

"外国工艺美术史"为设计艺术学类核心课程，属于专业基础课程。通过教学，学生能掌握外国工艺美术史的基本发展沿革及研究方法，主要包括欧洲、亚洲、非洲、美洲及大洋洲的工艺美术和世界三大宗教的工艺美术发展规律与特征探讨。

工艺美术的历史，不仅是人类掌握材料技能的进步和征服自然环境能力增强的历史，而且为我们提供了人类社会自身发展方式的佐证。在漫长的工艺美术创作活动中，人类不仅形成了自身的审美观念和创造意识，而且也提高了对各种材料（包括自然材料和人们创造出的材料）的把握能力和加工技术。周而复始的创造和长期的积淀，导致了风格独特的工艺文化的形成和工艺美学的诞生。工艺美术把人类引入了一个精神文化和物质文化高度统一的崭新的境界，它的发展不是孤立的，是与诸多自然和社会因素相关联的，特别是环境、民族、宗教、时代和科学技术等因素，对工艺美术风格特征的形成和发展产生了极大影响。工艺美术是人类精神文化与物质文化的结晶，它综合体现了人类发展史上各阶段的美学思想、社会生产及科学文化的成就，同时也忠实地反映出人类生活方式和审美意识的演变过程。工艺美术是人类文明发展史的一面镜子。

外国工艺美术史研究是人文学科中的重要组成部分。它对培养国人的文化素质，提高我国综合素质教育质量，完善人文学科，树立学术形象，提升综合学术地位，皆有重要意义。清华大学在工艺美术领域的研究实力在国内学术界占有绝对优势，是其进行更加深入的理论结合实践的研究与教学的基础，要发展、形成体系完整的专业，还需要与时俱进，不断提高与完善。将"外国工艺美术史"设立为精品课程，对我国工艺美术研究的发展具有重要意义。

4. 教学方法和手段

从传授型教学方式向研究型教学方式转化，充分调动学生的学习热情与自学能力。

在传统研究方法的基础上，进一步吸取国外最新研究成果和研究方法，注重工艺美术理论研究和门类工艺美术实践的结合，中西工艺美术的比较研究，传统工艺美术研究与当代工艺美术研究的沟通等领域的新课题。

在课程教学过程中，运用国外最新研究成果和研究方法，在参考近年发掘的考古史料的基础上，注重工艺美术与人类文化、观念的探讨。通过影响工艺美术发展的诸多自然要素和社会要素（自然环境、民族特性、宗教信仰、时代变革及科学技术等）来阐释工艺美术风格、样式的演变和人文精神。

将个人奋斗模式转为团队合作模式；充分发挥教师的不同专长，将教学与科研相结合，培养综合型人才。

由传统单一授课方式向多元现代化授课方式转变；扩大信息量和知识面，培养高素质、综合性艺术人才。

为了考察学生的学习情况，每学期要对学生进行课业小结、随堂考试、期末考试，对学生的学习起到督促作用的同时，也促进教师认真授课。

5. 教学指导

网上作业指导，网上课件和教案交流学习，参考资料阅读等。

6. 教学效果

开创并建立了外国工艺美术史研究体系，出版了首部外国工艺艺术方面较为全面而又权威的著作及相关图书。由张夫也开创的外国工艺美术研究，在全国相关院校，尤其是艺术设计学博士点列为研究项目。

开创并建立了外国工艺美术史教学方面的体系，在我国高等学府率

第四章 清华大学的通识教育课程

先开设了外国工艺美术史课程。全国相关院校逐步开设外国工艺美术史课程，苏州大学艺术设计学博士点已将此课指定为研究课程。清华大学美术学院将此课作为所有专业的必修课，同时作为攻读硕士学位的研究课程。

外国工艺美术史教学与科研体系的建立，打破了长期以来工艺美术史教研活动只有中国工艺美术史的局面，完善了工艺美术史学科的建设。

7. 课程特色

打破了长期以来以欧洲为中心的艺术史观，对亚洲、非洲、美洲及大洋洲的工艺美术和世界三大宗教的工艺美术发展规律与特征进行了全面而系统的探讨。

运用国外最新研究成果和研究方法，在参考近年发掘的考古史料基础上，注重工艺美术与人类文化、观念的探讨。把握影响工艺美术发展的诸多自然要素和社会的要素，阐释工艺美术风格、样式的演变。

旨在培养具有人文情怀和优秀专业素质的复合型人才：传统与现代结合，理论与实践结合，教学与研究结合，知识与素质结合，基础与未来结合。

（三）环境保护与可持续发展

1. 课程理念

1999年，清华大学提出了建设世界一流大学的目标，确立了"厚基础、宽口径"的教学指导思想，突出对学生进行"高层次、高素质、创新能力"的培养。环境科学与工程系一直是清华大学有良好声誉和影响的院系，开设了"环境保护与可持续发展"核心课程。与清华大学研究型教学理念相适应，结合清华大学建设世界一流大学、培养创新人才、建设绿色大学的需要，该课程采取多种教学方式吸引全校各类专业学生的参与，主要目标是使学生：认识目前人类面临的全球性和区域性环境问题；树立正确的环境伦理观和科学发展观；掌握实施可持续发展战略需要的基本知识；激发学生保护环境和实施可持续发展战略的热情和责任感，从而提高学生的整体素质，使学生成为保护环境和实施可持续发展战略的骨干和核心力量。

2. 课程发展的主要历史沿革

清华大学为本科生开设有关环境保护课程可追溯到1979年，当时，清华大学环境科学与工程系开设了专业必修课程"环境学"。在1980年将"环境学"更名为"环境学导论"，列为环境工程专业本科生的一门重要技术基础课。1982年，环境科学与工程系为全校开设了"环境学导论"选修课，要求建筑系、水利系、工物系、热能系、化工系、生物系的本科生选修"环境学导论"，后扩大到要求全校23个系的本科生选修该课。选修课的人数从几十人增加到近500人。由于教学效果良好，受到学生的热烈欢迎，国家教委、国家环保局在清华大学主办了该课程主讲教师培训班，向全国各高校推荐该课程。从1997年开始，结合绿色教育课系的实施，课程更名为"环境保护与可持续发展"。在众多专家的倡议下，清华大学1998年正式启动了"创建绿色大学"的活动，得到了国家环保局、教育部、国家科技部的大力支持。建设"绿色大学"是实施科教兴国和可持续发展两个战略的具体行动，将在高素质人才的培养、技术的创新和观念的转变方面发挥重要的作用。绿色教育课系的建设，是建设绿色大学的一项重要内容，"环境保护与可持续发展"就是绿色教学系列课程中的一个重要组成部分，是全校本科生的公共选修课。

2002年，该课程作为清华大学重点建设的精品课程，在教学体系的改革、教学方式的多样性拓展、立体化教材的建立等方面进行了扎实而富有成效的工作。在2005年的考核中得到了高度的评价，被正式授予"清华大学精品课程"的称号。

历经二十多年的教学实践，从教学内容、教学体系、教学方式以及后续的学习、工作效果等方面来看，清华大学的环境保护与可持续发展教学对提高大学生的综合素质发挥了很好的作用，其质量在国内一直处于领先水平。

3. 课程内容

"环境保护与可持续发展"课程的特点是，融社会科学与自然科学为一体，学科覆盖面广。该课程涉及生态学、资源学、环境学、伦理学、经济学、管理学等诸多学科，这些学科密切联系又相互支撑、融合与交叉。在教学内容的布局上有以下特点。

（1）基础理论性。采用环境保护与可持续发展影像教材与教师课堂讲授相结合的形式，介绍环境保护与可持续发展的基础知识，使学生对环境保护与可持续发展的基础知识有系统、科学的认识，同时，注重结合相关实践案例进行介绍，开阔学生的知识面，调动学习生的积极性。

（2）时代前沿性。环境保护与可持续发展是我国的基本国策，需要各类人士的广泛参与，大学生是未来各个行业实施环境保护与可持续发展的核心力量。我国人口众多，经济发展飞速，在环境保护及可持续发展方面有其特殊的背景及问题，在教学中主讲教师十分注意结合我国特色，论述我们在环境保护和可持续发展方面面临的挑战、进行的实践和采取的对策，同时结合国际社会经济和科技的发展，介绍国际上先进的理念、政策和技术。

（3）内容全面性。本课程包含四部分内容：地球生态环境与当代环境问题，可持续发展基本理论和环境伦理观，保护环境的行政、法规、经济和技术手段，清洁生产与循环经济。相当全面地阐述了地球生态系统的特点及工业革命以来面临的环境问题，介绍了可持续发展战略的由来和实质以及可持续发展战略的思想基础，环境伦理观的主要内容及其对人类行为方式的重大影响。在提出问题和介绍战略思想的基础上，着重论述了实施可持续发展战略的各种手段和措施，重点介绍了清洁生产和循环经济的理论与实践。

（4）实践教学性。为使学生在学习、生活以及未来的工作中自发地实践环境保护与可持续发展的理念，本课程在教学中特别注重学生的参与，增设了许多实践性教学内容。比如，开设有关国内外热点问题的专题讨论，组织参观、专题社会调研及国内外专家报告等。学生在实践中深化了对科学知识的认识和理解，提高了解决实际问题的能力，开阔了思路，增强了创新意识。

4. 教学方法和手段

为提高课堂教学质量，教师采用了以下方式，努力提高教学讲课质量。

（1）组织专题研讨。积极采用"讨论式"的教学形式，要求学生根据兴趣和关注点自立主题，鼓励学生结合课程内容进行专题调研，撰写专

第四章 清华大学的通识教育课程

题报告并走上讲台发表自己的观点和看法，接受老师和全体学生的提问，展开热烈的讨论。多年的实践表明，这种教学形式深受学生欢迎，这种教学模式的引入，增加了学生的学习主动性，激发了学生自主学习的热情。学生普遍反映专题调研加深了对课堂内容的理解，锻炼了总结和分析的能力，也发挥了自己的创新能力，表述能力也得到了提高。

（2）采用网络辅助教学。充分利用网络的开放性、交互性、实时性等特点，将多媒体技术、网络技术与本课程相结合，建立新型的教学方式，突出个性化和多样化。教师为学生介绍了相关网站，鼓励学生查阅及在网络上发表自己的见解。在学校的网络学堂上公布教学课件、建立学生讨论平台、外挂专业主题教程、超媒体链接相关网站与资源库及试题库（在线测试）。这一切都为学生创立了广阔自由的环境，提供丰富的学习资源，实现了学生自主学习、自我实现、自我评价的目的。

（3）灵活多样的考核方式。从知识掌握程度、综合能力、分析能力和创新能力等多方位、多层面对学生进行考核，充分调动学生课内外学习的积极性、主动性和创造性，使学生的综合能力得到显著提高。学生可自主确定考试形式，参与研究型学习并取得成果的同学，经过答辩可给予免试。期末考试采用开卷的方式，考查基本概念的掌握和综合应用能力。近年来，本课程还采用了开放试题的新形式，对本课程和本学科中的一些问题和发展，以及当前正在新建的重大工程项目进行讨论，引导学生自主学习。

（4）教学相长。学生的自主性和创造性被激发出来，会产生许多有价值的思考和问题，并取得一些有价值的成果，反过来也促进教师不断丰富教学内容，改进教学。有些学生的成果已被吸收到教师的教案中。

5. 教学指导

（1）向学生介绍参考书目、网站，帮助学生扩大课外学习的内容。

（2）制作了29集大型教学影像，在课前和课后循环播放，同时也在清华电视台每周系列播放，使学生通过教学影像了解更多的知识和案例。

除课上讲授和必要的作业外，本课程还采取网络课题讨论与答疑，网上练习，课外研究性讨论题、思考题、开放试题，研究型报告等多样化的形式，激励学生主动思考和研究，加深对环境保护与可持续发展理论的领会。课题组教师设置了多种实践性教学环节，学生可以广泛参与，如组织"环境保护与可持续发展"系列学术报告、清华大学研究训练绿色SRT计划①、清华大学环境友好科技竞赛等。

6. 教学效果

在大学生中进行环境保护与可持续发展的系统教育是全面实施素质教育的重要环节。清华大学环境科学与工程系的"环境保护与可持续发展"课程是清华大学建设绿色大学、进行环境保护与可持续发展教育并面向全校开设的公共选修课。该课程经多年建设积累，形成了优良的教学传统，在国内一直保有很高的声誉，代表着该课程教学在我国的领先水平。从当前的教学情况看，该课程教学的优势主要表现在以下几个方面。

（1）该课程根据教学目标，在课程内容的选择中既注重公共性知识的讲授，也结合不同专业的需求；既注重理论知识的讲授，也突出实践性参与的教学。课程经过多年的教学实践，建立了集理论性、知识性、实践性为一体的、生动活泼的新型教学体系。

---

① 清华大学大学生研究训练计划（STUDENTS RESEARCH TRAINING）简称"SRT"计划。

第四章 清华大学的通识教育课程

（2）该课程拓展了多种教学手段来提高教学效果。建设了立体化和现代化的教学形式，运用现代的教育技术、方法与手段，结合课程内容的需要，以立体化形式从多个层面展现环境保护和可持续发展的理论和实践，增加了课程的灵活性、参与性，使教学内容大大丰富、教学形式更为生动，显著提高了课程的教学效果。

（3）课程的主讲教师学术水平高，对环境管理、可持续发展理论、环境污染控制、清洁生产、循环经济、生态工业等学科方向都有深入研究，从事一线教学多年，教学经验丰富。

（4）编著的《环境保护与可持续发展》教材在全国有广泛影响，成为众多高校的教材，被列为面向 21 世纪课程教材，2002 年获全国普通高等学校优秀教材一等奖。

（5）该课程近年来在教学中进一步强调科学素质、社会实践、综合能力和创新意识的培养，特别是自主性课程报告、开放性论文撰写和多样性的实践等方式的实行，以及形式活泼的课堂组织形式，是对该课程教学的创新性发展，使该课程教学在国内处于领先地位。

7. 课程特色

本课程在阐述科学知识的同时，特别注重环境保护与可持续发展思想意识的培养和提高，使大学生从大学起便具有环境保护与可持续发展的观念和意识，并贯穿于他们的学习、日常生活之中，对他们未来的行为产生深远的影响。针对本课程科学性、综合性、实践性的特点，本课程教学具有以下特色。

（1）教学内容科学合理，教学效果反应好。本课程选课人数多，学生来自不同系、不同专业,并且各个年级都有。虽然同学们的专业背景各不相同,但是通过精心的课程内容设计,大家普遍对本课程感到满意并有所收获;同时,讲座互动式的课程形式又给了大家丰富的信息和启发,使同学们能够掌握基本的可持续发展和环境保护的概念与知识,相当一部分同学能够主动在课后结合本专业继续学习和了解有关知识。

(2)教学形式多元生动,理论与实践结合紧密。既及时充分地反映了相关学科最新的发展成果和最高水平,体现了先进性、科学性,同时又运用现代的教育技术、方法与手段,结合课程内容的需要,以立体化形式从多个层面展现了环境保护和可持续发展的理论和实践,并尽可能多地设置许多实践的环节,使学生参与和亲身实践,增强课程的生动性和实践性。

(3)教材编写质量高,实践环节训练多。在课程体系改革的基础上建设精品课程,编制出版了精品教材和教材影像片,努力将课程建设与课程改革的成果系列化、网络化、精品化。课程组通过专题报告、科技竞赛、知识竞赛等形式强化实践训练环节,取得了很好的效果。

(四)文物精品与文化中国

1. 课程理念

人文素质教育的基本目标,一方面是针对当前学科分割过细的弊端,完善学生的知识结构;另一方面是培养学生的人文精神和文化自觉。一门合格的人文素质教育课程,应该能将知识教育与人文精神的培养相结合。经过长时间的思考,课程组终于找到一个可以将知识教育、学科交叉和人文精神培养贯通的结合点,那就是文物。文物是中华民族古老文明的载体,近百年的文物研究证明，中华文明远比我们想象的辉煌得多。文物给人们带来一个又一个惊喜，激发起海内外中国人的爱国情感。文物研究正越来越成为多学科研究的聚焦点，近几十年来，陆续形成了天文考古、美术考古、音乐考古、生物考古、物理考古、冶金考古等新兴的学科。把文物作为切入点，有利于形成学生学科交叉的意识。而且，考古学日新月异的发展，又可以使讲授的知识具有很强的前沿性，这一切都足以调动学生的学习热情。随着讲授的推进，学生的民族自豪和文化自尊就在潜移默化之中形成了；这种自尊不是建立在空洞说教的基础上，而是建立在一件件精美绝伦、文化内涵深厚的文物基础之上，很难动摇，因而可以收到极佳的爱国主义教育效果。实践证明，这是一个正确的选择。

2. 课程发展的主要历史沿革

清华大学于1993年开始推行文化素质教育，并逐渐形成了基本的体系。2001年，彭林教授提交了本课程的教学大纲，学校有关部门认为，该课将学科交叉思想、爱国主义教育与知识教育熔为一炉，很有创意，立即批准开课。于是，彭林开始撰写教材、制作课件，于2002年春正式开课，目前已讲授多轮。学生选修极为踊跃，许多未能选上这门课的学生不惜整学期旁听。这门课之所以受到学生欢迎和同行赞扬，是因为该课的推出经历了长时间的思考和摸索。

"文物精品与文化中国"教学软件，获清华大学2003年优秀教学软件一等奖。

3. 课程内容

本课采用"将博物馆搬进课堂"的方法，以文物精品为切入点，按照文化史的讲授思路,将相关的考古发现串连成不同的专题,系统地诠释中华古文明。该课信息量大,理论纵深,涉及的学科领域众多,而且大多是学术前沿知识,学生可由此获得对文化中国的全新体认。

中华文明是举世公认的世界四大独立起源的古文明之一,对人类社会的进程做出过杰出贡献。但是,由于年代久远,历史文献多有亡佚,口耳相传的资料也多有湮没,因而留下了许多远古中华文明的空白。由于种种原因,现存经典文献对于中华古文明的记载也存在偏颇或者难以理解之处。20世纪初诞生的中国考古学,为我们探求历史的原貌提供了可能。近百年来,尤其是新中国成立以来,中国考古学取得突飞猛进的发展,许许多多出土文物填补了历史的空白,纠正了某些不准确的文献记载,并且弄清了许多以前难以理解的问题;越来越多的科学介入,尤其是大量现代科技手段在文物考古中的运用,使远古中华文明的面貌愈益清晰,今人对古代中国的认识比任何时候都深刻。

近百年的文物考古研究,展示了一个无比灿烂的古代中国,内容极为丰富。该课程从纷繁的资料中选择了10件(组)足以刷新世人对文化中国的评价的文物,构成了10个专题,介绍学术界的研究过程和最新的研究动态。例如,以往学术界多认为亚洲稻系起源于印度,中国稻作是从印度传入的,而河姆渡遗址的发现改变了这一说法,其后湖南澧县城头山遗址的稻作遗物表明,中国是亚洲稻系的原生地。又如,以往许多学者认为中国上古音乐不发达,七声音阶是从巴比伦传入的,而河南舞阳贾湖遗址发现的9 000年前的骨笛表明,中国早在新石器早期就有了七声音阶,并且掌握了今人难以置信的精确的音孔定位技术。又如,以往学术界多认为二十八宿起源于西亚或者印度,中国很晚才出现这一天文

第四章　清华大学的通识教育课程

体系，而曾侯乙墓出土的漆箱盖上的二十八宿图，证明早在战国早期，中国就有了完整的二十八宿，其后河南濮阳西水坡45号墓的龙虎摆塑表明，中国二十八宿出现的时间可能早在7 000年前。又如，湖北江陵出土的越王勾践剑显示吴越地区的冶金技术，已经达到了炉火纯青的地步，吴越剑中的双色剑技术、菱形暗格纹技术、剑首薄壁同心圆技术，为冶金考古中的三大难题，连今人都无法超越。这些"世界第一"，足以引起学生的自豪之情。

4. 教学方法和手段

该课程始终把激发学生的学习热情和研究兴趣放在重要位置，在课堂教学中采取的方法主要有以下几种。

一是将每个专题都设计成一个问题，将学术界的研究过程贯穿于讲授中，将相关的考古发现组合起来，层层展开，步步深入。例如，"四羊方尊与长江流域的青铜文明"专题，传统的说法认为黄河流域是中华文明的摇篮，长江流域直到西周还是"荒蛮服地"；但是1938年，湖南却出土了著名的商代青铜器"四羊方尊"，从而使传统说法受到挑战；1974年，湖北黄陂盘龙商城的发现，又对"商文化南境不过淮河说"提出了挑战；1975年，江西清江吴城发现商代遗址，使"江南无商文化说"不攻自破；1989年，江西新干大洋州商代大墓的发现，证明江南有着发达的商代青铜文明；1999年，江苏江阴花山村夏商古城址的发现，表明江南青铜文明目前仅仅露出了冰山一角。从20世纪30年代到90年代，学术界对江南古文明的探索，由一连串的考古发现层层推进，证明长江流域与黄河流域一样，都是中华文明的发源地。

二是处处设问,把在课堂上解读文物的机会交给学生,让他们提出自己的解释。在分析了学生的回答后,继续提出问题征答,如此往复,使学生的兴奋点随着讲授的深入而不断提升。例如,介绍玉文化的专题中,首先问学生玉的物理性能;在得到玉的硬度达到6度,没有金属工具几乎不能刻画的知识后,再问学生,良渚文化距今4 000多年,尚处在新石器时代,人们是如何加工出令人惊叹的各色玉器的?在分析了国内外学术界关于良渚玉器制作工艺的种种假设之后,再问学生良渚玉器在加工技法、构图上有何独具匠心之处,等等。由于学生来自不同的院系,有学美术的,也有学制造的,彼此的知识正可以互相补充,互相启发。教师始终处于引导地位,所以课堂气氛始终非常活跃。

5. 教学指导

本课程的网络教学资源包括课程的教学大纲、教案,以及教学软件,完全可以满足教学需要。教学软件于2002年初挂在清华大学的"教学在线"网上,包括5个栏目:重点讲解(本课程讲授的主要内容以及图片等);名词术语(各专题涉及的专业术语解释);专家论坛(与专题有关的专家论文);参考资料(与专题相关的论文目录等);相关网站(国内外相关网站的网址)。

学生可以从校园网上进入该课件。课件结构完整,图文并茂,使用便捷,对教学内容作了很大的延伸,弥补了课堂教学的时间局限,学生可以借此复习和消化课堂教学知识,并利用课件提供的各种便利自主学习;设置了学生自主学习的相关文献和资料,将学习内容向纵深扩展。

6. 教学效果

本课程充分利用了现代化的教育技术。本课程使用多媒体教学软件，使教师可以根据教学需要，自如地展示任何一个远在他方的考古学遗址，形象地复原城市、宫殿、器物的原貌；既可以展示文物外表彩图，又可以展示文物内在结构的线图，还可以用动画来表述文物制作或使用的原理，以及各种数字图表。本课程软件教学最显著的效果：一是大大增加了本课程的信息量，使教学内容更为充实；二是便于主讲教师精讲，突出重点；三是增强了表现力。多媒体技术的介入，使本课程大为增色。此外，由于多媒体教室设施齐备，可提供各种需要，故每次课前，主讲教师都会尽量搜集未收入多媒体的最新资料，在教室使用投影机或幻灯片演示，从而使教学内容能不断变换、更新。

7. 课程特色

（1）图文并茂、信息量大。本课程采用多媒体教学的形式，从而大大增加了文物介绍的信息，选用文物图片1 000张左右，都是经过精心选择的重要文物图片。讲授的形式活泼、生动，富于表现力。

（2）涉及的学科面广。10个专题涉及古代建筑、玉器、天文、音乐、冶金、制陶等许多领域，以及古代社会生活的各个方面，适宜于清华大学理工文法等各学科的学生学习，有利于推动学科交叉。

（3）富有文化内涵。该课程不是单纯的文物鉴赏课，而是围绕出土文物如何丰富或者纠正了文献记载这条主线来逐步展开，是一种全新的介绍文化史知识的方法，使学生已有的书本知识系统化并且"活"起来，从而提升学生的知识品位。

高等教育热点问题研究

（4）课堂教学与课外学习相结合。该课程的教学软件有名词解释、相关论文、相关网站等专栏，为学生在课外的进一步学习提供了平台。此外，教学期间还将带领学生参观博物馆，以及殷墟考古工地，观看现场发掘，使课堂知识"活"起来。

（5）寓教于乐。该课程试图通过形象生动的"快乐教学"方式，引起学生对传统文化的兴趣，使学生在主动、积极的学习过程中，感受中华文明的博大精深，油然而生爱我中华之情。

八、清华大学通识教育课程评价

清华大学授课教师在课程中将知识教育和人文教育融为一体。以2006年开始执行的本科通识教育课程方案为研究对象，笔者发现清华大学现有通识教育课程具有以下特点。

（一）清华大学通识教育课程注重基础性而非实用性

清华大学的本科通识教育课程方案的一个突出"亮点"，是以人文社科教育为重心的"核心课程"。先行建设的20门核心课程涵盖哲学、历史、文学、艺术、当代中国与世界等人文社科领域，以阅读经典为主要内容，采取名师上课、助教导修的双轨教学方式。

按照新方案的要求，清华大学理工科各专业本科生在本科学习阶段要修满13学分的文化素质教育课程，其中必须包含两门文化素质教育核心课程。文科学生除选修人文社科类文化素质教育课程外，还应选修一定的科学与技术类课程。

清华大学国家大学生文化素质教育基地主任胡显章说，通识教育核心课程旨在更加坚实地奠定全体本科生的人文素质基础，并对其他通识教育

第四章 清华大学的通识教育课程

课程起到以纲带目的示范作用，而不仅仅是简单地扩大知识面。正是基于这一思路，核心课程全部由相关学科领域的学术带头人和骨干教师领衔开设，在课程遴选上注重基础性而非实用性，力图培养学生的文化自信和文化自觉，形成科学与人文均衡发展的基本理念。

清华大学副教务长陈永灿指出，通过核心课程和精品课程的建设，提高通识教育课程的总体品位和应有实效，真正把通识教育课程定位为本科阶段的重要基础课程。这样可以在本科阶段对学生进行知识结构的重新整合与完善，在文化知识、思维习惯和精神气质等多重层面上逐步形成科学与人文、技术与艺术的融合，为培养真正具有求知热情和良好学术视野的优秀人才打好基础。

（二）清华大学通识教育课程注重启发心智、推动创新

在清华大学这样一所以理工科为主体的综合性大学里，对广大学生进行人文社会科学的基础教育，已经成为学校通识教育工作的重点。清华大学重在通过通识教育课程，启发学生心智，推动知识创新。如在课堂教学中，鼓励学生质疑问难，促进师生交流，鼓励学生课前做大量学习准备，课后做大量研究。

有关专家指出，现今我国大学面临全球文化多元化和信息化的挑战，在这种情况下，亟须增强我国大学生对民族优秀文化的认同。要做到这一点，除加强和改善大学生的思想政治教育，还需要有通识教育课程与之并行。民族优秀文化的介绍是通识教育课程的重要部分。大学生认同民族优秀文化，以此为基点进一步学习和吸收人类的优秀文化，才能辨别哪些是必须加以发展的中外文化交流，哪些是必须加以抵制的文化渗透。

高等教育热点问题研究

九、清华大学通识教育课程改革的建议

（一）在"深化"上继续下功夫

正如著名学者、清华大学教授张岂之所说，清华大学通识教育课程需要在"深化"方面继续做工作。所谓"深化"，主要指大学的通识教育应在制度化和课程体系上有所建树，除努力建设校园文化外，还需要考虑通识教育课程的整体，引导学生为人治学，通过通识教育课程培养他们用联系的、批判的眼光提出问题、认识问题和解决问题的能力，在更广阔的视野下审视自己所学的专业，了解其发展过程及其与其他知识领域的联系，建立起新世纪创新人才所必须具备的宽厚基础和博大视野。

（二）设置通识教育课程时以问题或研究方法为主线

清华大学的通识教育具有专业化倾向，在讲究精品的同时，与专业课要求没有太大区别。通识教育课程的内容应当反映通识教育的基本思想。当前其他高校中也存在这样的现象：即通识教育课程内容依然还是按照学科专业式的思路进行组织，也就是说基本上是把某专业的课程降低要求后拿来作为文化素质教育选修课。这种课程内容专业性较强，对训练非本专业学生的思维、能力没有太大帮助。通识教育课程要求的是一种基础的、普适的、联系的课程内容。建议在设置通识教育课程时以问题或研究方法为主线。

（三）让小班上课成为普遍可能

甘阳教授曾说，他在清华大学上课时想做小班教学试点，发现很困难，因为50人的一个班，分成两个小班讨论，25人一个班讨论确实困难，人多会延长讨论的时间。学生讨论的劲头是很高，可是时间拖得很久，本来

第四章　清华大学的通识教育课程

计划2堂课,现在拖到3堂甚至4堂课。在片面追求数量的氛围下,按清华大学现有的每周10门课来计算,如果每门课都要组织小班进行讨论,实际上是不可能的。

只有课程设置比较少,比如4门或者最多6门,这些课才可以有高要求,而且组织得严密。例如,每2周一次讨论,每2周一篇论文。在这种要求下,学生每周的阅读量才极大。哈佛大学规定,无论多大规模的课,都要分成若干不超过15人的小班进行讨论。芝加哥大学也规定,一个小班不超过20人。小班讨论的人数限制是有道理的。所以,大学应规定本科生选课最多不超过6门,然后在这个基础上进行通识教育改革。①

---

① 人文与社会科学高等研究院. 甘阳:通识教育在中国大学是否可能［EB/OL］.［2013-09-12］. http://gyy.buaa.edu.cn/info/1119/1965.htm.

第五章 斯坦福大学的高等教育国际化

高等教育国际化是现今人们关注的热门话题。吉恩·纳特将高等教育国际化解释为：把跨国及跨文化纬度整合到高校的教学、研究和服务功能之中的过程。联合国教科文组织的国际大学联合会把它定义为：高等教育国际化是把跨国界和跨文化的观念和氛围与大学的教学工作、科研工作和社会服务等主要功能相结合的过程。上述两种表述可归纳为：高等教育国际化是高等教育在观念、教学科研和社会服务等方面具有跨国际影响的过程。本章试图研究斯坦福大学高等教育国际化过程的发展之路及其启示。

一、斯坦福大学简介

（一）美国最大的连续体校园和旅游胜地

斯坦福大学校园面积之大，奠定了其国际化发展的原始基础。斯坦福大学占地 8 180 英亩（49 652.6 亩，33.104 460 平方公里），比杜克大学（Duke

第五章 斯坦福大学的高等教育国际化

University）9 000 英亩的土地略小，但杜克大学分为两个校区，因此斯坦福大学名至实归，是美国最大的连续体校园。为使读者对斯坦福大学校园之大有更清晰的了解，下面做一下比较：南京大学三个校区（鼓楼、浦口、仙林校区）总计占地面积 3 688 150 平方米（3.688 150 平方公里），仅相当于斯坦福大学校园面积的 1/10；中国规模最大的大学城（南京市仙林大学城）总面积为 34 平方公里，里面安置了若干所大学，其总面积仅比斯坦福大学校园面积多出不到 1 平方公里；耶鲁大学校园面积 175 英亩，麻省理工学院校园面积 146 英亩，均抵不上斯坦福大学校园面积的零头。由于校园大，在斯坦福大学，自行车是学生们必备的交通工具。

斯坦福大学位于美国加州（California）的帕洛·阿尔托（Palo Alto）市，在著名的硅谷（Silicon Valley）中心、洛杉矶（San Francisco）和圣乔斯（San Jose）之间。

斯坦福大学所处的地方，过去在美国人眼中是荒凉闭塞的边远西部，是其创立者——加州铁路大王老利兰·斯坦福（Leland Stanford）用于培育种马的场地。因此，直到现在人们还称斯坦福大学为"农场"。斯坦福大学创立于 1891 年 10 月 1 日，首届招生仅 555 名。120 多年过去了，2016 年其在校生为 16 122 人，比首届招生的数量整整增加了 29 倍，但其校园空间仍然绰绰有余。[①] 由此可见其创立者的超前视野与国际化抱负。

斯坦福校园被认为是美国三个最美的校园之一（另外两个是康奈尔大学和普林斯顿大学）。斯坦福大学的建筑都是黄砖红瓦，采用 17 世纪西班牙的传道堂式，土黄色石墙与红屋顶建筑，拱廊相接，棕榈成行，

---

① Stanford University. About Stanford［EB/OL］.［2017-01-04］. http://www.stanford.edu/about/.

· 209 ·

古典与现代的交映，充满了浓浓的文化和学术气息。斯坦福师生从不掩饰对自己学校的自豪感。斯坦福大学每年吸引来自世界各地的观光游客达 10 万人次，成为名副其实的"旅游胜地"，显示了其向世界开放的胸怀与魅力。

（二）一流的教学设施与专业特色

斯坦福大学资金雄厚，经费充足，教学设备也极为充裕。斯坦福大学设有 30 个图书馆，不仅藏书 650 多万册，而且全计算机化管理。校内设有 7 000 多部计算机供学生使用，亦设有多个计算机室及计算机中心为学生提供服务。学生可利用网络与校内师生联系。此外，校内的体育设施也很多，有能容纳 85 000 人的体育馆、高尔夫球场和游泳池等。校本部有斯坦福医疗中心，该中心附设一所拥有 570 张病床的医院，充分体现了校园面积大的好处。

斯坦福大学共设 7 个学院：文理学院、能源与环境科学学院、工程学院、医学院、法律学院、商业学院、教育学院。共有 70 个系。斯坦福大学的主要学术机构，除胡佛研究所和体育运动娱乐部外，还有商业研究生院、法学院、教育学院、工学院、地球科学学院、文理学院、医学院等。

斯坦福大学在专业设置上覆盖了哈佛大学和麻省理工学院的合集，学生文理兼修。美国最热门的专业首推医学，然后是法律、工程和商业。斯坦福大学是美国唯一一个在这四大热门领域都名列前茅的学校。它的商学院和哈佛商学院长期以来并列美国第一。斯坦福商学院成立于 1925 年，是在校友赫伯特·胡佛（Herbert Hoover）的倡导下成立的，胡佛后来成为美国总统。这是一所志向远大的学院，从口号"Change lives, change organizations, change the world"[①]可见其雄心壮志。胡佛谴责美国西海岸缺少经济管理方面的教育,因此倡导在斯坦福大学建立商学院。哈佛商学院代表比较传统的经营管理培训,培养的是"西装革履式"的大企业管理人才;而斯坦福商学院则更强调开创新科技、新企业的"小企业精神",培养的是"穿T恤衫"的新一代小企业家。在全美730多个商学院中,几乎没有一所商学院的入学竞争像斯坦福商学院这样激烈。每年有5 000~6 000人申请进入斯坦福商学院,但是只有360个(约7.2%)幸运者能如愿以偿。从这个角度来说,斯坦福商学院是美国"身价"最高的商学院。

（三）近年世界排名

斯坦福大学因其领先世界的研究与教学业绩而著称于世。1920年,斯坦福大学还只是一所"乡村大学",到1960年便名列全美前列,1985年更被评为全美大学第一名。近年的世界排名稳居前两位。我国上海交通大学高等教育研究院所进行的排名被认为是比较权威的,其排名结果被世界许多大学所接受,并作为自身实力的参照。

2009—2016年,上海交通大学高等教育研究院发布的世界大学学术排名中,斯坦福大学始终位居世界排名榜第二位,如表5.1所示。

---

① Stanford University［EB/OL］.［2020-11-15］. http://gsbchina.stanford.edu/.html.

表 5.1　斯坦福大学近年世界排名情况[①]

年份	世界排名	评价单位
2016	2	上海交通大学高等教育研究院
2015	2	上海交通大学高等教育研究院
2014	2	上海交通大学高等教育研究院
2013	2	上海交通大学高等教育研究院
2012	2	上海交通大学高等教育研究院
2011	2	上海交通大学高等教育研究院
2010	2	上海交通大学高等教育研究院
2009	2	上海交通大学高等教育研究院

资料来源：上海交通大学高等教育研究院［EB/OL］．［2017-01-04］．http://www.shanghairanking.com．

我国上海交通大学高等教育研究院和美国新闻周刊的世界大学排名都把"国际研究"或"国际师生"等因素列为主要评价指标，因此，从以上排名可知，斯坦福大学作为世界一流大学，同时作为国际化大学的确名不虚传。斯坦福大学与硅谷的紧密结合，更确保了斯坦福大学在世界上的领先地位。斯坦福大学已经被视作"西岸的哈佛大学"，这所百年老校以其为科学发展和人类进步做出的贡献而著称于世。

二、斯坦福大学高等教育国际化的历史沿革

斯坦福大学高等教育国际化的兴起与发展可分以下三个阶段。

[①] 目前，世界上认可度最高的大学排名有三个，分别是英国的 TIMES 世界大学排名、上海交通大学的世界大学学术 500 强排名，以及美国新闻周刊的世界大学 100 强排名。上海交通大学高等教育研究院自 2003 年以来，针对世界各大学进行排名研究。在排名体系中，校友获诺贝尔奖和菲尔兹奖数量占评价指标的 10%，教师获诺贝尔奖和菲尔兹奖数量占 20%，高引用科学家人数占 20%，在世界顶级刊物《科学》和《自然》上发表的论文数占 20%，被 SCI 和 SSCI 收录的论文数占 20%，人均指标占 10%。排名所采用的数据都来自第三方，比如诺贝尔奖和国际数学联合会的官方网站、国际性的论文数据库、各个国家的权威教育统计机构等，排名不采用任何由学校直接提供的数据。

第五章　斯坦福大学的高等教育国际化

（一）实用主义和自由之风的确立（建校初期国际化教育理念萌芽）

与德国的霍金斯大学和柯纳大学一样，斯坦福大学也建造于19世纪，深受德国当时办学模式的影响，即强调研究与教学自由，同时也强调传统自由艺术教育。这三所学校都注重科学、技术和专业训练。[①]

斯坦福大学在其"办学宪章"中，开宗明义提出实用主义教育思想，明确其使命在于：使学生"为个人的成功和生活的直接现实意义"而努力学习，"通过实践影响人类社会并提升人类文明"。[②]

斯坦福大学的创建者斯坦福先生，作为一个实业家，提出了"实用教育"（Practical education）的理念，这一理念从一开始就影响着斯坦福大学的成长。斯坦福先生并没有接受过高等教育，他是作为一个实业家进入社会的。实业家的社会实践，使他懂得教育对于振兴实业的重要性，同时，他又明了实业界需要什么样的教育，特别是什么样的高等教育。实用教育也就成为其创办斯坦福大学的理念。

斯坦福大学的校园生活遵循着这样一条简单的道德准则：自由主义。这从其镶嵌在校徽上的校训"让自由之风劲吹"可以明了。这条准则给学生带来了高度的自由和责任——许多学生有万能钥匙，一天24小时都可以出入多数教学大楼。

在斯坦福大学的"办学宪章"中，还规定了诸多与传统大相径庭的"自由"，如男女合校，从1899年招收女生控制在500名内，到1973年完全放开招收女生数量，与当时美国东部大多数高校只招男生的限制是完全不

---

① Stanford. facultyhandbook [EB/OL]. [2017-01-04]. http://facultyhandbook.stanford.edu/ch1.html#chone.

② Stanford. greetings from President Hennessy [EB/OL]. [2021-02-25]. http://www.stanford.edu/about/fact.

高等教育热点问题研究

同的；此外，在斯坦福大学没有宗派，这与大多数美国大学都与宗教团体相关也是不同的。此外，斯坦福大学在学制等其他方面，都与众不同，呈现一派自由教学与学术自由之风。

当时的"办学宪章"规定，只有创建者才有最终决定权。直到斯坦福去世后，其夫人才将权力移交给董事会和校长，自此斯坦福大学真正开始建立现代大学制度。1904年，斯坦福大学制定并通过了"教授组织章程"，创建了由全体助理教授、副教授和教授组成的学术委员会，明确了学术委员会在学术事务上拥有最高权力，使学术自由、教授教职问题得以彻底解决。为美国大学实践学术自由、实施教授治校的大学制度奠定了基础，并赋予董事会随时修订条款的权利。从此，实用主义和自由之风才真正贯穿于斯坦福大学的办学行动中，成为其教育国际化行动的基础，并一直沿用至今。①

（二）"学术尖端"思想的确立（"二战"后的国际化教育理念）

"二战"后，弗雷德里克·特曼（Frederick Terman）教授提出了把斯坦福大学从一所地区性大学变成全国著名研究学府的目标。在他的领导下，斯坦福大学制定了大学未来发展规划，以便能引起政府对斯坦福大学的重视，并充分利用联邦政府的资助，把斯坦福大学从一所地区性大学变成全国著名的研究型学府。规划的要点包括以下几方面。

（1）结合斯坦福大学的尖端学科，努力使斯坦福大学成为工业研究和开发的中心。使大学和工业联合起来为高科技发展、地区经济增长做出贡献，同时也可为该校毕业生提供优越的就业机会。

---

① Facultyhandbook［EB/OL］.［2010-05-11］. http://facultyhandbook.stanford.edu/ch1.html chone.

第五章　斯坦福大学的高等教育国际化

（2）把大学的财力、物力集中起来，用以吸引第一流的研究人员，组建各种前沿性的研究所、实验室等，培育在某些方面引导世界的人才。

（3）同时也不忽视大学的基础教育。在教学和科研的战略上，把大学的二级学科视为潜在成长工业的技术储备。

（4）为了增加教师与工业进行联系的兴趣，斯坦福大学制定了一套刺激这种积极性的报酬制度，并且优先考虑可能对大学学术目标作出贡献的企业进入研究园区。[①]

结合以上规划，特曼提出了他的"学术尖端"构想，包含了两层意思。一是吸引顶尖人才。只要有好的教授，他们就会吸引政府的更多投资，也会吸引研究生和有发展潜力的年轻人，使学校兴旺发达。其实，这也是特曼教授的一个预见：努力提高斯坦福的声誉和实力，以在未来不远的政府投资中获取尽可能多的教育经费。二是树立若干学术上的顶尖科系，选择化学、物理和电子工程为重点发展学科。正是基于以上招揽出色人才和造就尖端科系的"学术尖端"构想，特曼教授和当时的校长华莱士·斯德林（Wallace Sterling）决定把斯坦福的土地变成金钱，有了钱，就可聘请著名教授，以提高学校学术研究水平与社会声望。他的最初想法直接推动了"硅谷"的诞生，特曼也因此被称为"硅谷之父"。

"硅谷"工业园区推动着大学把知识投向工业界，使工业科技取得发展、创新。这种逻辑关系正是斯坦福大学"实用教育"理念的体现，也很好地实现了特曼教授"学术尖端"的构想。正如斯坦福大学前任校长亨尼斯所言：首先，我们非常强调学术的出类拔萃，一个研究项目如果不属世

[①] 百度百科. 斯坦福大学［EB/OL］.［2021-02-20］. http://baike.baidu.com/view/13725.html.

界一流水平的领域,我们就不会投资,这一座右铭可以回溯到1950年。此前,斯坦福大学根本排不进美国一流大学的行列,与东部的名牌大学更无法相提并论,而且人才流失严重。因此,特曼教授提出的"学术尖端"思想,为斯坦福大学走向教育国际化奠定了坚实的战略基础。①

(三)应对新世纪挑战教育思想的确立(21世纪初期的国际化教育理念)

为应对21世纪的挑战,2005年斯坦福大学提出了"斯坦福大学的挑战"。"斯坦福大学的挑战"来自这样的背景:从现在起的过去20年,随着世界冷战的结束,能引起大规模破坏的诱因已经消除。代之而起的,是一些新兴国家和极端恐怖主义。特别是"9·11"事件后,斯坦福意识到许多政府面临诸多国内问题,像联合国这样的机构已难以干预他国内政。此外,即使有效的政府管理也难以单独应对与个人息息相关的观念、金钱、疾病和暴力犯罪等问题。这些变化共同构成了前所未有的挑战和机遇。

面对这些挑战,各级各类社会研究机构都应该扪心自问,何以作为和如何作为?斯坦福大学认为,其作为社会一分子,当然莫能置身度外!

斯坦福大学坚信世界真正的进步,需要在现有大学各学科领域中进行创新,建立全新的高水平的合作。要建立这样的合作机制,大学需要在教学与研究方面进行历史性的转折。而斯坦福大学从追求"学术尖端"思想开始,在这方面的探索已持续了一段时间。

正如斯坦福大学第十届校长亨尼斯(John L.Hennessy)指出:"我们的目标不仅是要建设21世纪的大学,而且要通过其教学质量、世界影响力、

---

① 李云生. 中国大学可望而不可即的榜样:斯坦福大学[EB/OL]. [2021-02-01]. http://www.ht88.com/article/article_10698_2.html.

研究视野和培养新一代领导人，为社会做出更好的服务。"[①]斯坦福夫妇在创建斯坦福大学时，希望它能为谋求人类福祉做出贡献，一百多年过去了，"今天，斯坦福大学继续致力于寻求全球富有挑战问题的答案，继续使学生为做好下一代领导人做好准备"[②]。

面对21世纪深刻的变化和复杂的世界，斯坦福大学有责任和义务利用其丰富的资源去解决人类面临的问题。因此，斯坦福大学要致力于两件事情：一是解决世界紧迫的问题；二是培养下一代领导人。这是斯坦福大学的责任，也是斯坦福大学的挑战。

斯坦福大学设置的挑战，有助于其更加清醒地认识到自身面临的紧迫问题、责任和目标，从而较能动地寻找应对和破解方略。这可能与美国社会包括其科技和军事等领域，长久以来惯常竖立的"假想敌"思想有某种渊源，这也给其自身带来超越寻常发展之动力。不可否认，斯坦福大学能清醒地认识到自身所面临的挑战，并明确制订各项应对策略，是基于其自身卓越的教学与研究能力和解决世界问题的历史使命感和紧迫感，是基于其对自身生存价值的理性审视和追问。

亨尼斯就任校长的报告中曾发出这样的质问：在这复杂的世界中斯坦福大学能有何作为？后来，终于有了较为明确的答案，那就是斯坦福大学要勇于迎接挑战，要引领学术潮流，要大踏步迈向国际化！[③]

---

① The Stanford Challenge [EB/OL]．[2017-01-04]．http://thestanfordchallenge.stanford.edu/get/layout/tsc/TheStanfordChallenge？indexredir.

② Thinking Through a World of Change [EB/OL]．[2010-01-04]．http://www.stanford.edu/about/facts/.

③ Leadership Through Innovation and Education [EB/OL]．[2010-01-23]．http://annualreport.stanford.edu/.

高等教育热点问题研究

三、斯坦福大学高等教育国际化的理念与目标

（一）斯坦福大学教育国际化的理念

一百多年前，提倡自由、追求卓越、敢于冒险和创新的精神（Pioneering spirit）促使斯坦福夫妇创办了这所大学[①]，他们从一开始就鼓励师生在各方面大胆尝试，这些理念融入校训中。校训鼓励学校师生自由地从事科学研究、勇于探索和大胆创新。斯坦福大学校长约翰·亨尼斯在谈到斯坦福的办学理念时说道："我们的理念是要追求新的知识，推动我们的学业与学生进行交流，因为我们不断地进行研究，不断地进行教育，我们认为最重要的一个财产就是要双方都达到优秀，在教和学方面相互影响，而且都达到杰出的效果，这是我们大学的基本理念。"[②]

对于这个理念具体表现在哪里，亨尼斯是这样说的：斯坦福最有特点且区别于很多世界其他大学的，就是它有不断冒险的精神，在教学和研究方面都有这样的精神，不断地寻求和探索新的方向及新的理念。强调学术的出类拔萃从1950年以后，就成为斯坦福大学的一个座右铭。[③]

很多新事物的出现或者旧事物的更新换代，都离不开冒险和挑战，如果只是在固定的圈子里面打转，那么世界也就只有这个圈子那么大了。在斯坦福这样的校园，处处显露出不断拼搏的踪迹，也处处充斥着新事物代

---

① Stanford Facts：Introduction［EB/OL］. ［2010—01—23］. http：//www.stanford.edu/about/facts/.

② 杨立军. 从哈佛、耶鲁、斯坦福三大名校看美国精英式教育［EB/OL］. ［2021—02—25］. https：//www.dxy.cn/bbs/newweb/pc/post/10144580？ppg=1，2021-2-25.

③ 斯坦福大学校长：我们非常强调学术出类拔萃［EB/OL］. ［2021—02—25］. http：//edu.china.com.cn/2011-01/18/content_21761145.htm.

· 218 ·

第五章　斯坦福大学的高等教育国际化

替旧事物的新鲜空气。

斯坦福的教育者认为,鼓励青年人自己去发现答案,不是一种最容易的学习方法,但却是回报最丰厚的一种学习方法。教育能做的最重要一条贡献,就是发展学生追求创造性方法的本能和好奇心。

(二)斯坦福大学教育国际化的目标

斯坦福大学认为,他们应该在应对和平与安全、促使政府改善管理和提高人类福祉方面,发挥重要的作用;在科学研究、寻求21世纪问题的解决方案和培养未来领导人等方面,他们认为自己应该承担领导机构的角色。据此,2005年斯坦福大学提出了其教育国际化的具体目标。[①]

1. 寻求和平与安全(pursuing peace and security)

冷战之后,国际安全形势变得更加复杂。越来越多的国家寻求获得生物和核武器,恐怖主义威胁与日俱增。

推进国际安全不仅需要物理和政治科学,同时需要跨学科的支持,包括历史人类学、社会学、生理学、宗教研究和自然科学的支持。

2. 改善各级政府管理水平(improving governance at all levels of society)

斯坦福大学认为,世界近200个国家的政府治理可分成两部分:有效治理和无效治理。无效治理表现在国内充斥着军事和道德冲突以及加速泛滥的致命疾病。与此同时,联合国的权力受到削弱。我们应该从根源上寻找这些问题的答案,从经济、政治和法律策略等方面,加强政府的治理能力。

---

① About the Stanford International Initiative [EB/OL]. [2021-01-25]. http://international.stanford.edu/about.

3. 促进人类福祉（advancing human well-being）

斯坦福大学认为，当今世界各国联系日益紧密。某个国家的人们生活状况将直接影响另一个国家人们的生活状况。在人类健康、经济状况和教育水平等问题上，必须在国际范围内通盘考虑才有望彻底解决。

（三）斯坦福大学教育国际化与斯坦福大学挑战的关系

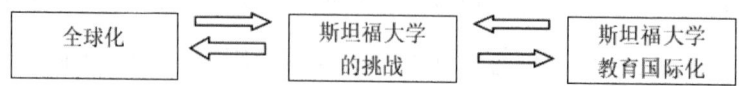

图 5.1　全球化、斯坦福大学挑战与斯坦福大学教育国际化的关系

全球化带来诸多挑战，而诸多挑战会阻碍全球化的进程；为应对诸多挑战而提出教育国际化目标，教育国际化目标是斯坦福大学挑战的诸多目标之一。斯坦福大学教育国际化与斯坦福大学挑战的关系可见图 5.1 和表 5.2。

表 5.2　斯坦福大学教育国际化与斯坦福大学挑战的关系[①]

斯坦福大学的挑战		斯坦福大学教育国际化目标
解决问题	人类健康目标	寻求和平与安全 改善社会各阶层管理水平 促进人类福祉
	环境与可持续发展目标	
	国际化目标	
培养领袖	全校跨学科研究	
	改善基础教育	
	从事艺术和创造	
	重塑研究生教育	
	保持本科教育的辉煌	

斯坦福大学的挑战可分为"解决问题"和"培养领袖"两种，每一种

---

① The Stanford Challenge［EB/OL］.［2010-05-11］. http://thestanfordchallenge.stanford.edu/get/layout/tsc/TheStanfordChallenge? indexredir=r.

又包含若干个小目标。斯坦福大学教育国际化目标，是解决斯坦福大学挑战的手段之一。

今天，全世界面临挑战的复杂性和程度是前所未有的。全球化意味着不同社会问题变得越来越尖锐了，无论这些问题是环境问题、人类健康问题，还是和平与安全威胁，都比以往有过之而无不及。发达与发展中国家的能源需求相互依赖。现代交通使传染病菌在数日内即可到达全球任一角落，威胁着任何一个洲际。内战的危险已不再局限于一国边境内，大规模杀伤性武器威胁到每一个国家的安全。这些都是斯坦福大学的挑战。

作为社会中的一员，斯坦福大学相信他们有能力和责任以全校之力应对人类共同的威胁。他们认为自己所能发挥的关键作用在于他们无与伦比的学术成就和培养的明天的领袖。而实现教育国际化就是斯坦福大学应对众多挑战的手段之一。

四、斯坦福大学高等教育国际化的现状与特点

（一）大量接收国际学生：近年约占在校生总数的四分之一

1. 2019年国际学生占25.64%

目前，斯坦福大学的学生来自全美50个州，大约60个不同的国家。斯坦福大学2019年11月2日的入学信息显示，当年本科生在校人数是：6 994人，其中外国学生为747人，占10.68%。当年研究生在校人数是：9 390人，其中外国学生为3 188人，占33.95%。在全校17 610人中，国际学生为4 515人，占25.64%。详见表5.3。

高等教育热点问题研究

表 5.3　2019 年斯坦福大学国际生比率

学生类别	国际生	学生总数	国际生比率 /%
研究生	3 188	9 390	33.95
本科生	747	6 994	10.68
特招生（Non-matriculated Students）	579	1 224	47.30
旁听生（Attendance Permits）	1	2	50.00
合计	4 515	17 610	25.64

资料来源：Stanford University ［EB/OL］. https://bechtel.stanford.edu/about-us/annual-report-and-studentscholar-statistics.

2. 斯坦福大学接受的国际生地区分布

斯坦福大学容纳了众多具有不同社会、经济、宗教、文化和教育背景的人。它坚信，最好的教育只有在一个充满活力、多元化社会下才能获得最佳的发展，这种融合于国际舞台的教育模式既能加强彼此文化的独立性，也弥合了来自世界各个角落的无数不同的观点。

斯坦福大学认识到，学生的全面发展需要获得世界文化氛围的支持。听课的学生来自世界各地，肤色各异。详见表 5.4。

表 5.4　2009 年与 2019 年斯坦福大学接受的国际生来源地前十名对比

2009 年		2019 年	
中国大陆	514	中国大陆	995
印度	362	印度	326
韩国	321	加拿大	215
加拿大	191	韩国	167
新加坡	97	法国	94
中国台湾	96	德国	84
伊朗	73	墨西哥	81
德国	68	巴西	72
法国	68	新加坡	71
土耳其	63	中国台湾	69

资料来源：Stanford University ［EB/OL］. https://bechtel.stanford.edu/about-us/annual-report-and-studentscholar-statistics.

按来源排列，2009 年和 2019 年，斯坦福大学接受的国际生中最多的

第五章 斯坦福大学的高等教育国际化

是中国大陆、印度，其次是韩国、加拿大。

3. 2009 年与 2019 年，按专业排列，斯坦福大学接受国际生排名前十位的学院的数据比较

表 5.5 2009 年与 2019 年斯坦福大学接受国际生前十名的学院

2009		2019	
电气工程学院（Electrical Engineering）	539	工商管理学院(Business Administration)	351
商学院（Business）	271	电气工程学院（Electrical Engineering）	272
管理学院（Management Science & Engineering）	194	计算机科学院（Computer Science）	263
机械工程学院（Mechanical Engineering）	179	土木与环境工程院（Civil & Environmental Engineering）	244
计算机科学院（Computer Science）	139	机械工程学院（Mechanical Engineering）	206
土木与环境工程院（Civil & Environmental Engineering）	117	管理学院（Management Science & Engineering）	129
材料科学与工程院（Material Science & Engineering）	108	法律学院（Law）	115
物理学院（Physics）	71	经济学院（Economics）	102
经济学院（Economics）	69	计算和数学工程院（Computational and mathematical Engineering）	98
应用物理学院（Applied Physics）	67	材料科学与工程院（Material Science & Engineering）	86

资料来源：Stanford University［EB/OL］. https://bechtel.stanford.edu/about-us/annual-report-and-studentscholar-statistics.

如表 5.5 所示，2019 年斯坦福大学接受国际生最多的院系是工商管理学院，其次是电气工程学院。

4. 2015-2019 年，斯坦福大学国际学生总数变化态势

表 5.6　斯坦福大学国际学生总数 5 年变化态势

年份/年	2015	2016	2017	2018	2019
人数	4 036	4 164	4 351	4 417	4 515

资料来源：Stanford University ［EB/OL］. https://bechtel.stanford.edu/about-us/annual-report-and-studentscholar-statistics.

如表 5.6 所示，斯坦福大学国际学生总数 5 年变化态势呈现一个逐步上升：即从 2015 年开始，招收国际生逐年增多，到 2019 年达到顶峰。

（二）设立海外分校并派出海外留学生

1. 斯坦福大学在境外举办的分校或研究机构

斯坦福大学在巴塞罗那、北京、开普敦、柏林、佛罗伦萨、京都、新德里、莫斯科、牛津、巴黎、圣地亚哥共设有 11 所海外分校，为斯坦福大学的学生提供海外学习、实习、研究和社会公益服务活动的机会。

每年斯坦福大学都要向其海外分校等机构派出留学生。总计占 50% 以上的学生能获得海外学习的机会。

海外分校是斯坦福大学自身教育体系的有效延伸。学生参加海外分校学习，由斯坦福大学和分校教授共同授课，所获学分被斯坦福大学认可。

斯坦福大学向海外派出学生的传统已经坚持了 30 多年。正如斯坦福大学的校长亨尼斯所言，要真正了解一个国家，不仅仅是从课堂和书本上了解它，必须亲身到这个国家去体会它的社会、语言、历史、文化，这正是斯坦福大学派学生到各个国家学习的目的所在。

2. 斯坦福大学海外分校——以北京大学分校为例

（1）斯坦福大学举办海外分校的目的："强强合作"，拓展海外职

第五章 斯坦福大学的高等教育国际化

业生涯。斯坦福大学校长约翰·亨尼斯说，今日世界大学所扮演的角色日益重要，斯坦福与北大都应更重视全球化的合作，并通过建立国际性机构来推动国际合作，过去学生多愿意选择去欧洲国家，而今有很多学生希望到中国学习，这是斯坦福在北大开设分校最重要的目的。这将为斯坦福大学学生在中国发展职业生涯做好充分准备，未来这一点将会越来越重要。[①]同时，斯坦福大学举办海外分校项目，也是寻求海外教育资源的优势互补，实现"强强合作"。

（2）斯坦福大学举办海外分校的方式：联合培养，互认学分。2004年5月26日，斯坦福大学与北京大学签署了两校学术合作协议。双方商定，斯坦福大学将于同年9月在北京大学建立一个海外分校，北大分校是斯坦福在中国建立的第一家分校，也是亚洲第二家。由斯坦福大学教授和北大教授联合授课，开设的课程涉及经济、法律、文史等诸多领域。两校互认学分。

（3）斯坦福大学对海外分校的管理：有专门的办公场地，举办开学和结业典礼。斯坦福大学在北京大学设有专门的办公场地，聘请常驻管理人员，每学期举办开学典礼，学期结束举办结业典礼，并颁发结业证书。

（4）斯坦福大学举办海外分校的成果：5年来联合培养了500多位两校学生。斯坦福北大分校项目在两校的共同努力下，经过5年的发展，已举办了10期，有力地带动了两校在人才培养、教学科研、国际合作等多方面的合作，成为两校合作交流的重要平台。自创办以来，共有50多位两校教授开设了汉语课程和用英文讲授的专业课程，有500多位两校学生通过同堂学习和结伴活动参与到项目中。

[①] 中国新闻网. 美国名校斯坦福大学中国分校今秋将落户北大［EB/OL］.［2021-02-25］. https://www.chinanews.com/news/2004year/2004-05-27/26/441310.shtml.

· 225 ·

（三）开展国际项目研究

从诺贝尔奖得主到本科学生，斯坦福大学的所有成员都有机会参与国际项目的研究，在科学、商业、法律、教育和人文科学领域均是如此。

2006年，斯坦福大学人口与资源研究所所长马科斯·费尔德曼结合斯坦福大学的实际和自身的研究经历和切身感受说道，每个学生都有自己的知识背景和自身的研究领域，每个学生都在发掘自身潜力，发展不同的研究兴趣，并对不同国家的问题给予关注。因此，国际合作网络对斯坦福大学来说非常重要。

比较有特色的国际研究项目有：和平、战争与安全，管理、政治与国际关系，商业、贸易与经济发展，宗教、文化与个性研究等。

例如，2003年斯坦福大学和以色列、约旦的一些科学家开始合作，这在以前是从来没有过的。2004年，他们试图从死海分离一些有机物。死海是地球上最咸的水域，含盐量是普通海水的22倍，他们试图在死海中发现有机物。后来，以色列、约旦团队在死海中部发现第一个有机物，这是人类首次发现死海中心有机物。类似的合作研究很多。斯坦福大学要做的是建立一个生物学、生态学和环境科学等学科相结合的新的国际合作研究，这将是高水平的研究。[①]

1. 北大斯坦福中心项目

斯坦福大学积极开拓全球合作项目。继在北大建立分校之后，2008年4月又建立了"北大斯坦福中心"。该中心建立后，将在环境、国际事务、

---

① 马科斯·费尔德曼. 追求卓越：一流大学的创新路径［J］. 西安交通大学学报（社会科学版），2006（11）：82-84.

第五章　斯坦福大学的高等教育国际化

教育改革等多方面进行研究与探讨，致力于推进国际合作。"北大斯坦福中心"的建立将使双方的合作步入深层次阶段。①

2.斯坦福大学东亚研究中心

2009年5月，（香港）中港实习生协会首次携手斯坦福大学东亚研究中心，为亚太顶尖高校学生设计了国际大学生交换项目，以促进中美在地域及文化上的交流。

与以往美国高校交换项目不同的是，该项目与斯坦福大学官方机构合作，完成课程的学生将获得由斯坦福大学东亚研究中心出具的官方证书或推荐信。

交换项目的课程主要集中在美国政治及经济制度、社会文化及在美华裔的经验等内容。参与项目的学生有机会体验到：①斯坦福大学的学习和交换经历；②斯坦福大学东亚研究中心针对亚洲学生量身设计的精英课程；③美国政界和商界领袖亲自前来授课，如前美国副国务卿、前美国驻日本大使；④斯坦福大学东亚研究中心颁发的结业证书或出具的官方推荐信。

部分授课讲师介绍：

Thomas Fingar（美国前国家情报委员会主席，美国前副国务卿），在2008年发布了报告《全球趋势2025：转变的世界》（*Global Trends 2025: A Transformed World*），该报告主要分析了全球15～20年后的发展趋势，内容包括全球国家安全事务、政治和社会发展、全球化等。Thomas Fingar教授作为前美国副国务卿兼美国国务院情报研究委员会的负责人，全面监管递交美国总统的每日情报汇总，为布什政府的外交政

---

① 斯坦福大学校长：国际视野下的大学改革［EB/OL］．［2021-02-21］．http：//news.xinhuanet.com/edu/2008-04/22/content_8027216.htm.

策提供支持。同时，在内阁成员委员会上负责审查国家情报机构递交的海外情报分析资料。

Michael H.Armacost（前美国驻日本大使，前美国副国务卿），1969年获得白宫颁发的美国国务部长徽章，负责美国国务院政策规划和协调等工作。先后历任国务院国家安全委员会亚洲事务和国际安全顾问、美国驻日本大使特别助理、美国驻菲律宾大使、美国驻日本大使、美国副国务卿及代理国务卿。Michael H.Armacost 毕业于卡尔顿学院，并在哥伦比亚大学获得了公共法律和政府管理的硕士和博士学位。曾获总统杰出服务奖，国务卿卓越贡献奖。

（四）开设国际化课程

1. 本科专业中国际化专业占一半

斯坦福大学已开设的37个本科专业中，与国际问题直接相关的有13个专业，占所开设专业近一半。这表明斯坦福大学课程体系国际化程度之高及对国际化教育的通盘考量。（表5.7）

表5.7　斯坦福大学本科国际化教育的专业

国际化教育专业	其他专业名称	
非洲研究	电子物理	能源或资源工程
非洲与非裔美国人研究	计算机科学	地理与环境科学
东亚研究	民族与种族比较研究	人类学研究
中文	生物技术学	太空研究
日语	地球系研究	气候研究
亚裔美国人研究	生物医学计算	公民
拉丁文	计算机系统工程	电子
古希腊	环境	管理科学与工程
法国研究	女性主义研究	科学、技术与社会
伊比利亚、拉丁与美国文化研究	人类生物学	政治学
国际关系	公共政策	宗教研究

第五章　斯坦福大学的高等教育国际化

续表

国际化教育专业	其他专业名称
德国研究	城市研究
斯拉夫语言与文学	社会学
合计：13	合计：24

资料来源：Stanford University［EB/OL］．［2010-02-20］．https://www.standford.edu/about/facts/.

商学院2007年推出的全新课程中，要求每个学生都必须有国际学习经历，这种独树一帜的培养方式已成为斯坦福大学教育国际化进程的重要特征。

2. 国际化课程案例：斯坦福大学商学院的国际化课程

（1）课程理念：使学生加深与提高管理认识，培养能够改变世界的创新意识、理念、方法和深邃的洞察能力。

（2）课程结构和目标：课程结构包括传统课堂教学、小组学习和课程实践。

斯坦福大学商学院基于其创新的课程而确立其国际化教育的目标。包括：①两年MBA课程，培养商业领袖（Two-year MBA Program, designed to educate business leaders）；②一年斯坦福大学硕士课程，培养中层经理（One-year Stanford Sloan Master's Program for mid-career executives）；③博士课程，培养学术型人才（PhD Program for future academics）；④经理教育课程，训练经理（Executive Education programs for experienced managers）；⑤教师科研项目（Faculty research program）。

（3）课程组织：斯坦福大学商学院于2006年5月24日以绝对多数赞成票通过了斯坦福大学商学院课程改革方案。这项改革旨在改革课程内容和教学方式。新课程方案于2007年秋季学期开始执行。

时任斯坦福大学商学院院长罗伯特·L.乔斯（Robert L.Joss）说，这项教育改革旨在发挥小班教学优势，发挥师生咨询制度，最大限度地激发学生的潜质。

他们旨在建设一个更具创新活力、更具全球化、更能让学生参与实践的一套课程体系。正如该学院的普费弗教授所言，斯坦福大学商学院最终建设了一个全新的 27 年来最重要的课程改革。

斯坦福大学商学院的新课程方案包含四个特点。

1）更加注重专业个性化。

课程必须适应学生。在第一学期的公共课程结束后，不要求学生学习必修课程，而且要学生学习一系列的修选课程，这是对学生知识广度上的要求。这套要求将根据学生学习的速度、知识的深度和容量来制订，以适应不同知识背景学生的发展。而且，有时要根据学生的"兴趣"来设置课程，以适应他们未来的职业目标。

为了达到课程设置的灵活性，学生需对相关知识有较透彻的了解，并在所选择专业上获得指导帮助。

学生第一学期的学习将为选择适合自己的专业打下基础。他们将学习到与管理相关的并能激发他们求知欲和问题意识的课程。这些课程包括：团队及组织行为（Teams and Organizational Behavior），战略领导（Strategic Leadership），金融管理（Managerial Finance），全球管理（The Global Context of Management）。

学生需要与教师建立紧密的指导关系，与他们的指导者一起制订个性化学习计划。新生来到斯坦福大学商学院，都各有不同的知识背景、经验和职业目标，这些个性化学习计划将承担这样一个任务：学生无论来自什么样的知识背景，都能使他们的课程适合他们并指向他们的未来目标。

第五章 斯坦福大学的高等教育国际化

2）更加注重智力训练。

新课程方案注重知识的深度和广度，培养学生具有深邃的洞察力。这就要求在第一学期开设"批判分析思考"（Critical Analytical Thinking）课程。

在少于 20 人的研讨会中，学生将探讨超越任何单一功能或管理纪律的问题。如：公司对社会负什么样的责任？市场何时运行良好，何时不好？市场何时起决定作用？何时需实行相对严格的管理行为？学生要学会条理清晰地、简洁地、批判分析地思考和争论这些问题，并以此作为其他课程的基调。

为满足个性与共性要求，要求学生必须思考学科及功能，鼓励学生思考他们自己的学习需求问题。第二年秋季将有为期一周的密集研讨会，学生将深入研究具体问题。学院还计划利用巴斯基金开设研讨会，该基金由第 74 届毕业校友罗伯特·巴斯（Robert M.Bass）个人捐资 3000 万澳元设立。

学院开设人数少于 10 人的研讨会，激发被动学习的学生的热情，使他们关注社会问题。研讨会由指导教师主持，由学生对研讨会的主题进行设计。

3）更加注重全球化课程。

新课程方案要求对学院的全球化课程管理进行改进。首先对第一学期的全球化课程内容管理进行改革，方法有二：一是继续推进教学方法及课程资源的国际化；二是对每一个学生，要求在校两年时间内要有国际教育经历（a global experience will be required of each student during his or her two years at the School）。这可通过以下方式完成：旅游学习（study trip），国际实习（an international internship），海外服务学习旅游或做交换生（an overseas service-learning trip, or a student exchange）。诸如与中国清华大学经济与管理学院合作的教育方案，合作于 2003 年 9 月正式开始，主要围绕创业并结合斯坦福与硅谷发展的经验进行一系列的合作与研究，同时，双方会在师资方面加强交流与互访，推动教师队伍以及相关课程的建设。

4）更加注重培养学生的领袖才能和交流能力。

新课程方案培养领导能力和交流能力。这些课程有"领导策略"（The Strategic Leadership），包括领导培养与使用策略系列课程；"批判分析思考"（Critical Analytical Thinking），包含专业特点明显的学生书面表达能力和口头交流技巧训练等系列课程。

在接近毕业的最后两年，要对学生做综合检查。检查学生已学了多少知识；了解学生个人领导风格的强项和弱点，并测度学生假如将来要创业，如何实现他们的事业目标。综合检查主要目的是帮助学生为毕业后的工作和事业发展做准备。

（4）教学方式

1）个性化教学：课程学习、模仿学习、情境学习、角色扮演、参与全球问题讨论、案例教学等。

2）小组学习：第一学期就参加"16人小组讲座"，教你如何与老师建立良好关系，以及如何表达自己的观点。参加领导小组或领导体验，帮助学生培养领导技能。

3）参加国际实习：选择一个本人不熟悉的国家，了解其文化、历史、政治和社会等方面的知识。学院每年提供众多的国际学习机会。①

（5）课程指导

1）教师指导：培训老师帮助培养学生的领导与写作技能。

---

① Stanford［EB/OL］.［2010-01-29］. http：//www.gsb.stanford.edu/mba/academics/curriculum_overview.html.

2）师生顾问：学生生活顾问帮助学生提高认同感，并且寻找机会锻炼学生的领导才能；事业顾问帮助学生规划自己的每一步目标。

3）小组学习：每个学生都参加小组学习，通过小组力量帮助学生达到自己的目标，尽快地适应各种环境和符合自己需要的发展方式。

（6）课程评价：斯坦福大学商学院的课程完全依照学生个性，并给学生创造尽可能多的实践机会。正如院长罗伯特·L.乔斯说，如何设置课程，一切都要尊重个性，发挥斯坦福大学跨学科课程融合的特点，使学生获得尽可能多的类似于职业的职前训练。

以下是来自教师、校友和学生的评价。

教师评价：

经济学助教芮妮·鲍文（Renee Bowen）：在此任教，体验到生命中的惊喜。因为我们常要花很多精力去准备一节课，以使它符合学生兴趣、有助于培养学生成为未来领袖的才能，并使课堂教学以一种别开生面的方式进行。

金融学教授彼得（Peter M.DeMarzo）说：能教育这样一群高素质的学生对斯坦福大学是一件幸事。我们一定要利用这种学习氛围设计新的课程，以使学生快速提高专业知识，同时提供开拓新领域所需的基本才能。[1]

学生评价：

工商管理硕士达尼埃尔·佩尔蒂埃（Danielle Peltier）：斯坦福大学第一年的领袖实验，是一个在相互支持的环境中挑战自我、努力塑造全新领导风格的难得机会。

---

[1] Stanford [EB/OL]. [2010-01-29]. http://www.gsb.stanford.edu/mba/stanford_voices/faculty.html.

校友评价:

工商管理硕士斯宾塞·史密斯(Spencer Smith):当我在斯坦福大学本科毕业后,曾想过到别的大学读 MBA。然而,随着我对其他大学了解的加深,我越发感到斯坦福大学才是适合我学习的地方。当我与我的校友以及和在校的同学交谈时,我发现自己的思维与他们十分相似,他们是我进步的引路人。斯坦福大学的小班化教学意味着我可以和同学及老师保持较亲密的关系。另外,我也自豪于斯坦福大学强大的国际联系,以及它地处硅谷中心的得天独厚的优越地理位置。①

五、斯坦福大学高等教育国际化课程案例

斯坦福大学 AEC Global Team Work 课程。

（一）课程历史及目标

为了适应建设工程项目日益国际化的现状,斯坦福大学于1993年开始,率先开设了 AEC Global Team Work(CE222)课程。该课程的主要目标是利用案例教学手段,以互联网为工具,培养不同国家、不同专业背景的学生合作完成任务的能力,进而培养学生跨学科、国际化、信息化的工作能力。

AEC Global Team Work 课程创设适当的、具有明确背景且特色鲜明的案例(一般为一栋教学楼或者办公综合楼的设计任务),组织建筑(A)、结构(E)和施工(C)、设备(M)、财务(F)等不同专业背景的学生,组织成一个设计团队,并且邀请真正的工程人员来模拟业主(Owner)或担任辅导教师(Mentor)。从完成概念设计、方案比选,到最终形成详细

---

① Stanford[EB/OL].[2010-01-29]. http://www.gsb.stanford.edu/mba/stanford_voices/index.html.

第五章 斯坦福大学的高等教育国际化

设计等整个设计任务，突出强调了不同学科之间的协调、理解和配合能力。在充分体现课程跨学科的基础上，来自世界各地学生在组成团队后，将回到各自所在学校，分散在世界各地，利用互联网等各种信息化手段完成设计和沟通工作，这充分反映了目前国际建设工程向国际化、信息化迅速发展的趋势。

斯坦福 AEC Global Team Work 课程开设至今，在国际范围内培养了一批优秀的项目设计和组织人才，课程提供的跨学科、国际化、信息化的工作技巧和理念，为这些人员的进一步发展提供了良好的基础。

（二）课程内容与组织形式

斯坦福 AEC Global Team Work 的课程内容可以概括为以下四点：课题、团队、平台、教师。

1. 课题

每个斯坦福 AEC Global Team Work 的团队都需要完成一个明确的设计任务。各个团队抽签得到的设计任务各不相同，一般为设计一个教学楼或者办公综合楼。工程所在位置各不相同，2008年课程的工程就分别位于加利福尼亚、威斯康星、德国魏玛等地。以清华大学成员参与的 Pacific 团队为例，要求设计的工程是加州旧金山大学的一个工学院综合楼。来自真实工程单位的辅导教师模拟"业主"，提供工程计划建设的位置、功能要求、规划红线、预算等基本信息。教师会提示各个团队相应的工程项目需要注意的事项，例如，在加州，地震是一个重要的控制荷载。而后，团队开始进行协同工作，要求完成一个以上的建筑方案，每个建筑方案要配合两个结构方案，以及各自结构方案相应的施工方案和工程预算等。方案工作在冬季学期（1～3月）完成。后由"业主"等选定最终方案。各团队进一步进行详细设计，在5月初完成项目并进行最终汇报。最终汇报要求提供：

（1）建筑：建筑设计理念，立面、平面、外部及内部效果，建筑环境、能源分析，关键部位大样等；

（2）结构：设计荷载、结构方案、传力路径、构件设计、典型节点设计、基础设计等；

（3）施工：施工平面布置、施工进度计划、施工预算、4D施工方案、施工设备等。

本课程的课题背景比较鲜明，特色突出。比如清华大学成员参与课题设计时，在概念设计阶段，"业主"就和设计团队去现场考察，并要求新建筑能够保留场地内部的树木，进而给建筑、施工等提出了更加真实但是也更加复杂的要求。

2. 团队

对于每个设计任务，斯坦福 AEC Global Team Work（AEC全球团队合作）都要组织一个由多个专业学生组成的设计团队，团队包括建筑、结构和施工等三个基本专业，还可以包括设备、财务等其他相关专业。课程要求这些不同专业背景的学生像真实工程中一样，相互配合工作，共同完成工程中的各项设计。这样就迫使每个学生必须学习和别的专业配合，了解对方的专业要求。各个团队每周安排一次以上的团队会议，由团队中的学生轮流担任会议议程的起草人和会议的记录员。这样，每个队员都必须要深入了解其他专业的进度、困难和需求，加深跨专业的相互了解。

斯坦福 AEC Global Team Work 的一个重要特色就是国际化的团队。2008届斯坦福 AEC Global Team Work 的学生来自美国、德国、瑞典、斯洛文尼亚、中国等10余所高校。如果再算上各个学校学生自己的国籍背景，就更加多样了。（例如，参与Pacific设计团队的学生分别在斯坦福大学、佐治亚理工、瑞典皇家工学院、清华大学，而学生分别为伊朗人、印度人、阿根廷人、瑞典人和中国人）这些学生的教育背景不同、文化不同、所处环境、时区都不同，因而能给学生一个更加国际化的学习环境。在组织课程时，指导教师就有意考查学生的团队合作能力，并在课程的教学过程中始终强调团队合作精神，以团队成果为主来考查各个小组的成绩，使学生在学校阶段就经历了一个真实的团队工作环境，并理解自己的专业在将来的职业生涯中的角色。

3. 平台

斯坦福 AEC Global Team Work 是一门崭新的课程，它同时具备了远程教学、案例教学、跨专业教学等多项最新教学理念，存在大量的网络跨专业交互。为了适应这些新的教学需求，必须要有足够的技术平台和教学手段作为辅助支撑。斯坦福 AEC Global Team Work 教学队伍经过长期的努力，并和斯坦福大学计算机等相关专业的实验室密切配合，不断根据技术发展而革新，建立了一套比较成熟、实用的课程教学支撑平台，其具体内容包括以下三部分。

（1）实时远程交互环境：Recall[®]，VSee[®]，NetMeeting 和 Skype。Recall[®] 是斯坦福大学开发的一个网络实时电子白板系统。它同时有电子白板、笔迹记录、录音、屏幕录像等多种功能。学生可以利用 Recall[®] 软件读入 PPT 文件或图片等，用鼠标或电子笔进行标记，Recall[®] 可以同时记录下学生交流时的笔迹和语音，并根据需要随意重新播放，帮助学生回忆网络会议讨论的进程和内容。

VSee®是斯坦福大学开发的一个网络视频软件，可在开网络会议时通过摄像头看到对方。

NetMeeting 是微软公司开发的一款网络会议软件，它可以实现网络远程程序窗口共享、白板共享和鼠标共享。

Skype 是一款免费网络实时社交软件，可以进行网络音频或文字交流。

以上远程实时交互环境在斯坦福 AEC Global Team Work 课程中的基本使用模式为：①基于电子白板进行网络远程方案讨论；②学员在 Recall® 环境中进行方案讨论；③学员课后可以通过 Recall® 的重放功能回忆会议内容；④课程的实时远程控制。

团队成员和教师根据商定时间，在各自的计算机上打开 Skype、VSee® 和 NetMeeting。利用 Skype 和 VSee® 完成语音和视频联系。然后由一位同学（一般根据当时网络的情况）担任网络会议主机（Host），在他的计算机上打开 Recall®，并基于 Recall® 打开 PPT 或者图像文件。再利用 NetMeeting 将 Recall® 窗口共享，其他成员都可以通过 NetMeeting 看到主机上的 Recall® 窗口，并利用 NetMeeting 的鼠标共享功能在 Recall® 上做需要的标记，完成网络交流。

（2）网络辅助系统：Thinktank®，Google 工具和 FTP。斯坦福 AEC Global Team Work 的学生位于全球各地，由于时差原因，一般不会同时在网络上工作。因此，需要一些网络辅助系统来协调学生们的工作。斯坦福 AEC Global Team Work 首先开发了一个 BBS（电子公告板）系统 Thinktank®，学生可以在 Thinktank® 上发消息、上传文件，并对消息进行管理，例如分组、分类等。随着项目的进行，项目中的各项重要进展都记录在 Thinktank® 上，便于学生整理，也便于老师跟踪团队进度。

第五章 斯坦福大学的高等教育国际化

在 2008 年的斯坦福 AEC Global Team Work 教学中，学员在教师的鼓励下创新性地使用了 Google 公司提供的大量网络平台工具，如 Google 日历（Google Calendar）、Google 文件（Google Docs）等。利用 Google 日历提供的完善的网络协作功能，实现团队成员间的日程和进度管理；利用 Google 文件提供的网络协同编辑功能，实现网络协同工作。

由于队员之间有大量的大体积文件要互相交流，所以本课程也采用 FTP 作为一个比较实用的文件交换工具。

（3）电子教学设备：平板电脑、摄像头、电话会议室和电子黑板。由于本课程教学完全在互联网上进行，为了教学和讨论的需要，还必须配备一些硬件电子教学设备。如学生利用平板电脑绘制草图，用摄像头来辅助交流，用电话会议室来实现多人语音讨论。另外，为了方便教师授课，需要电子黑板来演示教师的板书内容。

4. 教师

斯坦福 AEC Global Team Work 是一门完全有别于传统课程的新型课程，因而教师的水平和投入程度对课程的成败至关重要。斯坦福 AEC Global Team Work 为了保证教学的质量和指导的力度，师生配置比例很高，一般每 2～3 名学生就有一个辅导教师。而且由于学生的专业背景差异，因此需要各个专业的辅导教师，且这些辅导教师对其他专业的工作也要有很好的理解，这样才能做到帮助学生完成跨专业的学习。

斯坦福 AEC Global Team Work 教学的一个重要特点，是辅导教师很多都是来自工业界的工程人员，他们相比大学教师具有更加丰富的实践经验，能够给学生提出更加真实的要求和做出更加合理的指导。例如：在清华大学成员参与的结构方案比选过程中，来自工程单位的指导教师指出，如果

高等教育热点问题研究

采用钢－混凝土混合结构方案，虽然具有技术上的优势，但工程同时需要混凝土结构和钢结构两支施工队伍，而美国劳动力价格很贵，必须在财务上进行细致考虑，并给出了一些具体的数据协助学生分析，从而创造了一个更加真实的学习环境。

（三）课程教学进度和安排

每学年课程的开始和结束期，所有学生应该到斯坦福集中进行课程的开题和总结汇报。除此以外，所有的教学活动都在网络远程进行。课程教学进度根据美国学制，分为两个大阶段：冬季学期和春季学期。课程进度以周为单位，每周有一次大约4小时的网络集中教学，所有团队都参加。另外，各个团队每周根据需要安排一次以上的内部交流，相关教师会参加，团队还可以根据需要，邀请"业主"或者其他相关人员参与。

网络集中教学的内容有两类：①团队进度汇报；②专题讲座。团队进度汇报要求各专业按照课程进度要求，完成预定工作后，按要求制作汇报的幻灯片和文档。然后在课程集中教学时间（一般安排在周五，由于时差原因，周五在美国是早晨，在欧洲是下午，在中国是晚上），由团队中各专业共同汇报整个项目进展，历时30～40分钟不等。之后指导教师进行提问和指导。由于团队进度汇报是以一个团队的形式展示成果，因而对各个专业进展情况以及专业间的协同提出了很高要求。诸如建筑、结构轴网冲突，设备、构件"打架"等专业间协调问题，在初期的团队汇报中比比皆是。通过一段时间的训练，学生们逐渐领会到开展一个工程项目，团队间的合作和协调是确保工程顺利完成的最核心要素。学生们开始突破自己专业知识的本位意识，更多地考虑别的专业需求，从而为跨专业复合管理人才培养提供了条件。

第五章 斯坦福大学的高等教育国际化

在团队的空隙时间，斯坦福 AEC Global Team Work 课程会组织一些专题讲座。这些专题讲座可以分为两类。①跨专业的普及讲座：课程会组织不同专业的教师举行专业讲座，这些讲座的特点是浅显易懂，便于非本专业的学生理解和掌握，以促进跨专业合作。②学科新进展：对于近年来得到大量关注的绿色建筑、环保问题等，课程也给予了高度关注，在课程中安排了大量这类专题讲座，介绍最新的节能环保技术，并鼓励学生在课程设计中使用，帮助学生更好地了解工业界目前的热点问题。

除了集中教学外，课程还要求各个团队组织一定量的内部交流，这些内部交流包括：至少每周一次的全体组员集中交流，以及根据项目进展需要而安排的组内其他交流。全组成员交流要求事先准备明确的会议议程，以确保会议的效率。课程指导教师会参与组内交流并帮助组员解决课题中的困难。最后由一名记录员完成会议纪要。除了文字版的会议纪要外，基于 Recall® 的多媒体会议图像、音频记录也同时上传到指定服务器，学生可以随时下载，回忆当初会议时的决策过程。此外，课程还根据需要自行安排建筑 – 结构或结构 – 施工等不同专业的小组讨论，以及专业内部和本专业指导教师的内部讨论，以解决一些更具体的技术问题。

课程教学进度按美国学制分为春季和秋季两个阶段，各阶段的关键时间点如表 5.8。

表 5.8 美国学制下课程教学进度各阶段时间点

时间	教学进度
（1）Jan 28	开学后第一次组会，要求完成网络软硬件设置，熟悉网络会议环境
（2）Feb 15	完成至少两个建筑方案和配套的结构方案
（3）Feb 22	由指导教师对学生的方案进行严格的审查和答辩，学生称之为"血淋淋的周末"
（4）Mar 14	冬季学期结课，完成所有概念设计工作

续表

时间	教学进度
（5）Apr 7	由指导教师和学生共同参与，对课题方案进行更深入的讨论。课程称之为"金鱼缸"，即学生可以通过观察不同专业指导教师对项目的评价和交流来学习如何组织跨专业合作
（6）May 9	最终结题报告

（四）课程特点和分析

1. 课程设计任务特色突出

本课程的设计任务具有较强的真实性和综合性，特别是通过聘请真实的工程师扮演"业主"等角色，使课程设计的特色十分明显。

2. 合作能力的培养

本课程每个项目都是由不同专业的多位同学合作完成，以小组成果作为最后成果的评价标准，可以有效培养学生的合作能力。

3. 基于互联网的远程教学和交流

基于互联网的学习和交流已经成为未来教育和工程的发展方向，本课程从概念、意识、工具、流程等方面为基于互联网的教学和交流提供了有力的支持。

4. 密切联系工程单位

本课程聘请了大量具有丰富工程经验的工程人员担任指导教师，并鼓励学生主动和工程单位、设备供应商等真实工程单位联系、咨询，因此课程具有很强的真实性。例如，在笔者参与的项目中，需要用到一种新型结构：防屈曲支撑。指导教师不是简单地提供一些假想数据，而是提供了一系列防屈曲支撑的厂商电话，让学生直接和厂商联系，了解型号、价格等问题，从而为课程设计提供了更强的真实性。

第五章　斯坦福大学的高等教育国际化

5. 先进工具和教学手段的运用

课程大量使用网络工具，协同设计平台、远程教学等先进教学工具和教学手段，对全球性教育和学习起到了很好的促进作用。

6. 开放性教学氛围

课程鼓励学生创新，提出与众不同的设计想法。并通过配置足够的教师和指导力量，保证对学生的创新思想提供足够多的支持和配合，有助于培养创新性人才。

（五）遍布全球的校友网络

斯坦福大学校友协会（Stanford Alumni Association）于1892年成立，由斯坦福首届毕业班创办。斯坦福大学校友协会活动与服务包括：举办联欢会、老乡会、校园会议、地区或班级节目，举办杂志、网站、教育讲座，组织各种娱乐、旅游、校友义工活动等。

斯坦福大学有强大的校友网络，截至2008年斯坦福大学在全球的校友总人数已经超过20万人，包括73 650位本科毕业校友，93 598位研究生毕业校友，以及18 459位双学位拥有者。校友虽然分散在世界的各个地方，但他们与学校之间保持了很密切的联系，他们都尽自己所能为斯坦福大学提供各种帮助。校友协会分为校级和院级两种，校级为在校生和老校友。

2008—2009年度，斯坦福大学从70 509位捐赠者那里获得的捐助款比上一年度提高了64 010万澳元，使斯坦福大学再次成为全美借捐助实现发展的成功典范。其中，33%来自校友的捐助。[①]

---

① Stanford facts2010［EB/OL］. ［2010-02-20］. http://www.stanford.edu/about/facts/.html.

提供校园之外的各种信息。院级校友协会为毕业校友提供各种资源和信息服务。按地区不同,校友协会有不同的教师负责该地区校友联系等各项事务。校友协会可为学生提供持续的甚至是终身的学习和事业发展帮助,这无疑扩大了大学的职责范围和大学教育的传统功能,延伸了大学的社会义务、责任和影响力,为母校的声誉培育、为学生建立与母校的永久联系创造了千载难逢的机遇,是一种双赢策略。

正如斯坦福大学董事会主席莱斯利·休谟(Leslie P. Hume)在2009年的一封信中所说:我们的校友、家长和朋友的坚定支持对斯坦福大学今年的发展壮大至关重要。当我们展望未来,我们必须记住,遍布全球的校友网络是斯坦福大学最重要的财富,无论经济环境如何恶劣,我们都矢志不渝地依靠我们的校友和朋友。可见,斯坦福大学的发展对校友的倚重。①

成为校友需经注册。如果是在校生,直接用学生证号注册,注册名将自动生成电子邮件地址第一部分的名称。如:username@alumni.stanfordgsb.org。如果是毕业生,需事先通过网上服务平台进行身份验证。

(六)敏锐的国际触觉

斯坦福大学紧跟世界潮流,紧握时代脉搏。世界每个角落出现的任何变化,都能轻易地牵动斯坦福大学的神经。这种与世界"血肉相连"的关系,从另一个侧面体现了其全球化教育理念。这从其校园主页的新闻中可见一斑。如:2010年1月28日斯坦福大学主页上的新闻,第一则是"阻止世界末日";

---

① Stanford [EB/OL]. [2010–03–11]. http://annualreport.stanford.edu/chairletter.html.

2010年1月25日斯坦福大学主页上的新闻,第一则是"分析DNA",第二则是"帮助海地"(海地于北京时间13日凌晨5时53分发生里氏7.0级大地震,超过20万人遇难)。

(七)结论

斯坦福 AEC Global Team Work 通过先进的教学理念、教学软硬件手段,提供跨学科、国际化、信息化的工作技巧和理念,开创了跨专业、跨国界的新型工程学科教学模式,符合目前国际工程设计向国际化、信息化、集成化迅速发展的趋势,在国际范围内培养了一批优秀的项目设计和组织人才,对我国工程学科的教育有着很好的启示。[①]

六、斯坦福大学高等教育国际化的组织管理

斯坦福大学教育国际化的组织和管理机构见表5.9。

表5.9 斯坦福大学教育国际化的组织和管理机构

序号	机构名称	负责内容
1	斯坦福大学教育国际化推行委员会(Stanford International Initiative)	管理促进跨学科、国际化研究与教学的项目(Programs to promote interdisciplinary, internationally focused research and teaching)
2	柏克德国际中心(Bechtel International Center)	为斯坦福大学校外各团体、国际学生、学者和参观者提供资源信息服务(Resource center for the foreign-bound Stanford community and incoming international students, scholars and visitors)
3	全球商业与经济中心(Center for Global Business and the Economy)	对复杂的跨区域和跨文化国际商业活动进行调研究(Investigation of the inherent complexity of international business across geographies & cultures)
4	弗里曼·斯波利国际研究所(The Freeman Spogli Institute for International Studies)	对全球性跨学科课题进行相关政策研究(Policy-relevant research on interdisciplinary topics of a global nature)

---

① 陆新征,等. 国际化、跨学科工科教学创新实践:斯坦福 AEC Global Team Work 课程简介[J]. 高等工程教育研究,2009(4):96-99.

续表

序号	机构名称	负责内容
5	国际比较与区域研究（International Comparative and Area Studies）	有关学位课程与区域性、国际性比较研究（Degree programs and research on comparative, international, and regional themes.）
6	国际发展斯坦福中心（Stanford Center for International Development）	对正在发展和转型中的经济体的经济政策改革进行研究（Research on economic policy reform in developing economies and economies in transition）
7	斯坦福全球健康中心（Stanford Global Health）	斯坦福校园的居民、医学生和本科生全球卫生合作方案研究（Collaborative programs in global health for residents, medical students and undergraduates）
8	斯坦福语言中心（Stanford Language Center）	提高外语言语教学质量；建立和保持教学评价标准；开展语言学习与教学研究等（Encourage excellence in foreign language teaching; Establish and maintain performance standards; Develop a research program about language teaching and learning）

斯坦福大学教育国际化推行委员会（Stanford International Initiative）的管理成员来自各学院的主任、教务处副主任，因此可以理解为这是一个"推行委员会"。

斯坦福大学教育国际化推行委员会与其他国际化的组织和管理机构之间的关系，从网站和其他资料中可以看出，斯坦福大学教育国际化推行委员会是一个领导机构，对其他国际化组织和机构进行理念和组织上的领导，同时它也掌握一些"校长科研项目"等少数项目。所有机构都直接由教务处领导，并向校长负责。

下面简单介绍其中的两个管理机构。

（一）Bing 海外留学项目（Bing Overseas Study Program）

通过 Bing 海外留学项目，斯坦福大学的学生不仅可以到海外的 11 个分校学习，而且还可以利用 Bing 海外留学项目的资助，参加海外的参观访问研究，为学生提供接触不同文化和学术环境的机会，以充实他们的大学生活和丰富他们的生活经验。

1. 申请时间

Bing 海外留学项目需提前两个学期申请。即：要想大学二年级到海外研究学习，必须在大学一年级时申请；要想大学三年级到海外研究学习，必须在大学二年级时申请；要想大学四年级到海外研究学习，必须在大学三年级时申请。

由于不少海外项目有语言要求，有意出国的学生就得在一年级开学学习意向前往国家的语言。不承认在高中阶段学习语言所取得的 Advanced Placement（AP）or SATII 成绩。

2. 申请具体程序

第一步：浏览 Bing 海外留学项目网站，了解海外研究所需要的语言要求、课程（或研讨会）安排、申请期限；

第二步：与 UAR 讨论海外学习计划及对哪一个 Bing 海外留学项目感兴趣；

第三步：向参加过 Bing 海外留学项目的同学了解；

第四步：参观 Sweet Hall 的 Bing 海外留学办公室，询问有关问题，获得进一步信息；

第五步：参加语言学习班；

第六步：填写好申请表后，在提交到 Bing 海外留学办公室前，找 UAR 审查一下学习计划。

由于学习时间安排等原因，具体申请程序视年级不同会有一些变化。即使到最后一个学期，学生仍然可以申请出国学习，只要他们能确保修完

规定学分。①

3. 选择项目的方法

校园网选课窗口可根据需求选择合适的项目名称、学期和研究课题。②

（二）弗里曼·斯波利国际研究所（The Freeman Spogli Institute for International Studies，FSI）

1. 弗里曼·斯波利国际研究所的创建历史与初衷

弗里曼·斯波利国际研究所初创于1987年，为纪念1964年布拉德福德·弗里曼（Bradford Freeman）以及1970年罗纳德·斯波利（Ronald Spogli）对斯坦福大学的慷慨捐助，2003年斯坦福大学将两位捐助者的姓名合并，命名为"弗里曼·斯波利国际研究所"。

1983年，教师委员会对斯坦福大学国际问题研究状况进行全面审查，发现了管理上的随意和松散，于是提出建立一个国际研究所。教师委员会的调查结论是：斯坦福大学应该像在科技领域那样，在国际研究中引领潮流。建议学校建立一个国际问题研究所，以便加强教学、研究、公共服务和跨学科国际项目的管理。该研究所在斯坦福大学前校长理查德·莱曼（Richard Lyman）的带领下成立。③

2. 弗里曼·斯波利国际研究所的任务

弗里曼·斯波利国际研究所向广泛的决策者群体传播其研究成果，向美国和其他国家的新一代领导人传播其思想。斯坦福大学国际化的一个特

---

① Stanford. Academic Planning［EB/OL］.［2010-02-11］. http://ual.stanford.edu/AP/index.html.

② Stanford［EB/OL］.［2010-03-11］. http://bosp.stanford.edu/cgi-bin/course_search.php.

③ Stanford［EB/OL］.［2010-03-11］. http://fsi.stanford.edu/docs/fsi_faqs/.

别重要的目标,就是将斯坦福大学推到世界前沿。

弗里曼·斯波利国际研究所不颁发证书,只为了科研训练和教育的目的。具体任务是:

(1)超越传统的学术边界,创造新的跨学科课题。

(2)研以致用。

(3)使所有师生获得丰富的教育体验。[①]

3. 弗里曼·斯波利国际研究所的构成

弗里曼·斯波利国际研究所共有150名职员,包括教师、研究员和访问学者,来自7个不同学院及研究生院。

弗里曼·斯波利国际研究所是斯坦福大学专为研究国际问题与挑战而开设的,由以下4个研究中心构成。

(1)民主、发展与法治研究中心(Center on Democracy, Development, and the Rule of Law)。民主、发展与法治研究中心成立于2002年。它通过研究不同文化、培训学员、开展各种科研活动,旨在促进政治对话和相互理解,提高经济和政治发展水平。民主、发展与法治研究中心已经举办了大约36个会议和研讨会,讨论民主问题,讨论如何促进民主、经济发展、自然资源管理以及治理和法治问题。通过其合作项目,民主、发展与法治研究中心已经出版或帮助出版了超过15本有关国际问题研究的书籍。

2006—2010年,民主、发展与法治研究中心已接待了来自62个国家的领导人,2010年,他们还为本科生开设了民主、发展和法治方面的基础课程,每年秋季有超过150名学生修读这些课程。[②]

---

① Stanford [EB/OL]. [2010-03-11]. http://fsi.stanford.edu/docs/about_fsi/.

② Stanford [EB/OL]. [2010-03-11]. http://cddrl.stanford.edu/docs/about_cddrl/.

高等教育热点问题研究

（2）健康政策研究中心（Center for Health Policy）。健康政策中心位于斯坦福大学校园中央，在弗里曼·斯波利国际研究所和医学院的双重领导下，关注国内外健康政策和临床实践问题的创新研究。①

（3）国际安全与合作研究中心（Center for International Security and Cooperation）。国际安全与合作研究中心的成立，最早可追溯到越南战争时期。当时的巴顿（John Barton）等三位教授，发现学生们对战争和安全政策缺乏了解，于是决定建立一个教学环境，以便学生从不同的学科角度研究国际安全问题，了解政府的政策是如何形成的。1970年，国际安全与合作研究中心正式成立，主要以军备控制与裁军为主题，重点围绕核武器控制问题开展研究。这个研究中心以改变世界的国际安全为主题，每年冬季定期开班，由国际安全与合作研究中心的教授以教学团队的方式进行授课。多年来，这样的课程已影响了成千上万的斯坦福大学本科生。

国际安全与合作研究中心主要强调以下三个任务：有关国际安全问题的政策研究；教育和培养下一代的安全专家；研究影响国际安全的决策。②

（4）沃尔特·H·苏朗斯坦亚太研究中心（Walter H. Shorenstein Asia-Pacific Research Center）。苏朗斯坦亚太研究中心专注于现代亚洲问题的跨学科研究。其主要任务是：制作和出版有关亚太的跨学科研究成果；培训学生；与企业和政府机构进行合作；促进亚洲与美国的建设性互动，以影响美国的亚太政策；引领亚洲国家实现社会转型和发展，促进美国和亚洲关系的发展以及实现区域合作。③

---

① Stanford［EB/OL］.［2010-03-11］. http://healthpolicy.stanford.edu/docs/about_chppcor/.

② Stanford［EB/OL］.［2010-03-11］. http://cisac.stanford.edu/docs/cisac_history/.

③ Stanford［EB/OL］.［2010-03-11］. http://aparc.stanford.edu/docs/about_aparc/.

4. 弗里曼·斯波利国际研究所的资金来源

弗里曼·斯波利国际研究所的大部分研究活动都得到了来自个人和公司的捐助。2008—2009年度，大约有2 800万澳元的预算，其中85%是来自捐赠，只有大约10%是学校的正常拨款，其他附属收入占5%。

5. 申请弗里曼·斯波利国际研究所项目的方法

弗里曼·斯波利国际研究给教师、本科生、研究生、博士后、研究员或国际访问学者提供研究机会，培养他们在国际领域的研究技能和能力。要想获得资助，就要选择适合自己的项目，因为每一个项目都有不同的资助额度、资格及准则，所以项目均可以从中间弹出的窗口菜单中选择。

七、斯坦福大学高等教育国际化的政策制度

宏观政策是指从整个学校长远战略发展的角度制订的政策；具体操作政策、制度文件是指对学校局部问题的发展制订的管理政策。

（一）宏观战略、规划文件

关于宏观战略、规划文件，在本章的开头"二、斯坦福大学高等教育国际化的兴起与发展"中有更为详尽的介绍，因此以下仅做补充说明。

1."办学宪章"

"办学宪章"奠定了斯坦福大学国际化教育理念的基础。1885年11月11日，斯坦福先生召集速记人员，口述了捐赠办学的原则，这些原则后来成为斯坦福大学的"办学宪章"。在规定捐赠的数量、学校的规模、组织和责任外，特别确定了学校的目标：应该使学生"有个人成功和有效生活的品质；受到人道和文明的熏陶，通晓法律约束下的自由之可贵，懂

得热爱和尊重人类生而享有的生存、自由和追求幸福的权利，从而推进公众的福利"。

2."学术尖端"构想

"学术尖端"（Steeples of Excellence）构想的提出，对斯坦福大学国际化影响巨大，它有助于斯坦福大学国际化办学理念的深化和具体化。2006年12月15日，斯坦福大学校长亨尼斯接受《文汇报》记者采访时表示，这一构想是在1950年提出的。① 最先提出的是斯坦福大学教授特曼，它包含两层意思，一是吸引顶尖人才。对此，特曼曾有形象的解释：一个运动队里与其个个都能跳6英尺高，不如有一个能跳7英尺高。同理，如果有9万澳元在手，与其平均分给5个教授，每人得1.8万澳元，还不如把3万澳元支付给其中一名佼佼者，而让其他人各得1.5万澳元。只要有好的教授，他们就会吸引政府的投资，也会吸引研究生和有发展潜力的年轻人，使学校兴旺发达。

"学术尖端"构想的另一层意思是树立若干学术上的顶尖科系。他认为首先的突破口有3个：化学、物理和电子工程。事实上，物理和电子工程直到今天还是使斯坦福大学享誉海内外的两大优势。②

3."斯坦福大学的挑战"

"斯坦福大学的挑战"成为斯坦福大学国际化办学的又一里程碑。

在斯坦福大学董事会一致同意和支持下，斯坦福校长亨尼斯于2006年

---

① 斯坦福大学校长：我们非常强调学术出类拔萃［EB/OL］.［2006-12-15］. http://www.wyzxsx.com/Article/Class20/200612/13083.html.

② 《计算机教育》半月刊［EB/OL］.［2005-05-27］. http://www.gotoread.com/mag/12129/sarticle_19301.html.

第五章 斯坦福大学的高等教育国际化

10月宣布了一项雄心勃勃的大学改革方案：寻求解决本世纪全球最紧迫的挑战，培养未来领袖和加强尖端水平的学术研究。为使这一方案顺利实施，他制订"一揽子"执行框架，决定在5年内为实施这一方案筹款43亿澳元。

正如斯坦福大学董事会主席麦克默特里（Burt McMurtr）所言：实施"斯坦福大学的挑战"方案是这所大学历史上最高瞻远瞩和最富开拓精神的一项改革运动。[①]

（二）具体操作政策、制度文件

1. 学习规划（Academic Planning）

斯坦福大学要求学生一进校门就必须在老师和同学的指导下制订详细的学习规划。规划包含以下内容：学业指导、学业政策、学习要求、课程选择、专业选择、出国计划和学分要求等。[②]

不少专业的毕业学分明确要求国际学习经历和学分，如东亚研究专业、比较文学专业、国际关系学专业、俄罗斯文学与哲学专业等。[③]

关于出国学习要求，斯坦福鼓励学生一进校门就要定好出国的计划，本科生每年约有一半的学生会出国学习考察。

2. 斯坦福大学商学院2007年国际化课程改革方案

这一方案明确要求在校生前两年必须参加国际化教育实践活动。这一要求是斯坦福大学各学院和各专业不曾明确提出过的，是斯坦福大学教育国际化进程的一个拐点。

---

① stanford［EB/OL］. http://news.stanford.edu/pr/2006/pr-challenge-101106.html.
② 学习规划［EB/OL］.［2010-05-10］. http://ual.stanford.edu/AP/index.html.
③ 本科专业学分要求［EB/OL］.［2010-03-11］. http://www.stanford.edu/dept/registrar/bulletin/4892.

高等教育热点问题研究

斯坦福大学商学院的国际化课程方案具有以下特点：更加注重专业个性化，更加注重智力训练，更加注重全球化课程，更加注重培养学生领袖才能和交流能力；对每一个学生，要求在校的一二年时间内要有国际教育经历。①

3. 教师委员会制度（Committee Policy）

弗里曼·斯波利国际研究所为本科生、研究生、教师和访问学者提供范围广泛的奖学金和助学金资助。对于每一笔基金，都选择一个遴选委员会，以确定收受人和奖金的大小。

每个委员会由3～10教师组成，选择委员会教师的标准是：坚持诚信原则，有丰富的科研经验、出色的判断力和敏锐的怀疑精神。在确定该委员会的成员时，寻找那些研究兴趣中至少有一个领域与评审项目的研究内容相关，在其研究领域里有广博知识的人。最重要的是，在其研究专长内外，对一些创新思想和重要问题有着浓厚的兴趣。委员会成员从不同学科出发，会带来不同的研究经验，但每个成员都不会代表某一学科发言。由于该委员会作为一个群体运作，因此每个提名项目的选择都代表着集体的决定，代表从广泛的洞察力和各种视角出发所做出的英明判断。

在每次评审周期结束时，教师委员会的一些成员会离开，个别成员会留下来继续为研究所服务，一般服务时间为2～3年。选拔过程是匿名的，所有参与者将保持通信保密。匿名措施可以保护委员们不受到各种请托和人情的干扰。

此外，过去的经验表明，人们更愿意相信第一印象。因此，如果项目

---

① Stanford Graduate School of Business Adopts New Curriculum Model：Highly Customized Program Plannedfor［EB/OL］．［2010-05-10］．http：//www.gsb.stanford.edu/news/headlines/new_mba_curriculum.shtml.

第五章　斯坦福大学的高等教育国际化

组成员保证不会透露他们成员和评审委员会成员的信息，研究所也会进行面对面的评审。①

需要说明的是，弗里曼·斯波利国际研究所教师委员会只是国际科研项目的评审组织，不是学位授予机构，因此，无权"核准"申请者成为斯坦福大学的学生。

八、斯坦福大学高等教育国际化的师资

教师是斯坦福大学保持卓越的关键。斯坦福大学教育国际化的教师包括两部分，一部分是来自世界的学者，另一部分是本校教师。

（一）来自世界的访问和交流学者

从 1997 年到 2008 年的 10 年间，来自世界的访问学者和博士后研究人员增长了 21%，达到 1 880 人。（图 5.2）

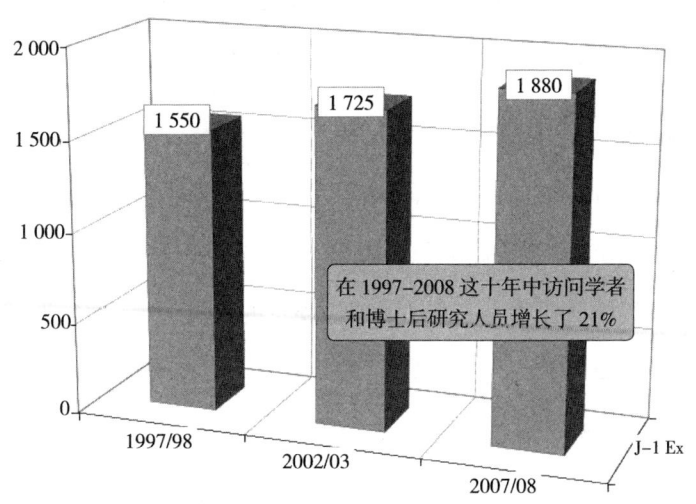

图 5.2　1997—2008 年来自世界的访问学者和博士后研究人员人数

---

①　教师委员会［EB/OL］．［2010-05-10］．http://fsi.stanford.edu/docs/fsi_committee_policy/．

从 1999 年到 2008 年的 9 年间，来自世界的交流学者增长了 26.6%，达到 1 115 人。①（图 5.3）

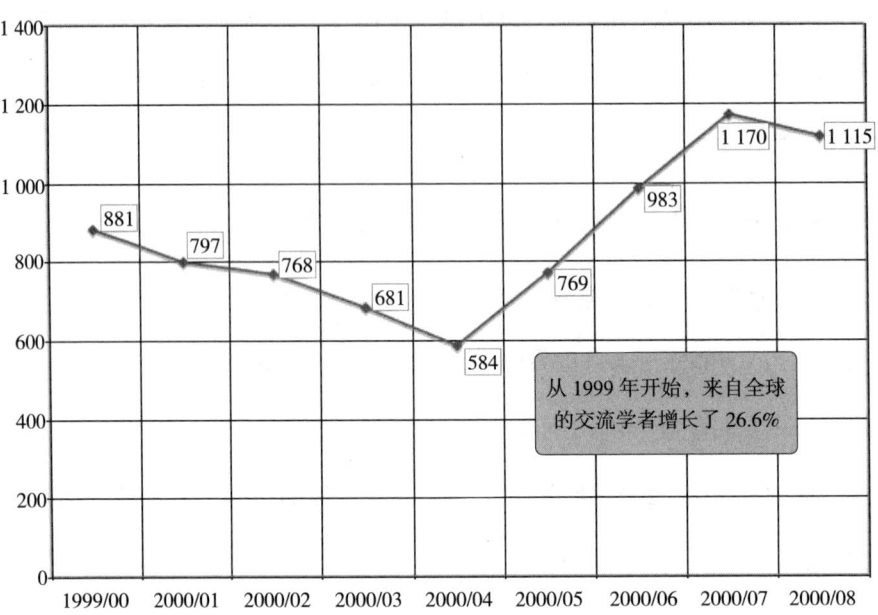

图 5.3　1999—2008 年来自世界的交流学者人数

（二）教师的参与

截至 2009 年末，斯坦福大学共有 10 101 位教职工，包括 5 051 位管理和专业工作人员，2 851 位文职和技术人员，731 位服务和维修人员，1 468 位斯坦福直线加速器中心国家加速器实验室的雇员。

斯坦福大学在任教师 1 910 位。教师来自世界各大洲，雄厚的师资力量，组成了壮观的"联合国军团"。②（表 5.10）

---

①　年度报告［EB/OL］．［2010—05—10］．http: //annualreport.stanford.edu/．
②　Stanford facts2010［EB/OL］．［2010—02—20］．http: //www.stanford.edu/about/facts/.html．

第五章 斯坦福大学的高等教育国际化

表 5.10　斯坦福大学教师来源结构

地区	人数	比率/%
非洲、北美黑色	48	3
亚洲	290	15
西班牙	61	3
美洲本地	3	<1
夏威夷	1	<1
非少数民族/太平洋群岛	1 502	79
不明种族	5	<1

不同族裔人员组成的教师队伍，不论是普通教师还是诺奖获得者，都要为本科生上课。

斯坦福大学的国际化项目对全校教师公开。只要研究专业与研究主题——和平、安全、管理和人类福祉等相关，以及与全球化、技术、文化和价值等目标相关，都可以申请参加。参加国际化研究的教师，将享受以下待遇。[①]

（1）获得国际化项目有关活动与资助优先权。

（2）在"斯坦福挑战"行动中提高知名度。

（3）著作优先出版权。

（4）在项目网页上使用斯坦福大学国际化项目的标志。

（5）在斯坦福大学网络下载平台的国际化栏目上传视听材料的优先权。

1. 国际化研究的教师招聘

国际化课题的研究教师或跨国课题研究教师，需要进行选聘。斯坦福大学参与国际化研究的教师的选聘是公开的，经过严格考核才能录用。教

[①] Research Affiliates Program [EB/OL]. [2010-02-10]. http://international.stanford.edu/research_affiliates.html.

师选聘过程如下。

由于斯坦福大学资助者的慷慨解囊,学校可以为斯坦福各分校设置许多的教学岗位以招聘更多的教师,这些教师的研究将有助于学校实现国际化的教育目标。

多数情况下,招聘的职位要求两个不同教学部门联合任命。当然,这些岗位的招聘工作将向所有学院开放,并通过竞争获得。如果相关系部或学院有兴趣为某个职位担保,可以向系部或学院推荐,在与系部或学院主任商量后,所有提名可以提交给相关教学委员会审议。

国际项目的教师招聘决定,由执行委员会向系部、学院与学校领导咨询之后做出。以下招聘计划为校方认可的项目。

第一步(2006—2010学年)

招聘两位国际健康专业的教师:一位需具有高级职称,能作为国际健康专业的学科带头人;另外一位不限职称。招聘两位全球化问题及相关领域研究专家,职称不限。招聘一位南非问题及相关研究领域专家,职称不限。

第二步(2008—2012学年)

招聘以下四个职位:研究领域聚焦亚洲的人力资本、机构与市场、文化、价值研究。

第三步:确认。

引进教师的决定最终由学院院长和执行委员会代表做出。①

2. 辉煌的科研成果

教师参与国际化教育的热情,不仅体现在日常课堂教学中,也体现在众多国际前沿的研究与辉煌的业绩中。斯坦福大学所招教师的科研水平要

---

① http://iis-db.stanford.edu/docs/108/2010_SPICE_MS_Seminar.pdf, 2010-02-10.

第五章　斯坦福大学的高等教育国际化

求在本研究领域内世界领先。从诺贝尔奖获得者到普通教师，所有的人都在科学、商业、艺术和他们感兴趣的领域进行有关国际前沿问题的研究。自创立以来，斯坦福大学教职工中共诞生了35名诺贝尔奖获得者（截止至2022年1月27日）。[1] 斯坦福大学在科学各领域为人类做出了突出贡献。如：1968年，斯坦福大学的教授成功实施世界上首例人工心脏移植手术。从人类心脏移植手术到音乐合成器的发明，斯坦福大学教师所做的许多科学创新可彪炳史册。这些科学成果与以下学者的贡献紧密相连：20位诺贝尔奖获得者（20 Nobel laureates）；4位普利策奖得主（4 Pulitzer Prize winners）；35位麦克阿瑟研究员（35 MacArthur Fellows）；10位国家科学奖章者（10 recipients of the National Medal of Science）；3位国家科技奖章者（3 National Medal of Technology recipients）；303位美国艺术与科学学会成员（303 members of the American Academy of Arts and Sciences）；174位国家科学院成员（174 members of the National Academy of Sciences）；113位国家工程院成员（113 National Academy of Engineering members）；28位国家教育学院成员（28 members of the National Academy of Education）；47位美国哲学学会会员（47 American Philosophical Society members）；6位沃尔夫基金奖获奖者（6 Wolf Foundation Prize winners）；1位总统自由勋章得主（1 Presidential Medal of Freedom recipients）。[2]

九、斯坦福大学高等教育国际化与人才培养

斯坦福大学严格控制招生规模，多年来，斯坦福大学一直走精英教育

---

[1] Stanford University［EB/OL］. https://facts.stanford.edu/academics/faculty/.

[2] Stanford University［EB/OL］. https://facts.stanford.edu/academics/faculty/.

之路。

（一）国际化教育纳入通识教育课程要求

斯坦福大学生师比4∶1，具有强大师资优势。学生修满180学分方可毕业。包括专业、写作、修辞、一年外语学习和以下教育课程模块课程的学习：人文教育模块（Introduction to the Humanities）；专业教育模块（Disciplinary Breadth）；公民教育模块（Education for Citizenship）。

其中，"公民教育模块"要求在"道德推理、国际社会、美国文化和性别研究"中，至少选择两类课程各修一门。斯坦福大学每年三个学期，每学期选课学分不得多于20学分。① 学生可通过校园"bulletin"系统进行选课。

（二）注重学生参与国际课题研究

为了理解国际问题的奥妙，学生需要在不同领域进行交叉训练。在国际化问题上，学校为研究生和本科生提供研究资金。许多新课程由来自不同院系、不同专业，如政治、工程等专业的教师进行团队教学。

斯坦福大学相信，学生参与研究能促进学习水平的提高。本科生咨询与研究办公室建议、资助和鼓励本科生参与新知识的探索。学校鼓励和资助学生参与教师课题研究。

本科生研究与公共服务专题研讨会为本科生提供学术研究机会。在2008—2009学年，大约有400万澳元被用于赞助1 000多个学生参与相关研究项目。有200个学生在本科生研究与公共服务专题研讨会上作主

---

① 斯坦福大学［EB/OL］.［2021-02-17］. http：//ual.stanford.edu/AP/academic_policies/AcPolicies.html.

题报告。①

（三）注重学生海外学习研究经历

申请海外学习机会，须提前两学期申请，并须制订详细的学习规划。

2004年5月27日上午，斯坦福大学校长亨尼斯博士访问北大。他说，要建成世界一流大学，主要依靠两个方面：一是高素质的教师；二是高素质的学生。在培养高素质的学生方面，亨尼斯校长认为最重要的是要培养学生的独立思考能力，让学生学会批判性地看问题并提出自己的看法，在科学的领域中不断创新。

（四）斯坦福大学培养了众多世界精英

斯坦福大学教师和校友帮助创立了大约1 200家公司，包括思科、易趣、谷歌、惠普和雅虎等国际知名公司。斯坦福大学师生的发明技术已获得超过1 500项美国专利和2 500份执照（转化技术），这些技术涉及医疗、医学成像、生物技术和制药工业，以及其他高科技产业，等等。斯坦福大学的毕业生成为世界各领域的精英。

斯坦福大学知名校友。

朱棣文：美籍华裔，1997年诺贝尔物理学奖获得者，前美国能源部部长。

莱德：美国第一位女宇航员。

杨致远：雅虎创办人之一，曾任雅虎CEO，美籍华裔。

王文华：中国台湾作家及节目主持人。

刘宏恩：中国台湾法学家。

费翔：美籍华人歌手。

---

① 斯坦福大学［EB/OL］．［2021-02-17］．http://www.stanford.edu/about/facts/.

高等教育热点问题研究

谢尔盖·布林：谷歌创办人之一，美籍俄裔。

拉里·佩奇：谷歌创办人之一。

陈岳鹏：中国香港汇贤智库政策发展总监。

麦克·穆西纳：MLB 知名球星，目前效力于纽约洋基队。

丹·米尔曼：运动员、《和平战士》一书作者。

威廉·休利特：惠普公司创始人之一。

梅汝璈：远东国际军事法庭的中国法官。

黄蓝萱：中国台湾数学家，微分几何学家。

曾于容：中国台湾数学家，代数几何学家。

鸠山由纪夫：日本前首相。

麻生太郎：日本前首相。

梅里莎（Marissa Mayer）：Google 公司搜索产品和用户体验部门的副总裁。①

十、斯坦福大学高等教育国际化的评价

斯坦福大学认为，21 世纪的大学有责任和义务将其教育资源用来应对当今复杂的全球性问题。大学里不同学科与专业的交叉与会聚，使大学特别适合在寻求复杂和相互关联问题的答案方面，发挥中坚力量。

此外，斯坦福大学的教育使命旨在培养学生离开校园后，能够帮助塑造一个更加美好的世界，并对此工作孜孜以求、勇当尖兵。

斯坦福大学不是唯一一所致力于解决棘手的全球性问题以及教育学生成为未来的领导者的大学，但它在以下领域表现出其独特的优势。

---

① 斯坦福大学 [EB/OL]．[2021-02-17]．http://baike.baidu.com/view/13725.htm1.

第五章　斯坦福大学的高等教育国际化

1. 卓尔不群（Exceptional Breadth of Excellence）

斯坦福大学7个学院均出类拔萃，其卓越的教育成就与各研究中心和机构密切相关。一流的院系和专业遍布整个校园，教师是各自领域里知名的领军人物，包括诺贝尔奖获得者、麦克阿瑟奖获得者、普利策奖获得者，以及众多荣获杰出贡献奖的科学家。斯坦福大学拥有大批优秀学者，致力于研究全球面临的挑战。世界上很少有研究机构，能与斯坦福大学在研究领域的广博和取得的卓越成就方面相提并论。

2. 学研致用（Translating Research into Practice）

斯坦福大学的研究技术、治疗方法和教育理念的创新与应用，科技产业化、发展速度和应用范围均令人叹为观止。斯坦福大学的研究转化为实践应用的记录是无与伦比的。斯坦福大学的企业家思维（entrepreneurial thinking）与工业界、政府和其他合作伙伴相结合，使得其研究能够进行实践应用。而研究与实践相结合的教育模式，对克服21世纪世界的挑战至关重要。

3. 整体优势（Overall Advantage）

斯坦福大学有其强大的整体优势。7个院系中，每个都很突出，并且以低门槛的合作历史赢得众多赞誉。为了迎接挑战，斯坦福大学各个院系、独立机构和研究中心之间并非孤军奋战，而是组成一个整体，一个强大的斯坦福大学整体进行奋战。

4. 理念领导（Pioneering Spirit）

斯坦福大学以国际化先进理念领导师生，对师生和未来领导者产生深层次启发。

斯坦福大学的精神理念已经融入大学的制度文化之中，使人更加英勇无畏和开拓进取。面对未来的困难和挑战，斯坦福大学以乐观的心态、充满创造力的精神和足智多谋的大脑去迎接挑战，以坚定不移的决心去争取成功。①

十一、斯坦福大学高等教育国际化的启示

（一）大学应具有国际化视野

在各领域国际化趋势风起云涌的今天，大学特别是研究型大学，承担着培养社会精英的责任，因此培养的学生一定要有一定的国际化的视野。斯坦福大学大概有50%的学生在本科期间就到国外去交流学习。把学生送出国门学习，并不是说本校的教育资源不好。我国不少大学，尤其是研究型大学，其实也拥有很好的教育资源，但我们应该认识到并不是全世界最好的教育资源都由我们掌握，即使一些资源是最好的，我们也希望同学们到外面走一走、看一看，使视野变得更开阔。清华大学可以说是我国高等教育的排头兵，在各种评比和排名当中一直居于全国前列，拥有最多的院士、最多的学者，学科评估当中重点一级学科数量22个，是全国最多的，在一级学科里排名全国第一的有12个，也是全国最多的，等等，这些情况都充分反映了清华大学的办学实力，80%博士生都有国际学术活动或者访问机会，30%以上的本科生有到海外交流和学习的机会，而大量其他高校并不具备这样的教育资源和条件，能享受到国际化培训福利的本科生比率比清华大学低得多。因此，为适应我国高速与国际接轨的经济与教育发展前景，我国大学尤其是研究型大学，应以国际化胸怀，逐步增加本科生

---

① Only at Stanford［EB/OL］.［2021-02-21］. http://stanfordchallenge.stanford.edu/get/layout/tsc/OnlyAtStanford.html.

接受国际化教育的机会,支持本科生走出国门。①

（二）引进和培养世界一流的师资力量

以人才战略引领国际化战略,着力引进和培养世界一流师资力量,着力培养世界一流人才,是斯坦福大学给我们的另一重要启示。斯坦福大学教育国际化的明显特点是它拥有世界一流的师资。早在建校初期,斯坦福先生就意识人才对斯坦福大学发展的重要性。第一任校长乔丹回忆说:"斯坦福先生要我物色最优秀的教师,他坚决不要那些徒有虚名和游手好闲的人担任教授。"②

的确,优秀的教师能够吸引优秀学生和做出高水平的研究成果,不断提升学校社会学术声誉和地位,还能够获得最大限度的外界支持。截止2020年,这所大学的现任教职工中有19位诺贝尔奖得主、1位菲尔兹奖得主、4位普利策奖得主、18位美国国家科学奖章得主和29位麦克阿瑟天才奖得主、163位美国国家科学院院士、101位美国国家工程院院士、287位美国文理科学院院士。斯坦福大学的国际化与其自身拥有世界一流的师资力量是分不开的。这些美国学术界的重量级人物在各自的领域做出了重要贡献,为斯坦福大学赢得了牢固的学术地位和世界声誉。我国大学应用更加优惠的政策、更加有力的措施、更加便利的引进机制、更具活力的用人环境,吸引世界一流教师,这是创办世界一流大学的关键。③

---

① 新浪教育:清华招办主任孟芊谈09年高考招生[EB/OL].[2021-02-26]. http://edu.sina.com.cn/gaokao/2009-04-10/1511195311_3.shtml.

② 赵鹏程.斯坦福大学给我们的启示[J].四川师范学院学报(哲学社会科学版),1996(1):102-103.

③ Stanford Facts[EB/OL].[2021-02-26]. http://www.stanford.edu/about/facts/pdf/StanfordFacts_2010.pdf.html.

（三）精英化教育

为了培养世界一流人才，一直以来，斯坦福大学坚持走精英教育之路。虽然世界各地的学生慕名而来，但斯坦福大学坚持控制学生规模。1970年本科学生有6 221名，研究生有5 217名；2016年，本科生有6 994名，研究生有9 128名。在长达46年的时间里，本科生增加773名，研究生增加了3 911名。生师比为4∶1。如在法学院，多年来学生规模保持在500名左右，教授40名左右，每年招生录取率仅在3%左右，MBA专业每年约有5 000名申请者，最多的一年达到8 000人，而录取率只有7%。斯坦福控制规模、坚持优异，在学生录取中并不以成绩为唯一标准。正如其招生主任所言：如果我们想要录取的新生全部是高中成绩排名第一的，我们可以做得到，但那不是我们唯一的标准。非常高的淘汰率、坚持选拔优秀学生，是斯坦福大学永恒的追求。

如果斯坦福的校园增加一倍，学生的人数也增加一倍，那么我们这所大学要花20年才能达到原有的教学质量。斯坦福大学校长亨尼斯曾说。

对一所大学而言，它能够在短时间内建造大批新建筑，但不可能增加同等数量的教授。因此，扩招对学校而言，应是一个慎重的选择，它会在一定时间内带来教学质量的下降。亨尼斯介绍，最近几十年中，美国著名的几所私立大学如哈佛大学、麻省理工学院、斯坦福大学等，学生人数始终保持在1.5万~2万人之间。每年申请斯坦福的学生有3万多人，但斯坦福始终保持高录取门槛。在我们的高校争相扩大招生规模之时，对于如何稳定招生规模、提高教学质量，斯坦福大学的做法值得借鉴。

学生不多，教授阵容却非常强大。斯坦福以优厚条件吸引一流师资前来，一个副教授职位空缺，百人来应征的情形并不罕见。这正是清华大学老校长梅贻琦所说的："所谓大学者，非谓有大楼之谓也，有大师之谓也。"

（四）学科交叉，产学研一体

斯坦福大学的校训是"自由之风劲吹 Die luft der Freiheit weht"，意在鼓励和保证学校师生能自由地从事科学研究，培植"创新"的土壤。

在校长亨尼斯看来，建立创新环境有三个内部因素：第一是选对人，第二是时刻生活在技术的前沿，第三是寻找划时代意义的技术。斯坦福大学非常注重从学科交叉中寻求创新突破。很多教授的办公场所不是按学科或系分，而是按研究方向放在一起。研究生可以选修全校所有的课程，包括价格不菲的法学院和商学院课程。斯坦福大学的项目研究组，可以混合多种学科的研究人员，主攻相同或相似的研究方向。这就是斯坦福，通过多学科交叉与产学研一体化，人们可以感受到它孕育奇迹的无穷创造力。

斯坦福大学支持本校的师生创业或是吸引社会公司进校创办新的公司。硅谷80%的企业，是由斯坦福大学教师与学生创办的。HP、Sun、雅虎和谷歌这些精英企业的创立者，也正是斯坦福的学生或校友。可以说，没有斯坦福，就没有硅谷。硅谷最早的创业者是斯坦福大学的两名毕业生：威廉·惠利特和戴维·帕卡特。他们于1938年在一个车库里研制出音频振荡器，并共同创办了惠普公司。现在，惠普公司已成为硅谷雇员最多、闻名世界的高技术公司。斯坦福大学与硅谷的紧密结合，确保了斯坦福大学在世界上的领先地位。硅谷和斯坦福大学的结合，是实现校企互利双赢、产学研一体实践教学的典范。

如果说人才培养、科学研究和社会服务是大学的三大功能。那么在这三方面，斯坦福都堪称一流。我国大学应很好地借鉴这些成功经验，着眼于前沿技术研究和跨学科研究，着力探索产学研的教育振兴之路。①

(五) 广泛深入国际交流

教育国际化既是一种客观的必然趋势，也是一种国际性的普遍现象，有着重要现实意义。斯坦福高等教育国际化就是通过向国外大量派遣留学生、吸引大量的来自世界各地的访问学者和交流学者，设立海外分校和开展国际研究项目等方式进行的，如今已形成了遍布全球的教育网络。这一做法对肩负"科教兴国"使命的我国高等教育界有着深刻的指导意义。首先，高等教育国际化是我国贯彻教育"三个面向"的需要。其次，是实现"教育创新"的需要。创新是民族进步的灵魂，关门搞教育只会落于人后。也就是说，要想在更高水平上实现高等教育的现代化，需要教育深入国际交流。最后，高等教育国际化也是我国加速发展民族教育的需要。教育国际化不是教育上的民族虚无主义，不是要把我们民族教育中已经形成和积累起来的正确的、先进的和优秀的好东西统统扔掉，全部换上西方那一套。要加速实现我国高等教育国际化，应该在国际化思想的指导下，广泛进行国际合作与交流，扬长避短地走出一条有中国特色的高等教育现代化之路。

总之，高等教育国际化既是社会历史发展的需要，也是高校发展的需要。我国高校应充分利用世界教育资源，借鉴世界一流大学的发展经验，实施多种举措推动我国高等教育国际化进程。

---

① 钱锋. 斯坦福是个传奇，一个令人膜拜的传奇［EB/OL］. http://chuguo.ifeng.com/html/xwzx/gn/2227.html.

第六章　美国高校的就业教育

就业教育是以就业择业、职业发展和职场规划为主要内容的职业教育的重要一环。就业教育是高校教育工作的重点与难点。就业教育的质量水平，往往体现一所大学的质量水平；就业率是检验一个专业社会价值的重要指标。我国政府和整个社会普遍比较关注高校的就业教育问题。本章研究美国高校就业教育的改革与发展，及其对我国高校就业教育改革带来的重要启示。

一、美国高校毕业生就业状况

（一）美国高等教育发展规模

根据美国学者马丁·特罗在20世纪70年代提出的高等教育发展三阶段学说，美国的高等教育经历了精英化、大众化、普及化三个历史阶段即18～22岁适龄人口的高等教育入学率低于15%时，称之为高等教育的"精英化"阶段；入学率在15%～50%时，称之为"大众化"阶段；当入学率超过50%时，则进入高等教育的"普及化"阶段。二战后，美国的高等教育以迅猛的态势向前发展，1955～1975年短短的20年内，高等教育入学率由战前的15%逐渐上升到50%，实现了高等教育大众化向普及化的迈进。①

美国高校数量居世界之最，为4 000多所，为美国成为人力资源强国奠定了坚实基础。截至2015年秋季，美国18～19岁青年在高校学习的比率为48.8%，在中专学习的为19.8%，20～24岁仍然在学校读书的比率为38.5%。②说明其教育普及程度相当高。

我国教育部发布的《中国高等教育质量报告》指出：2015年我国高校在校生规模达3 700万人，位居世界第一；各类高校2 852所，位居世界第二；毛入学率40%，高于全球平均水平。2019年，我国高等教育毛入学率达到50%以上，进入高等教育普及化阶段。

（二）美国高校毕业生近年就业状况

1. 总体就业形势

在1998年金融危机以前，美国的就业压力始终与经济发展相伴。20世纪80年代初，美国的失业率在10%左右，但进入20世纪90年代，美国迎来了经济增长与就业增长相一致的"黄金时代"，就业率不断上升，1998年美国失业率下降至4.5%以下。然而，受经济全球化和诸多不确定性因素的影响，美国在进入21世纪后就业形势不容乐观，2003年失业率达到6%，是过去9年的最高水平。尽管如此，按照弗里德曼的自然失业

---

① 冒荣. 高等学校管理学［M］. 南京：南京大学出版社，1997：35.

② Digest of education statistics. Enrollment in educational institutions, Percentage of the population 3 to 34 years old enrolled in school, by age group: Selected years, 1940 through 2015［EB/OL］.［2017-01-05］. https://nces.ed.gov/programs/digest/d16/tables/dt16_103.20.asp.

第六章 美国高校的就业教育

率假定，社会经济体中有一定水平的失业率是不可避免的，自然失业率是指劳动力市场达到均衡、实现充分就业时的失业率。大多数经济学家认为，美国在20世纪80年代以来达到几近"充分就业"的水平。

2007年，美国发生次贷危机，继而引发全球金融危机，随着金融危机向实体经济蔓延并导致全球经济减速，大量经济实体破产，引发全球就业萎缩。按照美国经济普查局的定义，2007年12月美国经济正式步入衰退期，并使得劳动力市场持续恶化。失业率持续攀升，就业人口比例不断下降。

2007年美国就业率和失业率出现拐点，劳动力市场形势不断恶化，比近两次经济危机（1990年和2001年）期间要严重得多。据统计，2009年10月，美国失业率升至10.2%，是美国历史26年来的最高水平。

面对严峻的就业形势，美国政府把促进就业提到战略高度，并采取了一系列相应的政策。失业率的改善一般落后于经济复苏。在过去的金融危机中，经济复苏之后一般平均需要4～5年，就业率才能恢复到危机前的水平。据美国ADP（美国自动数据处理公司）2010年数据显示，伴随经济复苏迹象的开始，美国就业市场降幅的趋势逐渐放缓且出现弱势复苏迹象。ADP和宏观经济咨询公司2010年1月6日发布的全美就业报告显示，美国2009年12月私营部门就业人数减少8.4万人，为2008年3月以来最小的减幅，而服务业就业有所增加。

2010年3月7日，ADP公布的全美就业报告显示，2月美国私营部门就业人数仅减少20 000人，远远小于此前预期的50 000人，创下自2008年2月开启下行走势以来的最小降幅。美国劳工部（Labor Department）2009年3月18日发布的报告显示，截至3月13日，当周首次申请失业救济人数下降 5 000 人至 457 000 人，持续申请失业救济人数降至 2009 年 1 月以来的最低水平。从企业类型看，大型企业的岗位减少情况严重，而中小企业的服务类行业则出现岗位增加的情况。①

2011 年以来，美国经济增速下滑以及企业新增就业岗位不足，已成为美国政府面临的严峻挑战。美国劳工部的数据显示，2011 年 8 月美国非农部门失业率与前一个月持平，保持在 9.1% 的高位。2011 年初到 2011 年 9 月 9 日，"创造就业"这个词被美国国会重复了 1 236 次，除去休会期，几乎每小时被提一次；与此同时，美国前总统奥巴马说了 116 次，几乎每隔一天重复一次。② 可见，2011 年以来，美国总体就业形势不容乐观。

2. 近年美国高校毕业生就业情况

2008 年底开始的金融危机使美国大学毕业生在 2009 年遇到就业寒冬。根据美国大学和雇主协会（National Association of Colleges and Employers）2009 年 4 月对 850 所大学的 3.5 万名毕业生所做的抽样调查，申请工作的应届毕业生中仅 19.7% 的学生找到了工作，而在 2007 年这一比例是 51%。

在经济不景气、找工作难的情况下，2009 年美国应届毕业大学生有意愿找工作的人数也大幅降低。在大学应届毕业生中，只有 59% 的学生去找工作，而在 2007 年这一比例是 64%，2008 年为 66%。

2009 年后美国经济开始复苏，美国高校毕业生（25 ~ 34 岁）的就

---

① 苑媛. 金融危机下美国促进就业的政策选择与启示 [D]. 河北师范大学，2010：38.
② 搜狐时事新闻视频. 奥巴马刺激就业计划 [EB/OL]. [2011-09-07]. http://tv.sohu.com/20110909/n318864994.shtml.

业状况有所好转，这一现象在高学历者中体现最明显。据美国国家教育统计中心发布的报告《2011年教育状况》（*The Condition of Education 2011*），2010年，25~34岁拥有至少一个本科学位证书的美国人，获得全职工作的机会比没有完成大学教育的同年龄段美国人高出了30%，说明在经济萧条时期，面对激烈的就业竞争，获得"双学位"以上者更有优势。"艺多不压身"，就业时硬实力派上了用场。

总的来说，拥有高学历的人比没有高学历的人就业率要高。以2015年为例，20~24的年龄段，美国全国就业率是71%，本科以上学历的毕业生就业率是89%，而没有完成高等教育的人就业率是51%。同时，调查发现，在这个年龄段的男性就业率为75%，高于女性68%的就业率；而完成高等教育的男性就业率为71%，女性为62%。未完成高等教育的男性就业率为60%，女性为42%。并且，对于大于24岁的年龄段，男性的就业率也高于女性。

2008—2010年属于美国经济萧条时期，在经济萧条开始的2008年，美国就业率为73%，低于2000年的77%。而在经济萧条结束的2010年，就业率也仅为65%。到2015年，就业率有所上升，达到71%，但仍然无法恢复到经济萧条前的就业水平。同样，对于20~24岁年龄段，接受了或没有接受高等教育的毕业生，就业率的变化相似。在2015年没有完成高等教育的毕业生，就业率为51%，高于2010年的44%。

（三）美国高校毕业生就业特点

1. 高学历占有利地位

人才需求结构发生变化，知识经济要求人才的学历不断提高。美国近年开始从制造型经济逐渐向知识经济型过渡，雇佣人员模式也因此发生相应转变，对被雇佣的人员学历要求较高。工厂削减的岗位主要集中在对学历要求不高的制造业和运输业。与制造业在美国经济中所占比例日益缩小形成强烈反差的，是服务业所占比例越来越大。但不少制造业裁减下来的人员，因缺乏服务业的相关技能和知识而无法找到工作。美国的人才市场表明教育程度越高，就业也就越稳定。

以高科技、知识密集型产业为主的服务业创造了大量的就业机会。但美国服务业领域也需要众多从事脑力劳动的电子数据处理、金融服务、法律咨询、医疗保健等专业技术人才，这对从业人员学历的要求提高了。总体来看，研究生的就业压力远小于本科生，失业率相对较低。受教育程度越高，在就业竞争中越有优势。

2. 女生就业逐步突破传统行业

美国国家教育数据统计中心调查显示，2004年，20～25岁大学本科男生就业率为80%，女生就业率为77.7%。25岁以上本科男生就业率为80.6%，女生就业率为70.9%。美国女大学生协会调查显示，尽管女性受教育程度高于以往，而且可以进入较高的层次，但大部分女生就业仍局限在一些传统行业。据美联社报道，接受大学教育的很多美国女性从事教师和护理工作。

3. 就业服务形式、服务渠道多样

美国大学毕业生就业完全依照市场规律运行，已经形成了良性的运行机制。美国劳动就业服务机构很多，劳工部、学校、中介机构和用人单位协同为毕业生服务。美国各高校就业指导机构对学生进行就业指导并提供就业信息，每年还向雇主推荐学生就业，举办就业洽谈会。经学校推荐的毕业生就业成功率通常高于其他渠道。美国70%的毕业生是通过教授、导师、就业机构推荐就业的。

4.通过创业教育提高就业能力

美国的创业教育已纳入国民教育体系，贯穿于从初中、高中、大学本科直到研究生的正规教育。高校的创业活动已成为美国经济的直接驱动力，许多著名高科技公司几乎都是大学生创业者们的成果。

5.通过大学排名激励大学提高就业率

每年，美国有关机构要按国立和私立两种类型对美国大专院校进行评估，以此得出当年的大学排行榜。排行评比中的主要6种指标之一就是毕业生就业率，包括毕业生的一次就业率、雇主对毕业生的满意度、毕业生的工资收入等。《美国新闻与世界报道周刊》公布的大学排行榜，其评估指标包括总体质量评估、教学和科研评估以及毕业生的成功情况评估。[①]

二、美国高校就业教育课程

（一）就业的视角：美国研究型大学本科课程结构

美国高等教育体系的许多方面在世界上都是杰出的。它的发展速度、学术成就、研究领域以及人才培养质量等都是无与伦比的。与我国大学课程设置体系不同，美国大学没有一个适用于全校全体本科生的统一的课程体系，也没有一个适用于各院本科生的统一的课程体系，甚至没有一个适

---

① 闫成文.美国大学生就业指导体系初探及其对我国的启示[D].东北师范大学，2008：6-9.

用于各专业本科生的统一的教学计划。他们的课程体系或教学计划是一个由各类必修课、限选课和任选课组成的具有很大弹性的、适应本科生各种学习需要的、庞大的课程体系。大致而言，一所研究型大学本科课程通常可以分为主修课程（major/concentration）、通识课程（general education，包含 basic requirements）和自由选修课程（electives）三大类[①]，这三类课程构成了美国研究型大学基本的课程结构（见图6.1）。

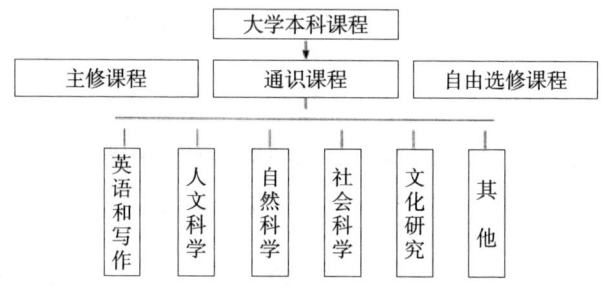

图 6.1　美国大学的本科课程结构

如宾夕法尼亚大学的课程结构是：通识教育课 + 专业课 + 自由选修课程，如表6.1所示。

表 6.1　宾夕法尼亚大学课程结构

通识教育课程		选修课	专业
基本方法 写作 外语 定量数据分析 形式推理与分析 跨文化分析 美国的文化多样性	部门 1. 社会 2. 历史与传统 3. 艺术与词语知识 4. 人文社会科学 5. 生活世界 6. 物理世界 7. 自然科学与数学		

资料来源：来自宾夕法尼亚大学文理学院2010级本科生手册。

---

① 陈小红. 大学通识教育课程研究［D］. 厦门大学，2005.

第六章　美国高校的就业教育

自由选修课是指除通识课程和专业课程之外，学生可以自由选择学习的课程，称自由选修课程。自由选修课程的学习，最多不超过8学分，学校一般建议学生修读的自由选修课程在2~3学分，这些学分也计入毕业总学分之中。

宾大本科毕业学分一般是由20学分的通识教育课程学分和自由选修课程学分，再加上16学分的专业课程学分组成（表6.2）。通识教育课程学分占16学分，其中基本技能课程6学分，跨学科课程10学分。有些通识教育课程学分要计入专业学分，在此情况下，学生就要另外在自由选修课程中拿到相应学分。

每门课程计1学分。总学分至少在32~36学分之间，不得过多也不得过少。专业学分不得少于12学分，如果专业学分大于16学分，那么其他学分将相应减少。

表6.2　宾夕法尼亚大学课程学分结构

学分结构	通识教育课程学分		自由选修课程学分	专业课程学分	合计
	技能课程学分	跨学科课程学分			
学分	6	10	0~8	12~20	32~36
合计	16				

数据来源：宾夕法尼亚大学课程毕业学分要求介绍等相关网页。

宾大各学院在每年的暑假期间，通过邮件或信件的形式，给即将升入大四的学生发放毕业资格审查表，告知学生并由他们自己审查毕业所需学分及其他要求是否已达到，如未达到，学生可在最后一年并在毕业前设法补足毕业所需学分及其他条件。[1]

---

[1] 姜凤春. 美国研究型大学本科课程结构的现状、特点与变革趋势[J]. 长春工业大学学报（高教研究版），2009：113-114.

高等教育热点问题研究

尽管美国各研究型大学课程系统呈现多元化的特点,我们依然可以从其课程结构演化的历史以及课程实践中找出共同的特点。

1. 重视通识教育课程

从课程结构内各要素的比例关系来看,各研究型大学的课程虽然琳琅满目,但有一个普遍的共同点,那就是十分重视通识教育课程。(表6.3)通识教育能为学生打下良好的知识基础,为将来从事各行各业的工作奠定基本素质。从表6.3中9所研究型大学的课程结构我们可以看出,通识教育课程在美国大学课程结构中占据重要位置,平均学分数占全部毕业学分数的1/3左右。其中,圣约翰学院受赫钦斯永恒主义思想的影响,其课程体系全部由通识教育课程组成,而赫钦斯所领导过的芝加哥大学的通识教育课程也占课程体系的50%。以上研究型大学的课程结构设置,足以说明自中世纪以来,以自由教育为发端的通识教育理念在这些研究型大学中并没有因为学科的分化和社会职业的高度分工而湮灭。

表6.3 美国部分研究型大学共同必修、专业必修及选修科目学分数比较

学校名称	学期/季	毕业学分	通识课学分	百分比/%	主修课学分	百分比/%	选修课学分	百分比/%	计算单位
布朗大学	学期	32	12~22	38~69			10~20	31~63	课程
哥伦比亚大学	学期	128~138	28	20~22					学分
哈佛大学	学期	32	12	38	12	38	8	25	课程
普林斯顿大学	学期	36	8	22					课程
斯坦福大学	季	180	60	33	85	47	35	19	单元
圣约翰大学	学期	132	132	100			0	0	学分
加州大学洛杉矶分校	季	180	64	53					学分

· 278 ·

第六章　美国高校的就业教育

续表

学校名称	学期/季	毕业学分	通识课学分	百分比/%	主修课学分	百分比/%	选修课学分	百分比/%	计算单位
芝加哥大学	季	42	21	50	9～13	21～31	8～12	19～29	课程
耶鲁大学	学期	36	16	44					课程

资料来源：黄坤锦. 美国大学的通识教育：美国心灵的攀登[J]. 北京大学出版社，2006.

2. 分段递进，由宽泛走向专深

从课程结构内各要素间的时间关系看，美国研究型大学的本科课程结构大多是分段递进的，由宽泛走向专深。大多数研究型大学一、二年级不分系，学生在各系或学校统一要求下选修各类课程，主要是通识教育课程，大学三、四年级选择主修课程。同时，在课程结构设置上，重视前期通识课程与后期主修课程之间的衔接。

3. 重视选修制

从课程结构内各要素间的空间关系看，重视选修制，注重学生自主学习能力的培养是研究型大学共同的特点。仅以课程系统内通识课程而言，必修课程与选修课程的比例虽然各校不同，必修、选修的比例为0～100%，但以必修占36%、选修占64%者最为普遍。因此，在美国大学中，不同的大学对学生修读有不同的要求，甚至不同的学生有不同的修读计划。这些课程更好地照顾了学生兴趣，有利于培养学生潜能和就业能力。

（二）就业的视角：美国高校本科课程的教学现状

1. 就业的视角：美国高校本科课程的教学内容

美国高校本科课程教学活动中，与学生将来就业密切相关的教学内容

主要有两类：一类是通识课程、新生研讨课、本科生科研项目等，另一类是就业指导课程。

（1）通识课程、新生研讨课、本科生科研项目等。在美国高校，通识课程、新生研讨课、本科生科研项目等执行着非常重要的"为将来就业做准备"的功能。从课程结构的纵向来看，美国一流大学本科四年的课程体系，除了常规专业课以外，还包括以低年级为主的通识课程和新生研讨课程，大三阶段为主的本科生科研项目或独立工作计划，以及大四阶段的顶峰课程和学位论文等（表6.4）。2007年，加州大学、哈佛大学、哥伦比亚大学、斯坦福大学和普林斯顿大学联合组成的加州大学通识教育委员会发表了一个重要报告——《21世纪的通识教育》，呼吁研究型大学重视通识教育，进行相关教学改革。这个报告不仅针对加州大学，而且对全美研究型大学的通识教育问题都进行了探讨。该委员会还重申了对新生研讨课、本科生科研、大四顶峰课程的重视，并要求扩大学生受益面，改进课程内容和教学方法，以适应日益激烈的就业市场竞争。①

表6.4　美国大学"就业课程"结构

学年	大一、大二	大三	大四
课程内容	通识课程和新生研讨课程	本科生科研项目或独立工作计划（海内外实习等）	顶峰课程和学位论文等
	贯穿大学四年的就业指导课程		

资料来源（整理）：张红霞. 美国一流大学本科课程纵向结构特点初探[J]. 高等理科教育，2010（5）：67–69；张忠生，张沙. 美国大学毕业生就业概况与启示[J]. 有色金属高教研究，1999（5）：51–52.

---

① 张红霞. 美国一流大学本科课程纵向结构特点初探[J]. 高等理科教育，2010（5）：67–69.

第六章　美国高校的就业教育

以宾夕法尼亚大学（宾大）的通识课程为例。

宾大的通识课程有两大目标：一是基本技能目标；二是跨学科知识目标。①

宾大认为，学生在接受任何一门通识课程的学习时，方法和知识的掌握是不可或缺的，即知识的掌握要通过正确的学习方法；而学习方法的提升依赖知识的不断积累。两者紧密相关，对将来学生的择业和就业产生深刻的影响。

例如：学生使用一门外语的能力是在充分理解了扎根于这门语言的文化之后而获得的；要真正理解一件作品，就要能想象出作者创作的过程，即能够使用语言对艺术作品进行描述、比较、质疑和评价作品所创造出或你所感受到内容；能够根据自己的学识和客观特征对数据进行分析。

在宾大通识课程目标结构中，有六方面主要涉及基本技能和方法，宾大将之称作"技能目标"；有七方面更多地涉及多方面的知识内容，宾大将之称为"跨学科知识目标"。两种目标所包含的具体内容如下。

技能目标（The Foundational Approaches are）

1）写作能力（Writing）；

2）外语能力（Foreign Language）；

3）定量数据分析能力（Quantitative Data Analysis）；

4）形式推理与分析能力（Formal Reasoning and Analysis）；

5）跨文化分析能力（Cross-Cultural Analysis）；

6）了解美国文化多样性能力（Cultural Diversity in the U.S.）。

---

① https://catalog.upenn.edu/undergraduate/arts-sciences/curriculum/general-education/.

跨学科知识目标（The seven Sector Requirements are）

1）社会知识（Society）；

2）历史与传统知识（History & Tradition）；

3）艺术与词语知识（Arts & Letters）；

4）人文与社会科学知识（Humanities & Social Sciences）；

5）生命知识（Living World）；

6）物理知识（Physical World）；

7）自然科学与数学知识（Natural Science and Mathematics）。

宾大的通识课程安排严格遵照上述两种目标设置，详见表6.5。

表6.5 宾大通识课程安排总目录

2010级及以后大学生的选择要求
部门要求： 第一部门：社会 第二部分：历史与传统 第三部门：艺术和语言知识 第四部门：人文社会科学 第五部分：生活世界 第六部分：物质世界 第七部门：自然科学和数学 除了各部门列出的课程外，学生还可以参加新生研讨会 以及 BFS 研讨会，以满足各个部门的要求。 注：一次新生研讨会可作为相关部门课程的替代 最多可参加 tvo Benjamin Franklin 研讨会或一次 Benjamin Franklin 研讨会和一次新生研讨会（请参阅相关政策）。 基本方法： 定量数据分析 形式推理与分析 跨文化分析 写作 语言 美国的文化多样性 （2012级及以后级别）

资料来源：宾大校园网通识课程介绍：https: //apps.sas.upenn.edu/genreq/ 2010-09-03.

第六章 美国高校的就业教育

由上可见，美国高校非常重视通识教育。他们的通识课程设置内容，主要是针对学生将来毕业就业和长远发展需要的基本知识、基本技能和良好思维能力，同时，也重视学生对跨学科知识的学习，以避免学习的知识面过于单一，使他们在将来应聘岗位和职场竞争中处于不利地位。

（2）就业指导课程。美国高校就业指导课程的具体内容包括以下方面。就业指导机构广泛搜集信息并多渠道提供给学生。通过多种渠道与用人单位取得联系，如通过电话、邮件、面谈等方式与雇主直接往来，以获取真实可靠的就业信息。在得到信息后，利用多种媒体，如校园网、校报、校内广告宣传栏，向毕业生发布收集来的招聘信息。

另外，就业指导机构还经常为学生免费提供就业指导报刊，从报刊上可以获取美国一些主要大型企业及公司的信息资料等。

美国劳工部每年都出版一本《岗位需求手册》。该书内容丰富，涵盖了大量准确实用的就业信息、不同时期美国就业市场的职业需求状况、各种职业对知识和技能的要求等内容，并结合现实状况对未来的就业趋势、专业发展方向做出合理预测。相关内容也在网络上公布，毕业生可以查询到某个职业的年薪、需求量以及晋升的速度等信息。举行推荐就业活动，每年的一至四月、九至十月这两个阶段较为集中，届时学校的就业指导机构会通过网站等途径发布相关信息。

2.就业的视角：美国高校本科课程的教学方法

美国大学生毕业就业模式可概括为：国家不包分配、学校指导服务、毕业生自主择业。美国高校对毕业生的就业非常重视的主要原因，一是在激烈竞争的美国社会中，高校十分重视自身的声誉，毕业生就业的情况如何，直接关系到学校的生存和发展。在对美国高校的评估中，毕业生一次

高等教育热点问题研究

就业率、雇主对毕业生的满意度、毕业生的工资收入水平等都是非常重要的指标，其高低直接影响学校在全美高校的排名。二是毕业生就业状况的好坏，会直接影响学校的招生人数、生源质量、报考的冷热程度，而招生的"行情"又关系到学校经费、政府拨款、社会捐助等经费的多少，以及培养学生的质量。因此，美国高校不得不在课程教学内容和方法上进行改革和探索，以适应学生就业和学校生存的需要。

社会的快速发展，要求高校培养适应这一趋势的毕业生。正如美国州立大学学院协会会长詹姆斯·阿普尔伯里曾说："我们认为教育的一个重要任务是培养学生具有分析形势变化的能力和适应这种变化的多种技能。毕业生不可能一辈子都担任一种工作，待在一个岗位或从事一种职业。同时，我们也尽可能尽一切努力确保学生具有坚实的基础知识，使他们能够适应工作岗位与社会发展的变化而改变职业。"[1]

可见，美国大学对就业市场的状况及未来的发展趋势有深刻的认识，从而通过实施通识教育培养适应就业市场需求的人才；同时，对在校学生未来就业准备方面，也做了非常细致和个性化的指导。

（1）进行扎实的基础知识和普通学科教育。20世纪70年代以前，通识教育只在学生入学的前两年进行，第三年和第四年的课程则全部是较为细致的专业教育。自20世纪70年代中期开始，美国大学认为，通识教育是为以后的专业学习奠定基础，通过这种教育学生能掌握多种基础知识和广泛的从业技能，主张把通识教育贯穿于大学四年中，而非局限于入学的前两年。教育者们认识到，通识教育是人一生中的重要内容，对于人们

---

[1] 石火学. 美国高等教育适应就业市场需求的探讨[J]. 高等教育研究, 1995（1）: 86–93.

第六章 美国高校的就业教育

提高自身素质及适应变化的能力都有着巨大的帮助,这一教育不应只在18~19岁之间进行,整个大学阶段都是接受通识教育的重要时期。[①]

因此,美国诸多大学都普遍重视和加强普通学科和基础知识的教育,在新生入学时开设多门基础课程,给学生打下坚实的专业知识基础,同时也使学生能够广泛地接触到各个领域的知识,拓宽自身的兴趣范围,使学生的职业选择范围更加广泛。例如:哈佛大学在实施了二十多年的人文、社会、自然三大领域的通识教育后,于1973年主持了全面的改革,在1975~1982年间进行了讨论、沟通和实验性尝试,并于1982年在课程方面正式进行了改革,将课程领域划分为更加细致、更为实用的五大类:文学与艺术、科学与数学、历史研究、社会与哲学分析、外国语文和文化。1985年又增加了道德思考类,并将上述分科更加细化。[②] "9·11事件"之后,哈佛大学针对国际形势的发展,开始了长达七年之久的通识教育课程改革大讨论,并于2009年暑假开始正式实施新方案。新方案更加重视通识教育在培养学生批判性思维等能力方面的作用。耶鲁大学校长R.C.LEVIN 2010年初在英国皇家学会高等教育政策研究所发表的讲话中指出,通过通识教育,"大家比较能达成共识的是,世界一流大学必须培养学生独立的、批判性的思维能力"[③]。

麻省理工学院的通识教育也受到了学院的高度重视,通识教育课程在总课程中所占的比重较高,约占1/2,即在32至34门学位课程要求中,通识

---

① 李曼丽. 美国大学通识教育实践研究 [J]. 高等工程教育研究, 2000 (1): 45-49.

② 黄坤锦. 美国大学的通识教育: 美国心灵的攀登 [M]. 北京: 北京大学出版社, 2006: 92-93.

③ 张红霞. 美国一流大学本科课程纵向结构特点初探 [J]. 高等理科教育, 2010 (5): 67-69.

教育课程有17门,包括人文与社会科学八门、自然科学六门、科学与技术学科两门、实验课程一门;另外,除了正式的课程体系,还设置了丰富的实践活动,以满足学生的个性发展、创造力培养、合作精神的养成等。①

斯坦福大学倡导的博雅教育(liberal education)与通识教育有着异曲同工的效用。其中一项"均衡要求"明确规定,应指引学生取得知识的广度,研究领域不应仅局限于某一个专业领域。

(2)重视各学科间的交叉渗透,培养适应性较强的通才学生。美国十分重视对学生适应性的培养,根据人类知识领域不同的划分(人文科学、社会科学和自然科学)设置了交叉学科和跨学科的学科体系。交叉学科是同一领域内两个以上学科的综合,如"生物化学""比较文学"等。此外,有些学科横跨几个领域,称为"跨领域学科",如"东亚研究""妇女研究"等。以美国宾夕法尼亚州州立大学施莱尔荣誉学院(Schreyer Honors College)为例,该学院打破了单独科系的陈旧模式,允许学习数学专业的学生同时进行生态学课程学习;学习天体学课程的学生可以同时修读物理学课程;并允许学生跨学年选择课程,无论是纵向还是横向上,都使各学科相互交叉渗透,从而使学生掌握更为全面、广泛的知识。美国麻省理工学院经济系有这样的规定,学生必须学习一门自然科学和计算机技术课程。全美排名前五十名的综合性公立大学麻省州立大学不仅规定学生应修交叉学科课程,同时严格规定了学分数。斯坦福大学要求每个理工科学生要同时学习历史学、社会学、哲学等文科课程。②约翰·霍普金斯大学也做出了此方面的规定:如果一个学生打算在人文科学或社

---

① 刘少雪. 美国著名大学通识教育课程概况[J]. 比较教育研究,2004(4):6-10.

② 袁仲孚. 今日美国高等教育[M]. 上海:上海翻译出版公司,1988.

第六章 美国高校的就业教育

会科学方面选择专业，则必须在自然科学、计量学和工程学等三个领域选课，且至少修满12学分；如果一个学生打算在自然科学、计量学或工程学等三个方面选择专业，则必须在人文科学和社会科学领域选课，至少修满18学分。

由此可见，这种多方面教育相互结合、多种学科知识相互渗透的教育方式，无疑为人才素质的提高及学生今后的发展奠定了良好的基础。与此同时，学生所学知识面有所拓宽，自身对社会的适应能力有所增强，这在一定程度上扩大了学生就业时的选择范围。①

（3）主动按市场需求调整学业设置。美国大学善于随着科学技术的不断发展、社会的发展，按市场需求规划大学的学位设置。美国大学授予的学位不限于常规学科，而是扩展至工业、微生物学、应用系统和人机交互等方面，旨在与大学生就业方向接轨。美国大学的主要做法有：重新恢复理学硕士学位的声誉；根据当地的劳动力需求来提供专业硕士学位。如：宾夕法尼亚州立大学在2000年前就开始了它的第一个专业硕士学位课程及其生物技术计划。这个计划仅限于大约12名学生，但是每年收到的申请超过150份。很多学生继续追求博士学位，没有继续研究学业的学生们也找到了理想的工作。匹兹堡大学也实施了一些新的项目来满足当地工业的劳动力需求。项目主要由本地企业资助。学校还新增了"绿色建筑"学位，进一步强调可持续性，增强在能源与环境设计认证方面的领先水平。并极力发展强调环境研究的新项目。②

---

① 贺欣. 美国高等教育普及化阶段大学生就业问题探析[D]. 长春：东北师范大学，2009：24.

② 新华社. 美大学调整学位设置满足市场需求[J]. 新华教育观察，2009（6）：1.

（4）全面细致的职业规划与咨询指导。美国高校与用人单位共同进行大学生的招聘活动。美国高校每年春秋两季各安排一次就业招聘日或就业招聘周，以此为学生提供直接与用人单位洽谈的机会，为求职者和用人单位提供良好的展示平台，也搭建了供求双方之间的沟通桥梁。

从就业指导中心针对求职者个人进行的就业指导来看，美国高校对每一名在校学生都进行贯穿整个大学生涯乃至毕业后仍可以继续进行的职业规划。从学生入学第一年起就对其进行职业教育，使他们对当前就业市场的状况有初步的了解；第二年侧重学生自身，帮助每一名学生了解自己的特质、专长和兴趣，并举办一些相关的活动，鼓励学生积极参与，进而为第三年和第四年的专业选择和职业定向做好充分的准备；第三年起帮助学生了解用人单位的各方面资料、近期就业市场的需求等，并让学生参加一些社会实践和校内外招聘会，使他们对各种职业有直观的感受；第四年是最为关键的一年，也是就业指导任务最为细致、繁重的时期，这一时期就业指导中心开始对涉及毕业生求职的任何一个环节的工作和细节进行指导，如组织毕业生学习撰写简历、参加面试方面的专题训练等。①

美国一些大学规定，学生在毕业离开校园后，在变换职业及继续求职的过程中，仍可以回到母校接受学校的服务和帮助，接受各种就业指导和相关的培训教育。

美国作为世界上最早开展就业咨询工作的国家，历经数年的发展，这一工作已经具备了其自身特有的优势并积累了十分丰富的经验。美国就业咨询工作的展开不仅是全面系统的，而且是细致入微的。就业指导工作人

---

① 邵水潮. 美国高校毕业生如何就业［J］. 行政人事管理，2002（2）：51-52.

第六章 美国高校的就业教育

员对应聘面试的每一个细节都无一例外地配有相应的指导,如求职前期有关求职信、求职简历及自荐材料的撰写和修改;面试时着装的选择搭配、对用人单位的初步了解、面试场景和提问等;求职过程中怎样填写用人单位的个人求职表格、举止言谈的技巧、心理素质的调整,如何进行自我介绍、自我评价,谈工资待遇问题的技巧,怎样接受或拒绝单位的招聘;求职失败后的心态调整;求职成功后如何签约、如何进入职业角色并尽快投入工作状态,及如何在日后的工作中获得更多的自我发展等。几乎所有内容都有专人进行指导。[①]

(5)采取针对个人的职业指导模式。美国采取动态式的职业指导模式,即职业生涯设计、职业心理测试、分析和预测职业发展前景、引导大学生开展创业活动等一系列职业指导活动按时间的发展逐一进行。就业指导工作将人的发展放在第一位,认为职业指导应随着时代及个人的发展变化不断地做出变换和更新,这一模式充分结合了个体的需要,并考虑到求职者个人的发展。此模式的第一项内容"职业生涯设计"是在大学生谋职最初进行的一项工作,即在大学生对自身的能力、特点、优势等有一定认识的基础之上,指导大学生对未来的求职意向进行初步的规划,并对以后的职业生涯、职业方向做初步的了解和认识。第二项内容是大学生"职业心理测试",这是一项更加细致的工作,可以使大学生充分了解自己的职业意向、职业兴趣、个性心理特征、职业期望,是帮助他们了解自身心理素质及对某职业的适应性的一种极为必要的测试,一般是通过问卷调查、个别谈话等方式开展。第三项即"分析和预测职业发展前景"。美国高校为每届学生提供每年一次选择专

[①] 张忠生,张沙. 美国大学毕业生就业概况与启示[J]. 有色金属高教研究,1999(5): 51–53.

业方向的机会，就业指导部门会针对学生的兴趣爱好、特长、个人特点、价值观等，结合当前某相关专业的需求和未来发展前景对学生进行职业定向。学生根据对指导内容、现实状况的了解进行专业的选择和变换自己所学习的专业，对于热门的专业和前景不乐观的专业，学校也会在课程设置上做出相应的调整。在引导大学生开展创业活动的过程中，美国就业指导中心开展了多种大学生就业联谊活动，并邀请一些成功企业家，或者是本校毕业的成功人士来校讲座，鼓励大学生树立独立自主创业意识，开拓广泛的就业渠道。美国还特别设置了一系列的职业测试项目，如自我定向探索、斯特朗－坎贝尔兴趣量表、霍兰德职业爱好量表、塞普尔工作观量表等，这类测试是基于职业咨询与访问以及科学化的职业评估理论而设计的，目的是提高测试的准确度和实际效用，从而帮助求职者找到与自身较为匹配的职业，并为其提供完全且精准的实效性信息服务，以有助于毕业生科学地了解自我，在就业时有的放矢、提高效率。[①]

三、美国高校就业教育的特点

我们应该学习美国在就业指导和服务方面的理念、手段和方法，学习美国高校对毕业生的人文关怀，学习美国人对工作的热爱、细致，从以下几点可以看出。

（一）市场导向

美国是一个市场化程度很高的国家。经过多年的发展，美国已经形成了成熟而完善的毕业生就业市场化机制。学校专业和课程设置都紧跟市场

---

① 邵水潮. 美国高校毕业生如何就业［J］. 行政人事管理，2002（2）：51-52.

需求变化。市场在调节和配置毕业生资源方面功不可没。

（二）个人自主

个人主义、英雄主义、成功主义是美国的基本价值观和行为准则。在毕业生就业方面，这种价值观仍然是市场的主流，几乎没有人埋怨政府或简单认为高校毕业生就业是政府的责任。客观地说，美国大学生多数依靠自己找工作，依靠自己实现职业理想，完全自主择业是美国高校毕业生就业的基本经验。

（三）学校辅助

毋庸讳言，美国高校在毕业生就业过程中发挥了重要作用。可以说，只要学生需要，高校都能够给予热情和免费的服务。但高校就业指导和服务仅仅是毕业生自主择业和劳动力市场的重要补充，它仅仅提供建议和信息，而不是大包大揽或越俎代庖。

（四）雇主参与

在美国，几乎每一个雇主都有其钟爱的学校，几乎每一个高校都有相对稳固的雇主网络。同时，美国的用人单位积极参与学校组织的各项活动，包括毕业生就业招聘或提供实习见习岗位。美国企业界对高等教育的捐助和支持在全世界首屈一指，这既是传统，也是美国精神和美国经验的集中体现。[1]

四、美国高校就业教育的经验

美国高校促进大学生就业的经验是，加强人才培养改革，强调适应社

---

[1] 荆德刚. 中美高校毕业生就业的比较分析[N]. 中国教育报，2008-07-01.

会需要，提高大学生的就业适应能力。

在高等教育普及化发展进程中，高校间的竞争加剧，学生的就业直接影响着学校的生存。因此，加强人才培养改革，提高教育质量和学生的就业能力，适应社会需要，成为各高校教育改革的主旋律。

（一）强调通识教育和学科交叉

通识教育是美国大学本科教育的一个重要特点。在美国，通识教育一般被定义为主修和辅修专业教育之外服务于学生的智能、情感和社会化等方面发展的教育，主要包括人文、社会科学、数学和自然科学、信息技术应用、外语、多元文化等的教育。各校要求每人修读一定数量的通识教育课程，一般在大学前两年进行。通识教育有利于培养知识面宽的复合型人才，确保学生全面发展，提高学生综合素质和适应不同工作的就业能力。

美国各高校十分强调文理学科交叉渗透。当今世界的许多重大问题都需要从多学科的角度，运用多种知识才能解决。因此，开设跨学科的综合性课程，培养宽口径、厚基础的复合型人才，成为教学改革的方向。许多著名院校设立了专项资金，成立了跨学科教学研究中心，鼓励文理学科交叉、渗透，积极推进边缘学科发展，拓展学生就业适应视野。

（二）强化实践应用和研究能力

在教学的主渠道课堂教学上，教师注重学生应用能力的提高和创新能力的培养。教师一般不在课堂上讲教材内容（由学生自学），而是一开始就把该课的教学计划交给学生，在课堂上主要采用分组研讨方法解决实际问题。教师提出问题，通过小组讨论，运用书本的理论和观点，找出解决方法，最后用演讲、网页、综述等方式汇报，不但提高了分析和解决问题

第六章 美国高校的就业教育

的能力、运用知识和表达的能力，同时也培养了合作协调的精神，学生学会了将书本知识与社会接轨，善于发现问题，创造性地解决问题。同时，注重在教学中开展大量的社会实践与科研活动。一门课程有一半时间安排到相关社团、博物馆等单位实践，使理论学习与实践结合起来；另一特点是，要求学生撰写大量的小论文，鼓励学生有自己的观点和创意，引导学生搞科研活动，与导师一起撰写论文。

（三）根据市场需要改革学校的教学

美国教育实行地方分权制，教育的组织和管理权力分属各州及地方政府。大学在行政管理、评聘教授、招收学生、筹集和分配经费、学科和专业设置、学生选课等方面享有充分自主权，学校可依据社会和市场需求进行灵活自主的调整，所以对社会需求反映快，适应能力、竞争能力强。由于具有较强的自我调控机制和能力，因此，学校教育增强了学生的适应性，提高了就业率。

（四）健全就业服务机构

美国高校一般设有毕业生就业指导中心，进行职业指导和就业服务，经费充足，机构精简高效，手段现代化。就业指导中心建立专门网站，免费提供各项指导、训练，包括学生入学选专业、系统的职业规划、择业技巧，以及毕业就业咨询等一条龙服务。同时，美国高校还为毕业生提供有效的就业信息服务。中心有覆盖全美的就业信息网上查询系统供学生随时查阅，提供各种就业咨询服务，向用人单位推荐学生，举办职业交流洽谈会，负责接待用人单位来校面试，为学生和招聘单位牵线搭桥。经学校推荐的毕业生，就业成功率通常高于其他渠道。

毕业生的就业情况关系到一所高校的声誉，也会影响到学校在全美的综合排名和今后的招生。因此，美国各高校都非常重视学生的就业问题，想方设法帮助学生找工作。

美国高校一般设有毕业生就业指导中心，进行职业指导和就业服务。

职业指导的工作重点是推行四年职业规划项目：学生入学的第一年，就开始对学生进行职业教育，帮助学生接触和了解就业状况；第二年要帮助学生发现和了解自己的性格、兴趣和专长，进而帮助学生选择专业；第三年帮助学生了解雇主资料和市场需求，参加社会实践和一些招聘会，让学生直接感受就业市场；第四年辅导学生写求职信，传授求职要领和面试技巧等专门技能。这种就业指导贯穿学生的整个大学生涯，对学生就业观的形成，以及增强择业能力和求职技巧很有帮助。①

五、美国高校就业教育的启示

如何结合国情批判吸收美国高校协调毕业生就业与高校课程结构调整的经验？我们学习美国经验绝不能照抄照搬，而是要结合实际、结合国情、结合现有条件批判地学习。

（一）强调市场的基础作用，但要防止市场失灵

市场是一种有效率的资源配置机制，是配置资源的基础手段，但不是唯一手段或万能手段。强调市场的基础作用，是要因势利导，而不是放任自流。否则，容易引发市场失灵。市场失灵是指市场不能有效地提供社会所需要的"公共物品"。比如毕业生下基层，在福利待遇相同或差别不大

---

① 千龙网. 促就业美国高校更重视强调通识教育和学科交叉［EB/OL］.［2021-02-25］. https://learning.sohu.com/20100525/n272338588.shtml.

的条件下，只有少数人愿意或不得不下基层，大多数人都希望别人去基层而自己享受大城市的美好。但是如果大多数毕业生都留在大城市就业，那么基层就无人问津或成为被人遗忘的角落，在这种情况下，下基层就无法通过市场机制来实现自动配置，而必须求助市场之外的机制，这就涉及政府调控的问题。

（二）增加课程的实用性

目前我国不少大学毕业生感到学校的很多课程实用性不强，在找工作时和就业后明显感到力不从心；众多企业也反映，企业录用的新员工不能完全胜任实际工作岗位，不适应现象频繁发生，从而影响了企业对高校毕业生的聘用。此种现象的出现，正是由于高校的人才培养标准及培养方式与企业需求脱节。因此，如何把经过理论培养的学生变为企业需要的人才，使学生能够为社会所用，如何为高校及企业的供需搭建起有效的沟通桥梁，这一系列问题都有待于高校和企业共同努力。

为缩短高校培养模式与企业实际需求之间的差距，使高校的育人目标符合社会需求，应密切高校同企业、理论与实践间的联系。我国相当一部分用人单位在录用人才时十分重视是否有实际操作经验或是否有实习经历的考核，实践证明，实习经历有助于大学生赢得更多的就业机会，也有利于缩短理论学习与实际工作间的差距。目前，我国的校企合作中仍存在着一些明显的问题，如企业一味追求效益至上，拒绝接纳实习生；学生即使获得了实习机会，又因缺乏责任感而草率对待工作；学校缺乏学生实习后相关的反馈调查和辅导等。

(三) 重视学生能力培养

美国大学十分注重对学生进行通识教育和跨学科的培养。根据市场需要培养社会需要的人才，为大学生就业打下一个良好的基础。2007年哈佛大学《三年教改讨论会报告》就提出：培养学生的标准是对世界、社会和自身的认识和鉴别力；对文明、信仰、价值取向有广阔的视野；对道德伦理选择的判断能力；对自然、社科、工程、艺术的兴趣；某一领域有较高专业水平；解决现实生活问题的能力。2006年麻省理工学院在《对教育使命和核心课程综合审议报告》中指出，要实施更灵活、更宽广的跨学科教育，大力发展人文、艺术、社科与自然科学、工程技术的交叉。①

(四) 主动按市场需求调整学业设置

美国大学善于随着科学技术和社会的不断发展，按市场需求规划大学的学位设置。美国大学授予的学位不限于常规学科，而是扩展至工业、微生物学、应用系统和人机交互等方面，旨在与大学生就业方向接轨。正如美国匹兹堡大学工程学院教授雷迪萨姆·维迪克博士说："学位的设置应随着市场需求变换，大学的发展必须以学生的就业方向为轴心。"②

(五) 提供四年不间断的生涯设计指导

生涯设计包括学业生涯设计和职业生涯设计两大部分。学业生涯设计，就是大学生要明确在学习上需要达到的目标，大学毕业时是准备继续深造还是直接就业。职业生涯是一个人一生中所有与职业相联系的行为与活动，

---

① 璩静. 中国工程院院士：社交能力位列大学生五项重要能力之首 [J]. 新华教育观察，2009 (1)：6-7.

② 新华社. 美国大学调整学位设置满足市场需求 [J]. 新华教育观察，2009 (6)：1.

第六章 美国高校的就业教育

以及相关的态度、价值观、愿望等连续性经历过程,也是一个人一生中职业、职位的变迁及工作理想的实现过程。职业生涯设计,主要是对自己未来从事哪一种或哪几种职业以及从事某种职业时间的规划。美国大学对大学生开展四年不间断的生涯设计指导。学生入学的第一年,就业指导中心就开始对学生进行职业教育,帮助学生接触和了解就业状况;第二年就业指导中心帮助学生发现和了解自己的性格、兴趣和专长,进而帮助学生选择专业;第三年就业指导中心帮助学生了解雇主资料和市场需求,参加社会实践和一些招聘会,让学生直接感受就业市场;第四年就业指导中心辅导学生写求职信、传授求职要领和面试技巧等专门技能。这种就业指导贯穿学生的整个大学生涯,对学生就业观的形成,增强择业能力和求职技巧很有帮助。①

总体而言,美国就业指导服务体系的新进展是:以人为本理念的落实;就业指导理论的整合;就业指导主体之间的协作机制;服务内容的融合与效度;更为有效的就业指导模式。

---

① 刘广明. 美国高校毕业生就业指导服务体系研究的新进展[J]. 河南工业大学学报(社会科学版),2010:110-112.

高等教育热点问题研究

第七章 中山大学文化素质教育课程

文化素质教育是大学素质教育的组成部分，和思想道德教育、身心素质教育、科学素质教育等相互渗透、相互促进。中山大学作为首批试点学校，在加强文化素质教育方面取得了丰硕的成果和宝贵的经验，值得我们深入研究。本章重点探讨中山大学文化素质教育课程的理念与目标、兴起与发展、基本现状、实施办法、实施案例、课程特点、存在问题与建议。

一、中山大学文化素质教育课程的理念与目标

中山大学文化素质教育课程秉持这样的理念：加强人文素质教育是整个素质教育的重要组成部分，是实现人的全面发展的需要，也是社会文化建设发展的要求。

中山大学文化素质教育课程的目标：推动大学生文化素质教育工作全面、深入开展，不断提高学校的文化品位与格调，提高广大教师的文化素养，提高大学生的文化素质，进而全面提高学校人才培养质量；加强基地建设，把学校基地建成为具有中山大学特色的国家大学生文化素质教育基地，总

结和推广学校文化素质教育经验，使学校成为广东乃至全国大学生文化素质教育示范学校。

二、中山大学文化素质教育课程的发展

从历史上看，教育的发展有三个阶段：人文—科学—科学与人文融合。走过科学教育主导大学教育的20世纪，21世纪大学教育理应走向科学教育与人文教育的融合。针对现代大学人文教育薄弱的现实，教育部决定在我国高校推行大学生文化素质教育。

1995年9月，在华中科技大学召开的"加强高校文化素质教育试点工作研讨会"上，周远清同志代表教育部做了《加强文化素质教育，提高高等教育质量》的讲话，这标志着我国高校加强文化素质教育的正式开始。中山大学是1995年国家教委决定开展文化素质教育的试点学校之一，1999年经教育部批准，成为国家首批大学生文化素质教育基地，担负着完成基地建设的各项任务。

为了全面推动大学生文化素质教育工作的深入开展，发挥"基地"的示范和辐射作用，根据教育部文件《关于批准建立国家大学生文化素质教育基地的通知》（教高〔1999〕1号）（简称《通知》）精神，中山大学制定了《中山大学国家大学生文化素质教育基地建设规划》，正式系统实施文化素质教育工程，由此掀开了中山大学文化素质教育课程发展的序幕。

中山大学文化素质教育课程基地成立以来，经历了以下一些重要的时间节点。

2002年下半年，大学生文化素质教育基地通过了教育部专家组的中期检查评估。

2003年4月，在教育部组织召开的"全国高等学校文化素质教育工作暨基地建设研讨会"上，中山大学文化素质教育基地正式接受教育部授牌。

2004年，结合中山大学80周年校庆，学校开展了一系列校园文化建设和宣传活动。

2004年，中山大学将文化素质教育课程作为"精品课程"课题进行立项建设研究，已开展申报两期，首期23门课程；第二期于2008年开展，有"公共选修课"20门和"医学类公共选修课"6门。前后累计共49门文化素质教育课程作为"精品课程"获得立项。

2005年10月，中山大学校长应邀参加了教育部组织在清华大学召开的"纪念文化素质教育开展十周年暨高等学校第四次文化素质教育工作会议"，并在大会上做了题为《文化素质教育和现代大学文化的建设》的主题发言，得到了很好的反响。

2008年课题"文化素质教育与大学文化建设的探索与实践"在获得广东省教学成果一等奖的基础上，申报了国家第六届教学成果奖评选并荣获一等奖（见教育部文件《教育部关于批准第六届高等教育国家级教学成果奖获奖项目的决定》（教高〔2009〕12号））。该课题组成员包括李延保、陈春声、刘济科、国亚萍、龙莉等，课题成果集中展示了1999年中山大学建立"国家大学生文化素质教育基地"以来，在探索重点综合性大学如何开展文化素质教育的过程中，努力将文化素质教育与大学文化建设密切结合起来所取得的显著成效。学校围绕提升大学管理者的文化理念、提高大学教师的文化素养、建设好大学校园的文化氛围等三个重要问题，创造性地开展了文化素质教育工作。

从1999年至今，中山大学的文化素质教育活动已走过了20多年历程。

理论层面上，在全国高校中率先开展了"大学精神和校园文化大讨论"，形成了系列大学文化建设的理性思考；提出了"文化校园"理论，以及包含"对人的尊重、对学术的敬畏、对遵守规则的自觉"等内涵的人文管理理念，在高校管理工作中创新性地实践了科学发展观。

实践层面上，在做好基地建设的基础上，推动大学生文化素质教育向全面推进大学文化建设、重视学生社会实践和加强与国内外高校文化交流三个方向深化，经过多年的探索与实践，学校构建和营造了有利于创新人才培养的"和谐校园"应有的校园文化和大学精神，促进了学校人才培养质量的稳步提升。

三、中山大学文化素质教育课程的实践

为了全面推进素质教育，引导学生广泛涉猎不同学科领域，学习不同学科的思想和方法，拓宽知识面，中山大学从2003年9月开始在公选课的基础上设立素质教育选修课程，并制订了文化素质教育课程计划的具体实施办法。[①]

（一）文化素质教育课程内容

中山大学文化素质教育课程内容分为以下四类。

（1）自然科学与现代科学技术类；

（2）社会科学与行为科学类；

（3）人文科学与艺术类；

（4）生命科学与医学类。

---

① 参见《中山大学素质教育课程网上选课管理实施办法》。

高等教育热点问题研究

每学期在全校开设公选课 200 多门，供学生自由选修。

（二）选修学分要求

学生须至少选修文化素质教育课程 16 学分（包含政治类限选课 2 学分），其中跨学科门类选修学分至少占 50%，以保证学科融合与交叉，使学生获得更加全面的素质教育。[①]

（三）教师开课程序与要求

文化素质教育选修课程授课内容重在启迪思路、传授方法，提高素质，教学环节除了课堂讲授外，还包括课堂讨论和课外阅读等，避免单向灌输式的教学方法，遵循"少而精"的教学原则，每周授课 2 学时，每学期 16 周完成教学任务，第 17 或 18 周安排考试。开课程序步骤如下。

（1）开课教师首先在数字化校园网上填写开课课程审批表，填写完毕后提交，并打印一份送主管教学院长（实际系主任）签署意见后上交教务处教学研究科。

（2）教学研究科负责审批课程，决定是否开课。

（3）经教学研究科审核符合开课条件的课程，一经网上公布由学生选课，不得随意更改，教师因病等特殊原因不能按计划开课的，开课单位须提出申请，报教务处审批方可放弃开课。

（4）选修课程（南校区、珠海校区、东校区）最少有 50 人选修才能开设，少于 50 人选修的课程一般不开设，如有特殊原因需要开设，须报教务处批准。

（5）任课教师在学期末须留意自己申报的课程是否通过审批和开设；

---

① 政治类限选课由各院系组织学生与教育学院协商开课。

上课时须实行点名制（或随机抽点），缺席三次及以上的同学即算作自动放弃该门课程的选修；任课教师不能自己接收学生报名、退选；在考试结束一周内须将成绩录入到网上选课系统。

（四）学生选课要求

（1）学生应在规定的时间内在导师或班主任指导下，按本专业的教学计划和公布的开课计划进行选课。

（2）由于教学资源的限制，从一年级下学期开始，学生每学期只能上网选修两门文化素质教育课程，毕业班学生第八学期一般不参加选课。

（3）选课必须保证必修课的学习不受影响，有先修要求的课程，一般应先选先修课程。

（4）选课要注意上课时间不能与其他课程有冲突，每学期开学前两周学生可以在网上选课系统补、退选课，毕业班的学生如果学分不够影响毕业，可以写补选申请送所属院系教务员处审核盖章，并于第三周前送到教务考务科。

（5）网上选课系统没有选课记录的学生，不能参加课程考核，不计入学分。

（五）学生选课程序

（1）学生先在网上选课系统或者各教学楼的布告栏查询文化素质教育课程一览表的详细信息（上课时间、选课要求、接收人数、考试时间等）。

（2）学生根据选课通知的时间分阶段选课，选课一般分为四个阶段。

第一阶段为初选，一周时间，由学生上网选课，选课时间先后与选中某门课程无关。

第二、三阶段为筛选后重选,三周时间,由于教学资源的限制,对超过人数的课程进行随机抽签。

第四阶段为补、退选课,两周时间。

四、中山大学文化素质教育课程实施案例

中山大学学科门类齐全,开设文化素质教育课程的单位多,每学期有31个院系面向全校各校区学生开设近200门文化素质教育课程,分为自然科学与现代科学技术、社会科学与行为科学、人文科学与艺术、生命科学与医学四大类。为保证文化素质教育课程项目高质量地完成,学校以立项的方式对文化素质教育精品课程予以重点建设,并以国家精品课程评审指标体系作为标准,对每个立项课程进行重点建设。下面我们重点介绍"现代生命科学""中国艺术史""伦理学问题讨论"和"化学与可持续发展"4门核心课程方案及实施情况。①

(一)现代生命科学②

1. 课程理念

本课程强调向学生介绍基本的生命科学知识与前沿研究课题;主要面向非生物类专业学生开设。并且,在本课程的发展过程中,逐步确立了这样一个基本理念:利用生命科学学院的学科和人才优势,将本课程由向非生物本科生普及生命科学知识,转变成以素质教育为目标的文化素质教育

---

① 龙莉,刘济科,李延保. 中山大学文化素质教育课程建设探索[J]. 中国大学教学,2006(8):15.

② 《现代生命科学》精品课程网站[DB/OL].[2021-02-27]. http://jpkc.sysu.edu.cn/2006/xdsmkx/.

课程。

2. 课程价值

生命科学在21世纪的科学发展中具有重要作用,开设好这门课程,使当代的大学生了解和掌握生命科学的基本知识,对培养非生物学生的创新思维是至关重要的。正如理科学生要学习一些文科的课程,同样,非生物类专业学生学习一些生物学知识,将对培养新一代具有良好科学素养的大学生起推动作用。本课程的开设,还有利于促进不同学科的交叉,激发学生对21世纪生命科学发展的浓厚兴趣,吸引有志者投身到生命科学研究中来。

3. 课程目标

本课程适应于非生物类本科专业学生学习生命科学的基本知识,了解生命科学研究的前沿课题,目的是使学生学习本课程后具备必要的生命科学基本知识,了解生命科学的最新发展动态。

4. 课程内容与结构

当前生命科学研究发展突飞猛进,人类基因组计划的实施,使生命科学进入了生命本质的研究,直接从分子水平了解生命的基本现象,人类的生老病死、能源、粮食、生态环境危机无一不与生命科学有关。在引言部分介绍什么是生命,生命是如何起源的,地球上有多少物种,生物进化的动力,人类是否还在进化,有性生殖是否必要,人为什么要睡觉,如何研究生命科学,学习生命科学的意义。课程讲授内容包括细胞和遗传,生物进化和生物多样性,结构、功能与发育生物学,生态环境与生命伦理道德。着重介绍生命活动的基础,遗传的基本原理,基因工程技术原理与方法;

生物进化的基本原理，动植物、微生物多样性及其结构和发育，脑科学有关睡眠与觉醒、语言与思维，学习与记忆等脑的知识；生态学与保护生物学的综合知识；最后对于突飞猛进的生命科学的发展，人类应如何与地球生物和谐相处，如何面对人类干细胞研究、人类基因组研究、克隆技术、辅助生殖技术、转基因食品安全、安乐死与生命科学的前瞻等。

本课程根据培养目标和人才培养定位，将教学内容分为五个模块：细胞和遗传模块、生物进化和生物多样性模块、生殖与发育生物学模块、生态环境模块和生命伦理道德模块，总学时为36。对这些知识的介绍，使医、理、文等非生物类学生能够较全面地了解什么是现代生命科学、有关生命科学的研究进展，讲授的侧重点放在介绍生物学的成就和进展，以及分子生物学的研究对人类生活的影响上。分子生物学与其他内容在讲授时间安排上确定为3∶2。

5. 课程重点、难点及组织

课程的重点是介绍现代生命科学的基本原理，及其对现代社会的推动作用。

课程的难点是如何将现代生命科学教学与非生物类本科生文化素质教育结合起来，促进大学生健康发展，并能建立生命科学的相关思维。为此，采取的课程组织方法如下。

（1）人性化教学：在第一模块"细胞与遗传"教学中，通过人性化教学，不仅增强了课程的趣味性，将复杂的生命科学知识变得浅显明了，更重要的是培养了学生新的视角和思维方式。

（2）案例教学：由于课程需要较多地介绍生命科学前沿的发展，我们尽可能以重要的科技成就以及具体的事例作为切入点，深入浅出，使枯燥晦涩的原理变得更加容易理解。

注重研究性教学和研究性学习。通过开放式和研究性的教学模式，探索和积累了丰富的教学经验，将复杂的知识变得通俗易懂，深受学生欢迎。

6. 课程管理

课程对象：文、理、医各专业本科。课程学分与学时：2，36。课程考试：开卷考试加课程论文。为了将本课程建成高水平的人文素质教育课程，着重做了以下四件事情。

（1）兄弟院校调研取经。2002年，由学院立项并拨出经费，派出教师分别赴全国重点院校对生命科学导论的授课情况进行调查，学习各校好的经验，达到取长补短的目的。

（2）师资队伍建设。学院副院长、首届国家教学名师奖获得者王金发亲自负责现代生命科学课程的建设，组织了由四位教授、五位副教授和一位讲师组成的教师队伍作为生命科学导论的主讲教师，这些教师绝大部分都是生物学二级学科和相关课程的主讲教师，有着丰富的教学经验，获得了较好的教学效果。这些教师上课，使得这门课程的影响较大，受到学生的欢迎、教学巡视员和教学督导的好评。

（3）课程体系与教材建设。2003年下半年，成立生命科学基础教程教材编写委员会，由叶创兴教授、周昌洁教授和王金发教授任主编。总共有15位以上的副教授参与了编写。该教材于2006年3月正式由高等教育出版社出版。

7. 课程评价

充分利用生命科学学院的人才优势，组织特聘教授和国家教学名师担任课程教学工作；同时，逐步将课程的教学重点从传授知识转到素质教育，特别是拓宽学生的生命科学创新思维，取得了良好效果。本课程以开卷考试加课程论文的方式进行考核。师生评价如下。

（1）教师评价。"现代生命科学"有完整的教学大纲、规范的授课计划，授课学时为36，教学队伍具有较高的素质，参加授课的主讲教师队伍结构合理，并有丰富的教学经验，保证了教学质量。

该课程充分体现了生命科学的教育思想，教学内容新颖，把教改和科研成果融入教学中，并注意把国外最新发展成果引入教学中；该课程恰当地运用现代教学方法、技术和手段，较好地调动了学生学习的积极性，教学效果良好。

（2）学生评价。这个学期我们的生物课主要是以讲座的形式上课，这的确与以前不同，我们不需要记忆很多东西，主要目的是扩展视野，所以上课的感觉大体分两种：一种是轻松型。老师给我们讲的是生物的发展史或是介绍某个课题的内容，例如细胞生物学，老师深入浅出，没有用太多的专业术语，再加上形象的比喻，我们只需集中自己的注意力，不需运用太多的脑力，就能轻轻松松较好地掌握上课的内容。另一种是深奥型。讲课的老师似乎给我们讲的是他们的研究课题。一页页的遗传图表似乎是一张张天书。尽管老师已经非常耐心、非常浅显地给我们讲解，但我们似乎还是无法彻底理解其中的奥妙，不过我们至少知道有这么一回事和有这么一个方法，而且知道了一些非常有用、非常出名的生物网站。这或许是另外一种收获。总之，这个学期的生物课受益匪浅。

（二）中国艺术史

1. 课程理念

本课程是历史学专业选修课，采用讲授和讨论相结合的形式，除扼要介绍中国艺术史的主要问题、研究方法和基本理论外，本课程还选取中国艺术史的若干问题予以较为深入的讨论。本课程尤其关注形式分析、情境分析方法和物质文化研究方法，也将考查艺术的社会介质、性别与女权、艺术与权力等问题。

2. 课程价值

能较为全面、系统地呈现中国当代艺术的发展历程，以及多元化的格局；对一些被忽略、被遮蔽的史实进行重现，为后来的研究者提供一种批判性的视角，为当代艺术的发展建构一个艺术史的上下文语境。

3. 课程目标

本课程采用多媒体课堂讲授和博物馆参观相结合的教学方式，扼要介绍和评论自史前至 20 世纪的中国艺术源流、人物和事件，尤其关注艺术与政治、社会、文化之间的互动关系。本课程在方法论上主要秉承沃夫林的形式分析传统，但也注意吸纳近年来分析学和诠释学的新进展。

4. 课程内容、结构和组织

第一周：引论

什么是艺术？什么是艺术史？中国艺术的基本特征。

第二周：史前艺术

中国艺术的源起；仰韶艺术；龙山艺术；史前中国艺术的二分现象；安特生。

第三周：青铜和青铜艺术

青铜；工业与艺术；礼制与艺术；饕餮图像的解释；罗樾的安阳五种风格；商周铜器艺术的转型。

第四周：草原艺术

斯基泰问题；草原艺术风格；艺术与社会生活；早期中西文化交流；中原金属工艺的渊源；鄂尔多斯艺术。

第五周：艺术多元化时代

铜器；漆器；楚的艺术传统；中山国；曾侯乙墓；长沙楚墓和子弹库帛画；晋宁石寨山。

第六周：汉人的世界

浪漫主义和现实主义；两汉的徐州和扬州；马王堆；彩奁冢；南越国；画像石；三角缘神兽镜；漆器；青瓷；隶书石刻。

第七周：动荡和分裂

竹林七贤；士风与艺术的关系；书法艺术；北碑南帖；佛教艺术。

第八周：隋唐五代艺术

隋大兴和唐长安城；唐代建筑；王维；大小李将军和宫廷画师；书道；敦煌壁画艺术；唐三彩；南唐的宫廷艺术；董巨传统。

第九周：两宋艺术

理学的兴起对艺术的影响；北宋山水；画院制度；花鸟画；苏黄文人画；马夏派；米家山水。

第十周：艺术的继承与转型

元四家；陶宗仪；宫廷画家；青花。

第十一周：元明艺术

宣德艺术；浙派和吴派；董其昌；明清北京城的建筑；宣德炉；景德镇；汕头窑；项子京；缂丝。

第十二周：乾嘉——宫廷艺术的高潮和终结

四王；遗民画；清代宫廷艺术的进展；琉璃厂；乾隆时代的帝室收藏；馆阁体和康有为《广艺舟双楫》。

第十三周：西风东渐

郎世宁；钱纳利；早期油画和玻璃画；海上画派和商业画家；《点石斋画报》；租界建筑和美术。

第十四周：20世纪前半叶的中国艺术

院派的新发展；木刻艺术；摄影术；古董市场和西方中国艺术收藏的形成；海派艺术；吴昌硕；"四任"；徐悲鸿；齐白石。

第十五周：新中国艺术

革命现实主义和浪漫主义；《在延安文艺座谈会上的讲话》；苏维埃式建筑与雕像；"文革"美术。

第十六周：20世纪80年代后

星星画派；"85"美展；王广义；现代和后现代艺术；行为艺术；谷文达；DV运动。

5. 课程管理

课程对象：文、理各专业本科。授课方式将课堂讲授（多媒体辅助）和集体讨论、实地参观相结合，从珠海博物馆、美术馆或者其他美术机构的展览中挑选1~2次组织学生参观，实地分析和讨论。课程学分与学时：2，36。

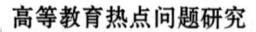

考试分成两个部分：①平时成绩，占总成绩的20%，由课堂表现和实地参观讨论表现等的评分构成；②期末成绩，占总成绩的80%，采取作品评介的作业方式。

6. 课程评价

本课程以年代顺序为基本线索，每个时代中又突出具有时代特色的专题，内容包括史前艺术和萨满教、青铜器和玉器、早期中西交流下的艺术、南帖北碑、中国绘画的诞生、北宋山水画和理学观念、徽宗帝室收藏、两宋院画、文人画的兴起、中国画中的透视问题、清宫西洋画家、从扬州八怪到海上画派、市井绘画的兴起、20世纪中国美术的转型、现代和后现代艺术的崛起等。同时，本课程兼顾其他的观察线索，包括按照艺术的使用环境进行的分类（宫廷艺术、庙宇艺术、陵寝艺术、市井艺术、文人艺术和市场艺术等）和按照艺术的流传环节进行的分类（艺术家的艺术、艺术市场的艺术和藏家的艺术）。在此基础之上，本课程对艺术的意图和解释、艺术赞助人、艺术的功能等宏观问题进行适当讨论。

（三）伦理学问题讨论

1. 课程理念

本课程作为全校文化素质教育选修课，旨在使学生理解与掌握伦理学的基本范畴与重要理论；明了伦理学在一般人的生活世界中存在的意义；明晰日常生活中所牵涉的伦理议题；能够应用伦理学理论与方法反省生活中特殊的伦理议题。

2. 课程价值

本课程有助于学生了解道德生活、开阔伦理视野，学会处理伦理生活中遇到的一些具体而现实的问题。

3. 课程目标

本课程的教学目的是让学生了解人作为社会存在物的道德本性，了解道德生活的必要性和必然性，懂得道德作为文化存在的复杂性，力求让学生懂得现实生活中伦理问题的形成原因及解决方法，开阔学生的伦理视野。通过本课程学习，学生要了解伦理思想家对有关伦理问题的经典论述，学会用理性的道德思维方式面对和处理现实生活中的伦理问题。

4. 课程内容与结构

本课程主要探讨当代伦理学中的热点问题，课程内容从两方面展开。理论层面，探讨伦理学的元问题，同时对现代伦理与传统伦理、中国伦理与西方伦理的价值差异与冲突进行分析，找寻共同伦理建构的可能性。应用层面，探讨经济伦理、政治伦理、生命伦理、婚恋伦理、生态伦理和网络伦理等问题，力求将应用伦理学中的道德问题客观展示，并对问题的根源进行学理分析。具体内容与结构如下。

第一讲，伦理学元问题探讨。主要内容：利益与道德的背反，善与恶的辩证，规范伦理与德性伦理的对立，道德义务与道德权利的平衡，道德张力及其限度，良心的发现与泯灭。

第二讲，伦理问题的历时性讨论。主要内容：中国传统伦理的基本特征，中国现代伦理的基本特征，传统伦理与现代伦理的价值冲突，现代伦理对传统伦理的批判与传承。

第三讲，伦理问题的共时性讨论。主要内容：西方伦理的基本特征，中西方伦理的价值差异，世界性的现代伦理问题，普世伦理建构的可能性与可行性。

第四讲,道德教育与道德传播。主要内容:道德教育的道德原则,道德教育的教育原则,道德教育的基本矛盾,道德传播的道德功能,道德传播的道德控制。

第五讲,经济伦理问题讨论。主要内容:市场经济的道德本性,道德的资本特质,"经济人"与"道德人"的辩证关系,道德公平与经济效率,资本的人格化。

第六讲,政治伦理问题讨论。主要内容:民主的道德价值,执政伦理与执政能力,制度伦理与官员道德,社会正义与社会和谐,政治伦理异化及其克服。

第七讲,生命伦理问题讨论。主要内容:生命的意义解读,死亡与道德,医学伦理与生命保护,生物技术与生命伦理,科技发展与生命质量。

第八讲,婚恋伦理问题讨论。主要内容:恋爱观念的时代冲突,婚姻道德的现实困扰,性权利与性道德,婚恋道德的未来走势。

第九讲,生态伦理问题讨论。主要内容:人类中心主义与非人类中心主义的价值冲突,生物的价值与权利,人的权利及其限度,人与自然的价值和谐。

第十讲,网络伦理问题讨论。主要内容:网络的道德特性,现实人与虚拟人的道德比较,网络交往中的道德自律,虚拟时空中的知识产权和隐私保护,网瘾伦理解析。

5.课程组织

通过课堂讲授与课外辅导相结合的方式,本课程以问题为导向,协助同学们解决问题并使他们掌握重点；教师针对每个单元的内容先行加以讲解后，再引导同学思考从而提出问题。师生共同完成课程，重视师生互动；尤其是具体设计一些议题，让同学们以个人思考的方式及小组共同思考并分组报告的方式，表达所思考的结果。分为议题选择、课后讨论、课堂交流与课后完善四步。全班分为若干组，小组课后针对所选议题进行解析，若有问题可找助教讨论。讨论须形成完整的讨论大纲，以 A4 纸打印交给课程助教。助教在讨论课上将大纲发给其余各组。各组选派代表介绍本组讨论的结果，并接受其他同学的提问。学生评委填写评分表。各组在相互辩驳的基础上，完成课后议题的写作，并作为平时成绩的一部分。

6. 课程管理

教学时间：总计 36 学时，每周 2 学时。以专题讲座为主，采用问题式教学法，将学生置于两难的道德情景中，积极鼓励学生读书思考、参与问题讨论，引导学生进行独立的道德判断。

期末考试形式：开卷笔试或面试，占 60%；平时课程讨论与相关作业等占 40%。伦理学的基本问题有四个：善与恶的关系问题是道德理论的基本问题，义与利的关系问题是道德规范的基本问题，知与行的关系问题是道德活动的基本问题，荣与辱的关系问题是道德心理的基本问题。

7. 课程评价

道德作为特殊的社会意识形态和价值形态，决定了伦理学的理论课程在课程的方向和内容上势必会存在"国情"的差别。本课程从中国道德国情出发组织教学，注重通俗教育和文化素质教育的目标，现实感强。在课程的目标、内容等方面充分体现了伦理学课程的唯物史观，针对学生社会生活可能面临的道德方法论原理和道德两难选择问题。当然，本课程在图书资料建设方面不够，特别是外文图书资料比较缺乏；主动与兄弟院校开展的交流与合作不够，这些尚待拓展。

（四）化学与可持续发展

1. 课程理念

众所周知，化学研究和应用的一个重要目标就是开发和利用自然界中一切可能的物质资源和能量资源，为人类生存和社会发展提供必要的物质和能源基础；同时，这一过程必须同自然环境相互协调，走可持续发展的道路，将可持续发展的内涵合理地融入教学内容中，这也是贯穿课程始终的重要核心观念。

2. 课程价值

化学与可持续发展教育紧密相关，为在教学中渗透可持续发展教育奠定了基础，提供了可能。教师可充分发挥学生的学习主体性，激发学生的探究精神，培养学生的创新能力；课堂教学中，综合渗透可持续发展知识和理念；实验及课外活动中，强调学生的情感体验和相关能力；加强师资培训，建构可持续发展教育体系等措施，培养可持续发展人才。

3. 课程目标

本课程的教学目标有以下几方面。

（1）提高大学生的化学素质，培养学生进行多角度思维的方法、跨学科应用的意识和综合分析问题的能力，发展学生的创造性；培养具有广博知识和优雅气质的人，让学生摆脱庸俗、唤醒卓异，教学所成就的不是没有灵魂的专家，而是一个有文化的人、有智慧的人，一个具备领导才干的社会成员。

（2）培养大学生应用化学原理和知识、化学方法和化学思想去观察和分析社会生活现象、化学品消费、化学废弃物处置、环境污染、环境保护等问题的意识和思想方法。

（3）明确化学在公共管理、政府决策中的作用，重视对环境安全的管理和决策；使大学生树立对人类、对社会的责任感。

（4）学生将学会应用化学的知识、原理、思想与他人进行交流，在全体大学生和其他社会阶层中传播化学文化，进而发挥其对全社会的影响，为实现人类社会的可持续发展做出积极贡献。

4. 课程内容与结构

本课程的主要内容和结构如下。

（1）可持续发展概要。介绍可持续发展概念、可持续发展指标体系、绿色化学与技术、清洁生产、循环经济，构建可持续发展思想的基本框架。

（2）化学哲学与化学简史。从哲学角度观察、分析和认识化学，探讨化学理论的哲学价值、化学发展的规律性、化学教育的哲学问题、化学方法论、现代化学的哲学问题等。

对重要化学定律和概念发展的历史进行回顾，以重要化学发现为线索，展现化学的科学思想方法和化学思维对整个科学发展和人类文明的重要性，对我们的思想启迪、科学思维的培养作用。

化学的物质观、原子、化学键、化学反应的某些原理、有机化学的初期、物理化学史、周期律、原子结构、20世纪重要化学史实等。

（3）化学与人类社会。密切结合现代化学知识的各个方面，如与人类生活息息相关的能源、材料、环境、医药、营养、美容、生命与健康等领域，以图片、史实、案例等为教学素材，充分展示化学的魅力，突出化学作为中心科学在人类文明、社会进步、经济发展、政府决策、日常生活中的巨大作用。

（4）今日化学。化学学科的发展日新月异，新原理、新技术、新方法、新应用不断涌现；化学与相关学科的交叉渗透和融合不断导致新的科学发现和新学科的诞生。介绍上述两方面的最新研究成果和发展趋势，有利于学生开阔视野，活跃思维，培养学生对化学的兴趣和关注。

纳米化学、绿色化学、环境（大气、水体和土壤）化学、污染生态化学等。

5. 课程组织

（1）使用多媒体教学，课堂讲授26学时。各部分内容学时分配如下：可持续发展概要（3学时）；化学哲学与化学简史（3学时）；化学与人类社会（14学时）；今日化学（6学时）。

（2）课堂讨论10学时，部分专题如下：化学与绿色消费；化妆品与化学；化学与能源VS校园节能；从化学看饮食与人体保健；化学与中医中药；化学与建筑；化学与服饰；共振论的提出及其哲学思考；原子理论及其哲学意义；燃素说一二三；分子对称性与美学；化学与公共安全及管理；交通、环保与化学；化学与战争。

（3）学生需自学部分内容。

（4）课程考试2小时，不占课内学时。

6. 课程管理

本课程开课单位/开课学期：化学与化学工程学院/每学年第二学期；授课对象：人文、社科、经济、管理、法律、政治、社会学、公共事务与管理、旅游、艺术、新闻传播、工业设计、物理、化学、生物、医学、药学、公共卫生、营养、环境工程、能源、交通等专业学生。

具体要求：①读书报告1篇，不少于6 000字，占课程成绩的40%；②参与专题讨论，占课程成绩的40%；③课程考试，占课程成绩的20%。考试内容：化学思想、化学方法、化学知识、化学与人文科学、化学与社会问题等；④学分数/学时数：2/36。

此外，本课程要求选课学生认真参与课堂教学，积极提问，广泛阅读相关书籍，主动、积极地参与专题讨论；深度思考，深刻理解可持续发展的内涵，理解化学在人类社会实现和谐发展、可持续发展中的作用；用化学原理、化学知识、化学方法、化学思维去观察、分析身边的事物和各种社会现象，努力向周围人传播化学文化。

7. 课程评价

从科学、技术和社会相互作用的角度，有利于学生体会化学在综合利用自然资源中的作用，学会辩证地看待人类和自然协调发展中可能遇到的问题，并培养学生明达决策的意识和能力；从学科知识的角度，有利于学生将前面所学过的知识和技能进行必要的梳理、归纳和拓展，主要包括无机物之间的转化（在固态和溶液状态下，金属及其化合物、非金属及其化合物的反应）、有机物之间的转化（裂解反应、聚合反应）。

五、中山大学文化素质教育课程的特点

中山大学把文化素质教育当作一项系统工程，努力从整体上统筹规划学校各方面的工作，具体来说有以下特点。

（一）文化素质教育内容列入教学计划，加大学分比重

加强文化素质教育课程体系建设，锤炼文化素质教育精品课程。将规范和优化后的文化素质教育课程体系纳入新一轮教学计划中，要求本科生修满16个学分的文化素质教育选修课程方可毕业。

另外，学校积极创建文化素质教育精品课程。为加强文化素质教育课程建设，创建更多的素质教育精品课程，学校拨出专项经费支持文化素质教育课程建设，加大文化素质教育课程教材的资助力度，鼓励教师编写出版更多的高水平教材，特别是高水平的现代化教材。

（二）师资培养考核制，加强团队力量建设

把提高教师文化素养列入学校师资队伍建设规划中，经过若干年的努力，形成一批文化素质教育的团队力量。

新教师及首次开课教师培训时间为一学期，通过讲座、座谈会、理论学习、观摩听课和经验交流等方式，从教育思想、教学方法、教学能力等各方面对新教师及首次开课教师进行全方位的培训。培训内容分四方面：教学专题讲座、考察与指导、组织教学观摩和组织经验交流会。参加培训的教师还需经过考核：每人写出小结；综合听课情况、学生意见及参加专题讲座等培训情况，培训组对首次开课教师一学期的教学情况做出评价，分成优秀、良好、合格和不合格（或不适宜搞教学工作）几个等级，并颁发"首次开课教师培训合格证书"。

学校将培训意见反馈给新教师及首次开课教师所在院（系），必要时直接送达给教师本人，培训意见将记入教师本人业务档案，并在职称晋升中予以体现；没有"首次开课教师培训合格证书"的教师原则上不能担任

主讲教师。

为了更好地调动我校青年教师的教学积极性，提高他们的教学水平和教学工作能力，学校将在适当的时候组织青年教师授课竞赛。

（三）文化讲座系列化，带动校园文化建设

举办各类高品位的学术讲座，着力办好"中外优秀文化讲座""文理医融合拓宽视野名师系列讲座""禾田学术讲座""医学·人文系列讲座""若海学术讲座"等系列讲座，增办"中山大学艺术与人生讲坛""心系中大——校友论坛"等人文艺术系列讲座，营造浓郁的高品位的校园文化学术氛围。

中外优秀文化讲座是由学校教务处主办、历史系团总支、学生会协办的一个校内文化讲座。自1994年10月创办以来，以弘扬中外优秀文化、促进校内文化建设为宗旨，为全校各校区师生提供了一个全方位、多层次、广泛的文化交流空间。讲座内容涉及文、史、哲、政、经、法和自然科学等领域。

中外优秀文化讲座计划由教务处制定，每学期举办14讲，讲座内容围绕每期的主题而定，聘请校内外著名专家、教授担任主讲人。每学期初印发讲座安排表，学生可根据自己的兴趣选择讲座。历史系团总支、学生会负责讲座宣传工作。讲座是讲述与讨论相结合的，在教师围绕主题讲述后，留一定时间给学生提问，师生深入交流。学期结束时，通过问卷调查，了解本学期讲座的举办情况，了解学生心声，及时反馈信息，有利于讲座的及时改进。

中外优秀文化讲座在活跃校园学术气氛、拓宽学生知识面、提高文化素养、培养创新人才等方面起到重要作用。主讲人学术造诣深厚，讲授内

高等教育热点问题研究

容广泛而深刻,深受学生欢迎。每到星期四晚,听讲人就会不约而同地来到小礼堂,不仅有中大的学生、老师,还有外校的学生、老师,在这里聆听精彩的讲座,共同接受人类优秀文化的洗礼。

正如黄达人校长所说,"中外优秀文化讲座"已成为我校学生素质教育的"王牌"。中外优秀文化讲座是中山大学进行文化素质教育的有力阵地,是中山大学培养本科高素质人才的一道亮丽风景线。

(四)校园文化建设多样化,构建良好人文环境

(1)为使广大师生对中山大学的历史、传统和文化精神有更丰富、更深刻的认识,进一步推动新世纪校园文化建设,学校决定在世纪之交开展系列校园文化建设活动。

(2)重视大学生文化素质教育载体建设,建设网上博物馆、校史陈列馆、孙中山纪念馆、地质矿石馆、人类学博物馆、医学博物馆、生物标本馆、生物数字博物馆等,为进行大学生文化素质教育提供丰富的人文资源。

(3)充分发挥一报两台(校报、电视台、广播电台)及中山大学校园网等媒体平台的作用,重视学生新闻宣传队伍建设,加大文化素质教育宣传力度,促进校园精神文明建设。

(4)开展丰富多彩的第二课堂校园文化活动,打造文化素质教育精品;加强对大学生社团活动的领导,指导不同类型的大学生社团的健康发展;组织开展学生科技创新和社会实践活动,为培养学生的创新能力提供宽广的平台与途径。

(5)继续加强文化素质教育设施建设和校园美化、绿化工作,发挥

校园环境在提高学生素质方面的感染和熏陶作用。

（6）建设设施优良的各校区学生活动中心、礼堂、体育中心、图书馆、实验室、博物馆、校史馆、纪念馆等，为开展文化素质教育活动提供必要的活动场地。

（7）继续深化政治理论和思想品德教育（两课）改革，发挥"两课"在学生思想道德教育中的主渠道和主阵地作用。

（8）进一步加强文化素质教育理论与实践的研究，用理论指导实践，形成的好经验并加以推广。

（9）建立和完善文化素质教育质量监控体系，为培养高素质人才提供质量保证。

六、中山大学文化素质教育课程的评价

（一）对学生个性关注不够

中山大学文化素质教育课程总的来说，对学生个性关注不够。首先是课程授课方式没有照顾个体。集中体现文化素质教育的通识教育选修课，都是以集体授课的方式进行的。其次是教学内容方面，经过近两年的建设与实践，学校建设了"现代美学导论""《论语》研读""生命科学导论""中国艺术史""主流经济学的思想与方法""当代科技中的物理现象""大学生心理卫生"等一批高质量、高起点的文化素质教育选修课程，这些课程深受同学们的欢迎，选修人数门门爆满。这些现象的背后，一方面体现了学生对文化素质教育内容的渴求，另一方面也体现了中山大学文化素质教育课程内容，仍然不能满足学生的需求。中山大学原计划在三年内建设150～200门高质量的文化素质教育选修课程，每年更新其中的

10%~15%，并将其中的一部分课程培育成文化素质教育精品课程。

（二）重文轻理

根据 2004 年《关于加强素质教育课程（必修或选修）建设的通知》文件要求，中大批准了"生命科学导论"等 23 门课为中山大学第一批创建素质教育精品课程建设项目。根据 2008 年 6 月《关于公布第二批创建素质教育精品课程（公共选修课）建设项目的通知》，中大批准了"哲学反思中的超级想象力"等 20 门课为中山大学第二批创建素质教育精品课程建设项目。（表 7.1）

表 7.1　中山大学第一批与第二批创建素质教育精品课程建设项目

开课单位	第一批创建素质教育精品课程	第二批创建素质教育精品课程
中文系		非物质文化遗产保护的理论与实践
艺术教育中心		大学生礼仪与形象塑造
艺术教育中心		绘画造型基础
人类学系		敦煌佛教艺术
法学系		文学中的法律
法学院		中国营商法律风险及其防范
外语学院		世界风光与文化
资讯管理系		竞争情报分析
资讯管理系		信息获取与利用
旅游学院		管理学原理
人类学系		失落的文明
地理科学与规划学院		大学生就业能力与职业发展
生命科学学院	生命科学导论	
生命科学学院	现代生物技术概论	
大学外语教学中心	跨文化交际英语	
哲学系	现代美学导论	
哲学系	《论语》研读	哲学反思中的超级想象力
哲学系		西方哲学史
物理科学与工程技术学院	当代科技中的物理现象	
数学与计算数学学院	数据处理和计算机仿真（数学建模系列课程一）	

续表

开课单位	第一批创建素质教育精品课程	第二批创建素质教育精品课程
环境科学与工程学院环境工程系	环境工程导论	
生命科学学院	情商与成功学	
岭南学院	中国经济热点问题研究	
岭南学院	主流经济学的思想和方法	
政治与公共事务管理学院公共传播系	传播学	
政治与公共事务管理社会学系	社会学概论	
政治与公共事务管理政治学系	政治学原理	媒介社会学
政治与公共事务管理学院		中国政府与政治
历史学系	中国艺术史	20世纪中国社会变革与人物
历史学系	古代希腊罗马文化	历史小说、历史剧与历史
历史学系		在地图中发现历史
化学与化学工程学院	化学、人类、社会	
管理学院	现代人力资源测评理论与方法	创业成长与创新管理
心理健康教育咨询中心	心理健康教育导论	
附属第二医院南校区门诊部	大学生健康教育	
第三临床学院传染病学教研室	传染病传播和预防	
公共卫生学院妇幼卫生系	大学生心理卫生	
基础医学院寄生虫学教研室	个人保健——寄生虫病防治	
合计	23	20

由以上统计可知，可以列入理科类的课程有"竞争情报分析""生命科学导论""现代生物技术概论""当代科技中的物理现象""数据处理和计算机仿真""环境工程导论"等9门课程，其余都属于人文社会科学类课程。由此可见，中山大学的文学素质教育课程中，普遍是人文社会科学类课程，理科或工科类的课程则非常缺乏。这固然与中山大学以文科专业为主的办学性质有关，但作为大学生文化素质教育组成部分的课程，应适当兼顾知识的全面和综合，以便培养具有全面综合素质的人才。

七、中山大学文化素质教育课程改革的建议

（一）健全制度、加强监督和评估机制建设

1. 健全领导机制，成立"基地建设领导小组"

为了有效地组织和协调基地建设的各项工作，除了成立"中山大学国家大学生文化素质教育基地领导小组"，配备专门得力人手，设置固定场所外，还应健全领导机制，避免各位领导和人员仅挂职而无实际工作，导致基地建设规划缺少应有的力度和效力。

2. 时间需保证，奖惩需分明

基地建设从个体来说，需保证负责老师有充足的时间，专职专责；从全体来说，也应有一个时间保证，在学校教学规划中，留出时间保证文化素质教育的进行。

学校应加强基地的硬件建设，设置相应的办公场所、办公设备和其他办公条件。

学校应保证基地建设的经费投入。中大应加大对文化素质教育活动和研究课题的奖惩力度。除了有奖励，也应有一定的惩罚措施，奖惩须分明，促进文化素质教育有序、有效和有力地持续开展下去。

3. 加强监督和评估机制建设

挖掘优秀中华民族传统文化教育资源的同时，应着力进行本校师资队伍的培养，不可能以聘请校外专家来做报告为主，应培养本校文化素质教育教师集体。

第七章　中山大学文化素质教育课程

（二）处理好几对关系

中山大学的文化素质教育课程计划，应处理好以下关系。

1. 文化素质教育与德育的关系

中山大学重视校园文化建设中"隐性课程"的教育作用。多年来，在学校党委的领导下，开展了以"大学精神、人文环境、管理制度"为核心内容的现代大学文化建设。常年为各校区学生开办各类型的文化学术讲座，"中外优秀文化讲座""中山大学艺术与人生讲坛""若海学术论坛""禾田学术讲座"等系列讲座已成为学校文化学术讲座的知名品牌。系列学术讲座拓宽了对学生进行文化素质教育的渠道，营造了浓郁的学术文化氛围。

不可否认，上述内容对培育学生的"文化素质"起到了一定的作用，但这些内容和活动对于培养学生思想品德和道德情操等却比较薄弱。因此，笔者以为，在加强文化素质教育的同时，还应该加强德育课程的建设和开展。有必要在文化素质教育课程中，增设德育课程和德育实践活动。尤其是德育实践活动课程，在中山大学所有的文化素质教育课程中还比较鲜见。

2. 文化素质教育与综合素质教育的关系

1999年，第四次全国教育工作会议上发布的《中共中央国务院关于深化教育改革全面推进素质教育的决定》指出："实施素质教育，必须把德育、体育、美育等有机统一在教育活动的各个环节中，学校教育不仅要抓好智育，更要重视德育，还要加强体育、美育、劳动技术教育和社会实践，使诸方面教育相互渗透，协调发展，促进学生的全面发展和健康成长。"[1]这就要求大学在主抓文化素质教育课程建设的同时，把文化素质教育和综

---

[1] 张岂之.大学文化素质教育的特色[J].中国高教研究，2005（9）：1.

合素质教育结合起来。

中山大学学科门类齐全，开设文化素质教育选修课程的单位多，每学期有31个院系面向全校各校区学生开设大约200门文化素质教育选修课程，让本科生在校四年中能学到10～15门优质课程，并规定了所修学分的要求。开设这些文化素质教育选修课对引导学生涉猎不同学科领域，拓宽知识面，学习不同学科的思想和方法，强化素质起到了积极作用。①

但应加强综合课程的建设，并在文化素质教育活动中渗透多学科知识，避免单一和浮泛。总之，课程不应限于文化素质教育的范畴，而应发展各种素质教育，成为综合素质教育的大课堂。实现文化素质教育与其他素质教育相互渗透、相互促进。

3. 文化素质教育与实践教学的关系

开展大学文化素质教育要处理好与实践教学的关系，自觉地将第一课堂与第二课堂结合起来。第一课堂，指教师在课堂上进行文化素质教育的教学活动；第二课堂则是学生们在教师指导下的课外活动，以学生的实践活动为主，形式多样、丰富多彩。如学生们的社团活动、社会实践活动、面向社会的体育和艺术活动等。中山大学每年都安排了不少选修课让学生选择，学校2009年共开展了两批通识教育精品课程建设，所有这些课程，除了教师在课堂上传授知识外，还应带领学生走进社会实践，增强理论知识与社会实际的联系，将理论知识应用于实践中。

第一课堂和第二课堂应结合开展。文化素质教育与实践教学的关系不

---

① 龙莉，刘济科，李延保. 中山大学文化素质教育课程建设探索 [J]. 中国大学教学，2006（8）：15.

应是彼此脱离和相互独立的关系，而应该是彼此结合、相互促进的关系。

总之，将文化素质教育中第一课堂与第二课堂有机结合，使文化知识和社会实践结合起来，从而塑造学生们的优秀综合素质，是有效的教育途径。

中山大学加强高校文化素质教育，是全面贯彻教育方针、全面推进素质教育、全面提高教育质量、培养适应新世纪我国社会主义建设高质量人才的重要举措，也是世界高教界密切关注的重要问题，是一个具有长远战略意义的重大课题。

第八章　香港特区高校创新型人才培养模式

创新是民族进步的灵魂，是经济社会发展的永恒主题，也是国家科技进步的不竭动力。创新型人才培养是大学教育的使命之一。香港特区高校拥有不少跻身世界一流的高校，在创新型人才培养方面特色鲜明、成绩斐然，值得我们深入探究与学习。本章主要探讨香港特区高校创新型人才培养的实践、特点与经验。

一、香港特区高校创新型人才培养的实践

（一）港大创新型人才培养的实践

1. 近期、中期、长期规划，全面整合学校资源

港大着眼长远的发展考虑，见之于其领导人的讲话中。时任校长徐立之在港大《2009—2014年度策略计划》中说：就师资、校友分布、研究专业、课程重点及国际视野而言，港大早已成为一所国际大学。今后

第八章　香港特区高校创新型人才培养模式

港大将会继续努力加强港大在亚洲及国际间的合作关系，并积极吸纳本港及海外的优秀学生与精英人才。要成为真正的国际化学府，不断放眼天下，怀抱全球。

港大每5年制订一个规划，对其教学、科研和服务等方面的任务做出战略部署。如《2009—2014年度策略》于2007年开展，经过两年时间筹划写成。其间通过对校务委员会及大学管理层、院长及学系主任，以及教职员、学生及校友等进行咨询和举行集思会等方式，对规划任务进行反复研讨；同时，鼓励港大成员通过网上问卷调查提出反馈意见。

根据港大的发展政策文件，各部门再制订具体的近期发展计划。根据学校教学目标，确定部门工作的优先次序。个别学院、教研中心及部门须以学校的战略目标为指导，加上其特定使命，制订其年度发展计划。

根据港大中长期发展规划，各单位将其目的、目标、可达成事项及成果等，纳入其单位层面的发展计划之中。

2. 加大人才培养的投入力度

特区政府每年给港大的拨款约30亿港元，学校另外自筹资金约10亿港元。港大是香港特区院校中拓展学术捐献理念的先驱。一直以来，港大的发展得到社会人士尤其是校友的大力支持。港大每年获得总共数十亿港元的捐款，用以支持教学研究、提供奖学金、成立教研奖项、进行基础设施建设及设置各种教学基金等。

作为一所综合性大学，港大能支持国际一流水平的学者从事各种研究工作。港大有约100名科学家被科学信息研究所评为其各自所属领域中全球1/100最顶尖的科学家。港大的科研工作成就令港大得以较香港特区其他大学获取更多的研究拨款。

港大要求从财政资源上逐步增加知识交流活动所占比重，并确保学院做出相应安排。加大力度募集捐献，增加捐赠教授席位数目。开拓多元化及更充裕的资金来源，支持教与学、研究和知识交流活动；汇聚捐款以资助明德教授席位、奖学金、基建和信息科技发展等，检讨现有奖学金与财务资助计划的成效，为不同背景的学生提供更多奖学金资助，包括资助非本地学生开展创新研究和学习。

3. 成立专门的组织机构，加强对高层次创新型人才培养的专业化服务

港大设立了大学教学发展中心，帮助教师解决教学中出现的有关问题。学校还设立了研究生院，为研究生提供有关研究工作方面的基础训练及指导。

此外，港大成立了"香港特区的大学世界联系网"，每年为校内1/10的学生提供海外学习的机会，与世界近90所院校开展学生交换计划，与全球300多所院校及科研机构进行教研合作。

为了提高学校管理部门的工作效率，学校邀请了顾问公司对学校的行政机构设置进行评审，并采取了一些改革措施。2018年以来（至2021年9月），学校设校长1人，副校长5人，分别掌管人力资源、学务、校务发展及研究。学校采用选举制与委任制相结合的方式任命院长和系主任，以民主务实的精神推选管理人才。学校将不属于教研核心工作的部门重组，如食堂、物业等方面的工作已交由校外承包商负责。这样，学校可以节省人力和资金，把更多的人力和资金用于教研工作。①

---

① 王国祥. 迈向新世纪的香港特区的大学——访香港特区的大学校长郑耀宗[J]. 中国大学教学，2000（1）：18-19.

第八章 香港特区高校创新型人才培养模式

4. 大力发展跨学科研究中心和多学科交叉平台，创新人才培养模式

根据港大《2003—2008年发展策略》报告，港大在本科及跨学科范畴，进行了具创意、影响深远及尖端的研究。根据主要表现指标，港大一直位于全球30大研究型大学之列。港大在跨学科研究范畴建立临界规模，发展具有卓越水平的研究所，以汇聚核心研究人员，从而与港大内外其他研究人员建立关系网络。通过营建先进研究设施，鼓励并推动跨范畴合作，促进研究活动产生协同效益。

5. 改革人才培养工作机制，积极推动与国外著名大学的强强联合

港大前校长郑耀宗曾说，港大人才培养目标应该是"香港特区情，中国心，世界观"。港大的抱负，就是要成为中国的一所先进大学，同时也是一所国际性、综合性一流大学，为中国及整个亚太地区培养人才。为了达到这一目标，港大在教学、研究、管理及服务社会四方面积极发展。培养优秀学生，推动社会发展，是港大最重要的使命。21世纪的港大，继续从世界各国争取优秀人才担任教席，帮助学生开阔视野。利用访问学者计划，使学生有机会跟随世界级的学者学习，通过国际学术交换计划、合作办学等形式，与本港及国内外的大学和科研机构合作，一同开展研究项目。让更多的学生有机会接受欧美国际一流大学教授的教导，让港大学生成为香港特区青年中最优秀的一群人。

6. 以一流吸引一流，保持教师队伍的国际化和高质量

港大从建立之初就是一所国际化的大学，2021年入学的新生有42.4%来自外埠；2021年，有66.2%的教授为非本港籍贯人员。2004年9月，港大校董会通过了一套人力资源管理改革原则，同意采用与国际惯例接轨的新学术职衔制度，又采纳表现为本的评估方法。面对当今竞争激烈的全球环境，港大采取对策建立一个重视人才与卓越成就、肯定工作表现及支持专业发展的人力资源制度，不断精益求精。

为保持领导地位，港大的首要工作之一是招揽、培育及挽留世界级教职员；通过国际招聘活动，将世界各地的教学经验与优良师资带到港大，确保教学人员拥有多元文化背景，支持优质的教学水平。

（二）中大创新型人才培养的实践

1. 学科建设：卓越学科领域计划

中大致力于成为亚洲甚至全世界的最佳学府之一，希望有更多卓越学科领域跻身亚洲最佳之列，个别科目甚至在全球名列前茅。

基于这些考虑，中大制订了方案，运用额外资源做重点及长远投资，以资助研究与学术达到卓越水平。可获资助的领域有4类（甲、乙、丙、丁），全以提升素质及壮大实力为目的。

（1）甲：主要领域。中大已经确定以下数个领域作为重点发展领域：中国研究、生物医学科学、信息科学、经济与金融、地球信息与地球科学。新获得的资源有很大部分将会投放在这几个主要领域，但各领域的实际需要可能差别很大；这些重点发展领域亦列入向外筹款的优先项目之中。

（2）乙：专门领域。其他较专门的领域可由各部门提出建议，大学按其表现甄别，然后考虑是否调配新资源以加强实力。

（3）丙：小组及个人。对研究与学术表现卓越者予以鼓励。

（4）丁：单次支援。提供购置设备的资源及启动经费，以壮实力。

第八章　香港特区高校创新型人才培养模式

2. 教学改革：领袖才能培育计划

教育学生是大学的首要任务，也是大学的存在价值。中大毕业生除了应该拥有渊博的学识和丰富的常识外，对所修的学科应力臻精深，借此体验认真钻研、求索的精神。他们应该精通中英语文，具备数学能力、分析技巧以及信息科技能力，尤其应培养终身学习和专业发展的自学能力，这种自学能力比从大学教育获得的数据性知识更加可贵。他们要养成博览群书的习惯，会判断和独立思考，善于沟通，能在团队里合群工作。他们对中国文化应有深切了解，从而培养出对国民身份的认同和对民族的自豪感。他们亦应该懂得接纳及欣赏其他文化，以至对不同文化的差异能有敏锐触觉，广泛包容，更具有国际视野。他们应该对自我、家庭和社会关怀爱护，意诚心正，作为公民和领袖为社会作出贡献。他们应该对人生有目标、责任感和担当，有服务社会的热诚，并且品味高雅。

（1）总体措施。中大落实课程发展及检讨综合架构，以6年为循环，在大学层次检讨每项本科生课程。值得一提的是，除了咨询校外专家外，中大还征询学生和校友意见。目的是确保每项课程都以实证为本，自行反思，更采取适当行动，持续改进，以达到理想效果，而中大则提供奖励以推动改进计划。首轮的检讨在两个三年计划期内完成。

（2）具体改革措施。

1）采取中英双语政策。中大自创校起即采取中英双语政策，并期望毕业生的中英文达到一定水平，而中文包括流利的普通话。

2）开设热门课程。中大开办的课程，很多都是特区内最好的，该门课程的学生素质可作明证。中大每项课程都会制订计划，以保持其领导地位，其中不少课程能吸引区内甚至全世界的优秀学生。

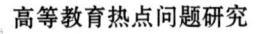

提供双主修、双学位和跨学科课程。弹性学分制让学生在宽广的范围内灵活设计自己的学习。为了更好地协调学生修读本科以外的科目，中大提供双主修学位和双学位的架构，让学生有更多的选择。

3）联合开发课程。中大与伙伴院校紧密合作，提供各种课程。按中大与港大和科大签订的综合协议，2004年成立高等研究联合中心，由3所大学共同为研究生提供一系列的课程。此外，中大已与香港教育学院实施以下合作计划：英语研究与教育本科生联合课程、运动科学合作计划，以及联合指导研究生。中大还与海外院校合办多项联合课程：与位于美国教堂山（ChapelHill）的北卡罗来纳大学（University of North Carolina）和丹麦哥本哈根商业学院（Copenhagen Business School）合作环球商业研究工商管理学士课程；与北京大学联合培养博士生；与法国HEC管理学院合办工商管理硕士课程；与清华大学、西安交通大学、台湾中山大学和长庚大学合办工商管理硕士课程等。

（三）科大创新型人才培养的实践

1．教育

凝聚各学院和学科的优势，促进不同学科之间的互动，让学生能应付瞬息万变的世界。

（1）建立学者即教师的文化，强调教学和科研并长，设立表扬和奖励机制，为教师提供培训计划。

（2）规划并实施过渡到4年制本科课程的措施，包括以学院为本招生、较灵活的学位课程、设立涵盖广泛的基础课程、推出品牌课程、为所有大四本科生毕业前提供独立研究或实习机会；以及为本科生提供研究机会。

第八章　香港特区高校创新型人才培养模式

（3）加强跨学科发展和国际化，包括更灵活的学位课程、国际学术交流、实习机会和工业实习先导计划。

（4）通过加强参与小区服务、个人发展、宿舍生活体验，以及各种可转移技术培训，学生可以获得全面的发展。

（5）加强招生、支持和服务工作。

2. 研究

以教学进一步加强跨学科的整合，共同解决重要的社会问题。

（1）促进学科内及跨学科的研究，多管齐下，鼓励师生从事源于探索精神的基础和应用研究，并在重点研究领域和项目投放更多资源，配合大学的策略发展。

（2）连续多年更新和提升研究设备，使大学的研究环境和配套更有利于师生进行科研，支持世界一流的研究。

（3）通过高等研究院（Institute for Advanced Study）进一步提升研究工作，把高等研究院活动纳入本科生和研究生课程内，汇集不同学科的国际专家，促进创新思维，研究世界关注的课题。

（4）扩大知识优势，与政府、业界和社会分享研究成果，特别在政府提出的六大新兴产业方面，进一步加强本校在区内和全球的影响力。

（5）通过建立国际和地区伙伴关系，扩大本校在香港特区境外的研究基地，充分利用内地研究工作的优势。

（6）在本科课程中加入研究元素，把本科生研究计划发展成为更多学生参与的旗舰课程。

3. 教师

加大投入，广泛吸纳和挽留重点课程的高质素教师。

（1）大学将招聘更多教师，以应付新的教学需要和接替退休的教师，目标是吸纳来自世界各地的教师，使科大维持国际级大学的地位。

（2）制定灵活和具有国际竞争力的教师薪酬制度，包括设立足够的基金讲座教授教席和提供足够的启动资金。

4. 社会参与

加强师生与社会各界人士互动，与业界和社会大众分享知识和提供服务，并与校友建立更紧密的关系。

（1）制定宣传策略，通过各种平台和媒体，提升科大的形象。

（2）积极鼓励师生参与外展服务，为香港特区及内地社会做出贡献。

（3）制定全面的计划，加强校友与大学的联系，鼓励校友参与师友计划，与学生分享人生经验。

（4）通过全球宣传活动，提高大学的声誉和国际地位，并积极筹款，以实现各项计划。

5. 国际及内地策略

与国际接轨，同时在内地寻求更多的发展机会。

（1）在各主要的地区按照独特的目标及策略，建立伙伴关系和开展合作计划，增强研究和学术能力，提高国际声誉和地位；积极和主动地从海外吸纳最优秀的学生和教师。

（2）提升科大的形象，在世界各地策划和推行策略性的宣传活动，包括向海外企业和投资者宣传学者的成就及创见，邀请企业家做经验分享，

第八章　香港特区高校创新型人才培养模式

以及策划和举办活动，宣传和推广科大。

（3）与内地重点大学和城市结盟，特别在珠江三角洲地区，向政府、公众及媒体宣传科大，与内地的企业和商界领袖建立关系，进一步加强在内地的活动、影响力和招生工作。

6. 组织与资源

加强不同部门之间的合作，建立统一的团队，提高效率和增加效益。

（1）为确保大学能够继续吸纳和挽留优秀人才，大学一方面检讨教学和非教学人员的薪酬及福利制度；另一方面，重新审视和改善现有的考核制度，进一步加强以绩效为本的文化，加强员工培训和发展。

（2）继续进行与3-3-4相关的建设及配套工程；检讨和更新校园发展计划，推行可持续的拨款模式，以寻求足够资金进行新工程和翻新设施；为"绿色科大"建立一套可持续发展的环境政策和目标。

（3）与所有员工加强沟通和接触；检讨组织架构，改善工作流程，促进部门之间的沟通和合作。

二、香港特区高校创新型人才培养的特色

香港特区高等教育凭借其完善的制度章程、灵活的管理体制、一流的师资队伍、卓越的学科建设、前沿的科学研究、创新的人才培养、高额的教育投入与高效的监督机制，取得了令人瞩目的辉煌成就，以港大、中大和科大为代表的一批高校，已进入世界一流大学行列。其先进开放的办学理念和高效灵活的教学实践，形成了独具特色的"香港特区模式"。

高等教育热点问题研究

（一）完善的制度章程

香港特区高等教育具有完善的制度法规和针对每个高校的大学章程，实现了依法办学。特区政府通过政策法规对高等教育进行宏观调控；各高校通过大学章程，实现依法治校、自主管理、学术自治和学术自由。

（二）灵活的管理体制

特区政府对高等教育实行"不干预"的管理政策；同时，构建"政府—中间机构—高校"的立体化管理模式。香港教育统筹委员会、教资会、研究资助局等中间机构，承担沟通政府与高校的桥梁，承担咨询、服务、协调、监督与建议等功能，促进高等教育沿着科学、自治、民主和高效的方向发展。

（三）一流的师资队伍

香港特区高等教育的师资队伍国际化程度非常高。高校面向世界招聘优秀教师。师资力量成为香港特区实现卓越高等教育质量的关键因素：通过系统持续的教育支持政策，从制度上保证师资的专业素质培养和发展；通过独立权威的资助机构，从组织上保证师资教学和科研评价工作的客观公正；通过提供充足多元的资金，从物质上促使教师全心投入教学和科研；通过自上而下明确坚定的重教理念，从舆论上为教师教学与科研营造良好的环境氛围；通过专业和公正的激励措施，从政策、机构、考核三方面保证教师工作的积极性。

（四）卓越的学科建设

香港特区高等教育在学科专业建设中具有相当大的自主权，其追求卓越的基本思路是：不断推进学科专业建设的观念创新、面向市场形成专业改革与建设的增长点、大力深化课程体系改革与创新、以现代化管

第八章　香港特区高校创新型人才培养模式

理为目标完善学科专业建设质量保证与监控体系，以及提高学科专业建设的国际化程度。港大提倡以研究为基础的教学，以及加强统整学习成果、内容、教学法与评估，并确保向本科生及研究生清楚传达学习目标和标准，对教学的重要性给予充分的重视。中大从大学层面（毕业生应具备的特质）、课程层面、科目层面、效果为本的学习方法、选科等5个层面阐明其目标和实现其自身特色。科大强调办学的市场导向，注重培养实用性人才，专业设置针对性很强，体现了学校办学面向社会、服务于地区经济发展的特点。

（五）前沿的科学研究

香港特区高校的教学科研及管理模式具有很强的前瞻性、适应性和现代性，紧跟时代潮流，把握世界前沿，开展尖端研究。研究资助局以竞争性的拨款方式，引导各高校从事高、精、尖的具有国际水平、引领相关领域前沿的科学项目研究。香港特区三大高校在其发展战略和年度计划中，都非常明确自身优先扶持的优势学科和重点科研项目，并在人力、财力和物力等方面优先满足和保障，促进学校开展特色项目和重点学科建设，推动学科建设走向卓越，创造品牌效应。

（六）创新的人才培养

香港特区高层次创新型人才培养凝聚着世界教育精髓和先进理念。通过从专业人才到复合人才、从人才"裂变"到人才"聚变"，实现人才培养理念创新；从优秀到卓越、从本地到全球，实现人才培养目标创新；从呆板到灵活、从数量到质量，实现人才培养方法创新；从重"实用"到重"素质"、从"实用主义"到"创新主义"，实现人才培养模式创新。其主要特色体现在：明确人才培养的目标和定位，注重知识和能力结构的多元化，强调心理素质和精神素养的融合，推行国际化教育和国际型人才培养，实施灵活与务实的管理体制。港大提供具有高影响力的和领先的跨学科学习和研究，培育既好学不倦，又具有个人操守和专业精神，而且触觉敏锐，能在所属行业担任领袖的人才。中大毕业生除了拥有渊博的学识和丰富的常识外，对所修的学科力臻精深，不但成为专才，也借此体验认真钻研、求索的精神。科大通过教学和研究促进学习、追求知识，尤其注重特定的教研领域和培育研究生方面，并协助香港特区经济和社会发展。

（七）高额的教育投入

特区政府非常重视教育，体现对教育的高额投入上。《香港特区政府2010—2011年施政报告》指出，教育经费占特区政府整体经常开支超过五分之一，是特区政府各项开支的最大项目。而各高校也会将教育经费中的大部分投资于教学与科研项目。以科大为例，在2009—2010财政年度，总支出中，最大一项开支用于教学与研究，占总开支的73%。香港特区高等教育经费管理的特点体现在：灵活自主的拨款计划和周期，详细周密的非经常补助金分配方式，及时有效的院校成本处理应急办法，以及科学完善的监督评价机制。港大在财政上已经实现了多元化经费来源，科学研究成为教育经费的主要流向之一。中大教育经费与香港特区自由的市场经济环境相适应，多元化的经费拨款使学校在设立教育方向上呈现出百花齐放的特色。充分利用政府、工商界及社会力量等多种筹款渠道，为大学争取到为数可观的研究资助，是科大成为世界级研究型大学的保障。

（八）高效的监督机制

特区政府制定了完善的针对高校的审计监督机制、年度教育报告制度、面向社会征询意见的群众监督机制，群策群力、民主开放的办学模式，真正体现了为民办学、以民为本的思想。通过综合运用政府、咨询服务机构和大学内部的管理机制，协调、监督高校的办学行为，保障高等教育质量的持续提升。以考核制和问责制保障学校行政职能。香港特区高校教学、科研管理模式坚持以人为本，尊重全人发展，以服务为管理的宗旨和要义；行政机构建制简洁合理，职责分明、监管严格，机构运行效率高；丰富多样的教学组织模式，保证了人才培养的质量。

香港特区高等教育改革发展所取得的卓越成就表明：推进高等教育的科学发展，必须严格遵循高等教育自身的发展规律，正确把握人才培养、科学研究和服务社会的关系，不断完善高等教育体制、创建现代大学制度、创新学科专业建设、强化创新型人才培养、推进高校师资及激励制度改革、建设高效办学经费管理机制，以及促使大学管理模式创新，实现高等教育持续、稳定和健康快速发展。

三、香港特区高校创新型人才培养的经验

香港特区高等教育在近 100 年的发展历程中，不断地探索发掘、调整改革，从适应社会发展到引领社会前进，逐渐形成了凝聚世界教育精髓和先进理念的香港特区特色。

（一）理念创新

1. 从专业人才到复合人才

香港特区高等教育发展战略密切配合经济发展的需要。长期以来，香港特区高等教育规划存在急功近利、实用主义的倾向，过多地注重教育的经济功能而忽视其他功能。有人指出，香港特区的高等教育实际上是一种以实业投资为出发点的教育，是一种纯讲求实效的教育。学校不注重培养人的智慧、陶冶人的精神，而成为"操练"的场所，是典型的专业人才培养取向。

20世纪70年代至80年代末，是香港特区经济全面腾飞的时期，也是香港特区高等教育促进地区经济繁荣而大发展的时期。专业人才培养的取向导致教育质量下滑和学生素质下降，阻碍了社会的全面进步。为此，香港特区当局积极采取一系列补救办法，如加强人文教育、重视通才教育、强调理论和实践的统一等。[①]

2000年9月，香港教育统筹委员会制定了《香港特区教育制度改革建议》。该文件明确提出知识社会对"人力资源"的新要求。过去"工业社会中严格分工、层次分明的工作结构，已经不断被模糊的分工与善变的机构所取代。在知识社会中，人们在生活和工作上所面对的问题，往往需要从多种角度、运用横跨不同范畴的知识去解决。因此，虽然知识与技能日益专门化，社会需要的却不是狭隘的专门人才。社会需要的人才，是必须拥有广博的知识基础，并且善于在工作岗位上不断学会新的知识、掌握新

---

① 林莉. 香港特区高等教育发展战略的演变及其启示[J]. 赣南师范学院学报, 2003 (1): 41-43.

第八章　香港特区高校创新型人才培养模式

的技能"①的"复合人才"。特区政府接受了香港教育统筹委员会的建议,并着手实施从小学到大学的全面教育改革。

2. 从人才"裂变"到人才"聚变"

香港特区的高等教育理念经历了一场从人才"裂变"（指一枝独秀）到人才"聚变"（面向更多的人,提高高层次人才的密度）的过程。

在 20 世纪 70 年代之前,港大的办学宗旨仍然是将教育投资集中于少数精英身上。这体现了当时政府当局对高等教育的基本政策,即将教育资源集中于少数上层子弟,以培养少数精英和买办阶级为主。这时期是香港特区高等教育人才培养理念"裂变"的时期,港大教育成为一枝独秀。

20世纪90年代初期,以科大成立为标志,香港特区政府制订了"突进式"到"聚变式"的高教大规模发展计划,香港特区高等教育进入一个面对新挑战的时期。香港特区政府计划在 1994—1995 年度,使适龄青年修读学士学位的比率从原计划的 12.9% 提高到 18%,这意味着大学学位在 1990—1995 年间要增加 1 倍,大学教师要增加 3 000 多人,80% 的预科毕业生可入读大学,25% 的适龄青年有接受高等教育的机会。②到2010—2011 学年,让 60% 的本地高中毕业生有机会接受大学以上的教育③,进一步扩大香港特区高层次人才的密度。

---

① 香港教育统筹委员会. 香港特区教育制度改革建议［EB/OL］. https：//www.e-c.edu.hk/doc/tc/publications_and_related_documents/education_reform/Edu-reform-chi.pdf,2000-09.

② 林莉. 香港特区高等教育发展战略的演变及其启示［J］. 赣南师范学院学报,2003(1)：41-43.

③ 香港教育统筹委员会. 教育改革进展报告（Progress Report（Chin）2006）［EB/OL］.［2017-08-04］. https：//www.e-c.edu.hk/doc/tc/publications_and_related_documents/education_reform/progress003_ch2_sec7_chi.pdf.

（二）目标创新

香港教育统筹委员会于 2000 年 9 月发布《香港特区教育制度改革建议》，提出香港特区教育要达到的首要目标应该是培养学生："乐于学习、善于沟通、勇于承担、敢于创新。"创新人才培养是香港特区 21 世纪教育的核心任务。具体表现在如下方面。

1. 从优秀到卓越

20 世纪七八十年代，香港特区经济迅猛发展，对高等教育提出了高要求：香港特区高等院校应为社会经济发展提供足够数量的高、中级工程技术和工商业管理人才，以继续保持和提高香港特区工商业的技术水平和管理水平，增强在国际市场的竞争力。

1985 年以后，为了应对新技术革命的挑战以及工业发展从劳动密集型向技术密集型转变，香港特区开始着手培训高等工业技术人才。科大根据以上设想创立，并被定位为以招收研究生为主的研究型大学。

进入 21 世纪，伴随着知识经济时代的到来，香港特区高等教育的办学目标逐步从过去的追求优秀到追求卓越，从过去的适应型发展到跨越式发展，从适应经济发展需要到引领时代潮流方向发展。

2. 从本港到全球

20 世纪末之前，香港特区高等教育更多地着眼于本港和区域发展。伴随着教育全球化，香港特区高等教育也广泛而深刻地受到影响。在历经 20 世纪末高等教育的迅速扩张之后，如何在日渐加剧的国际化竞争中进一步提升教育质量、增强院校的国际竞争力，成为香港特区急需应对的挑战之一。

第八章　香港特区高校创新型人才培养模式

2000年，香港特区教育统筹委员会公布了《教育体制回顾方案》，认为整个世界正在涌动全球化、知识经济和文化多样性的潮流，而香港特区也在经历着政治、经济、文化上的变革。这迫切需要为香港特区公民提供机遇和环境来发展他们的潜力，构建一个文化多元、民主文明、视野开阔的社会，以增强香港特区的竞争力。2001年5月，香港特区教育局委托大学教资会起草了一份名为《香港特区高等教育：大学教育资助委员会的报告》，建议政府采取各种改革措施重建高等教育体制、增强香港特区高校的国际竞争力。由此，特区政府开始对高等教育进行改革，其宗旨在于构建香港特区的世界一流大学。

（三）方法创新

1.从呆板到灵活，建构多元化、多途径、灵活、互通的高等教育体系，增加大学以后的学习机会

在香港特区，以往各大学学分互不相认，学生学习方式也显得不够灵活；不同高校或同一高校内部不同专业各自为政，为学生提供的相似课程难以彼此互认学分。香港特区高等教育的学位占相关人口的比例，远远低于美国、英国、澳大利亚等高等教育发达国家。香港特区需要迎头赶上。

（1）构建多元化、多途径、灵活、互通的高等教育体系。根据香港教育统筹委员会2000年的建议，香港特区各高等院校共同建立一套学分和学历互通机制，对学生在不同院校获得的学分和学历，予以适当的认可。

具体表现在：第一，学生为本。学生可按自己的能力和需要选择不同的修读模式和途径，而不是完全由教师安排或者院校行政决定学生的学习方式和途径。第二，学制灵活。改革后的高等教育体系，有灵活的制度，

有利于适应千变万化的社会需求和学生的个性发展。第三，学分与学历互通。香港教育统筹委员会鼓励各高等院校共同建立一套学分和学历互通机制，对学生在不同院校获得的学分和学历，予以适当的认可。第四，多元化。各高等教育机构按其优势和专长，发展个别卓越学科。除学术领域外，部分院校可以专注于与职业相关的教育或学生的其他个人特长。通过鼓励多元化的办学模式，以及引入不同社会组织的参与，香港特区的高等教育体系趋向更灵活及多元化。第五，多入口、多出口。容许学生按个人情况和需要，在人生的不同阶段里加入、暂停和继续修读高等教育课程。而他们可以把已完成学习单元的学历累积起来，在日后继续修读有关课程时得到适当认可。

（2）增加大学以后的学习机会。如果没有机会接受教育，就谈不上创新和创新教育。香港特区原来的目标是要在2010—2011学年，让60%本地高中毕业生有机会接受专上教育（香港专上教育亦称香港高等教育，是指中学修业后任何不低于中学修业后的教育程度而属专业、技术、学术性质的教育，可以说是在整个香港教育制度下最高层次的教育）。实际到2005—2006学年，适龄学生有机会接受专上教育的整体比率已提升至66%。

2. 从数量到质量，培养富有使命感、具有广阔胸襟和国际视野以及善于创新应变的优秀人才

2000年，香港教育统筹委员会进行咨询期间，部分回应者认为在推动高等教育体系发展的同时，忽略了课程质量和学生素质的提高，忽略了学生创新能力的培养，应确保大学生的素质，而不应只顾数量而忽略质量。

大学最主要的功能是培育各方面的优秀人才。社会对大学毕业生都

第八章　香港特区高校创新型人才培养模式

抱有相当的期望，大学有必要就社会对大学毕业生素质的关注作出积极的响应。

（1）超越传授知识与技能的使命，培养全面发展的领袖人才

第一，注重非智力因素的培养。高等教育应该要有超越传授知识与技能的使命，让学生在文化、感情、良知、精神各方面都得到锻炼，从而培养出能够带领社会前进的人才。

第二，加强通识教育，培养学生学会学习的能力。在课程的广度和深度间取得一个适当的平衡，让学生在培养所需的个别专业与学科的知识和技能外，亦能涉猎不同的学习领域。社会需要的人才必须拥有广博的知识基础，并且善于在工作岗位上不断学会新的知识、掌握新的技能。

第三，提供跨学科学习经历。虽然知识与技能日益专门化，社会需要的却不是狭隘的专门人才。因此，高等教育必须为学生提供横跨不同领域的学习经历，培养学生的思考、应变、沟通等能力和创意，以及开阔学生的视野。

第四，强化语文基础。一个良好的语文基础是终身学习和应付知识社会需要所必须的条件。在高等教育阶段，继续巩固和提高学生的语文能力，确保毕业生的语文水平。

（2）超越服务本港教学模式，培养国际视野及善于创新应变的优秀人才

第一，服务社会，培养国际视野。香港特区的大学超越服务本港的教学模式，鼓励学生参与多元化的校外课余活动，例如社会服务、认识祖国及文艺体育活动。培养国际视野，尽量为学生提供增加国际见闻的机会和更多实际的工作经验，例如，国际交流团和交换生计划，在本地及世界各

地的机构的实习、创业等。

第二，提供自主活动，培养创新应变能力。香港特区的大学认为，学生是宝贵的人才资源，大学应善加运用，因此，鼓励大学生自主发展与组织各种活动，为大学生提供充分的创新活动空间，让学生有充分的时间和精力，参加校内外的、港内外的自主自治的学习与科研活动。

（四）管理创新

1. 人才培养制度从重"实用"到重"素质"的转变

香港特区高校在稳定高校教育发展规模的同时，将提高学生素质放到重要地位。人才培养制度逐步由以往偏重教育经济功能，忽视文化功能，向提供学生德、智、体全面发展的教育转变，将学生培养成既具远大理想，又富实干精神和实干能力的创新人才。这是现今和未来香港特区教育制度发展的一个重要走向。①

2. 校园文化制度从"实用主义"到"创新主义"

香港特区政府沿袭英国教育管理模式管理港大，对香港各高校教育基本实行"不干预"的做法，通过"教资会"对高等教育进行间接管理。因此，香港特区高校得以在较为"自由"的环境中发展。但受香港特区经济社会文化的影响，接受高等教育在香港特区被认为是一种"实业投资"，受教者希望学得一技之长以在社会上赚钱谋生，施教者则以传授应变能力和实际技能为重要职责。"实用主义"文化在香港特区高校也曾盛极一时。香港特区回归祖国，加快了香港高校走向国际的步伐，同时也促进了香港

---

① 操太圣. 香港特区教育制度史研究（1840—1997）[J]. 华东师范大学学报（教育科学版），1997（2）：1-15，22.

特区高校"创新主义"文化制度的形成。为有效应对国际技术经济大环境的不断变化,香港特区高校开始反思高等教育在新技术经济中应该扮演什么样的社会角色。一些享受政府基金支持的高校也采取积极的姿态和张扬的方式参与到新经济的建设中。

科大明确提出以培养"领袖人才"为己任,格外注重对学生创业的支持。"创·新传奇"成为科大20周年校庆的口号。科大出台"员工创业计划",帮扶有意进行科技创业的教工和学生实现理想。[①]

港大也强调应用型科研的创新发展,将重点放在加强与本地工商业的业务联系上,为本地科技型企业的发展提供直接的技术服务。

综上所述,科技创业文化正在香港特区的大学内逐渐形成,可以毫不夸张地说,香港特区的高等院校正在经历着"第二次学术思想革命"[②]。

四、香港特区高校创新型人才培养的启示

(一)定位明确、特色鲜明

教资会对各大学的角色、功能的定位十分明确,各大学均有自己独特的教育理念和使命追求,从而不仅避免了各校盲目趋高的现象,而且能促使各院校相辅相成,共同发挥作用,满足社会的不同需求。香港特区各院校鲜明的办学特色和发展道路见表8.1所示。

---

① 中国网络电视台. 香港特区科技大学校长:训练全人 培养领袖人才[EB/OL].[2011-11-11]. http://news.cntv.cn/20110524/112097.shtml.

② 张欣,孙增寿. 香港特区政府在高等教育改革中的作用[J]. 四川教育学院学院学报,2010(8):3-6.

高等教育热点问题研究

表 8.1　香港特区三所高校创新人才培养特色

高校名称	办学特色
港大	以经济及工商管理学科为优先发展重点，以培养社会领导人才为特色
中大	以促进中西学术文化传统的交流与融合、拓宽学生视野，培养学生综合思考能力，培育既具有专业知识又有处世智慧的人才为特色
科大	以建设成小而专的理工科研究型大学为办学目标，在开拓学生的国际视野、大力推行海外交流计划方面创出特色

资料来源：朱昌平，谢祖锋，黄波. 香港特区实践创新人才培养的考察与对比研究［J］. 实验技术与管理，2011：200-203.

（二）注重学生知识和能力结构的多元化

香港特区的大学历来注重学生知识和能力结构的多元化，通过颇具特色的通识教育，使学生既有高深的专业知识，又有宽广的文化艺术、社会科学等知识。多元交叉的教育促使学生不断提高生存能力、适应能力和应变能力，由单一型人才向复合型人才转化。

（三）注重学生心理素质和精神素养的融合

香港特区的大学历来强调大学教育的"做人造士"的功能和"铸人"之道，致力于将中国传统文化精髓和国外先进文化并举，培养兼容东西方文化，既掌握精深的专业技能又具有高尚情操、通人情、懂世事的人才。同时，大学还注重培养学生的灵活性、适应力和创造力，教导学生学会管理时间，自我减压和舒缓焦虑，树立自信。①

（四）积极推行国际化教育，努力培养国际型人才

为使高校毕业生有效地参与国际经济、国际市场的角逐，香港特区高等院校凭借优厚的待遇与优越的工作条件，从世界各地招聘了数以千计的

---

① 程艳丽. 解读香港特区高等教育优势［J］. 教育与职业，2010（10）：96-98.

第八章　香港特区高校创新型人才培养模式

教师。如港大有半数教师由海外学者担任。这样，就使港大能够吸收各种不同的教育教学和管理模式优点，提高教育教学质量和管理水平。目前，香港特区各大学的外籍教师已逾40%。香港特区高校一般都采用双语教学，选用英语原版教材，注重学生英语应用能力的培养。

香港特区各大学都积极成立交流处，制定多项计划来扩展香港特区境外留学生的招收和本校学生的海外交换工作。例如：中大每年有2 400多个不同时间长度的国际交流名额提供给本科生（中大每年招收的新生共2 900多人），已与180多所著名的海内外学府开展了学生交换计划，其中就包括哈佛、耶鲁、康奈尔等世界顶级大学；港大与世界90多所院校开展了学生交换计划，与全球300多所院校及科研机构进行教研合作，每年为大批学生提供到国外名校学习的机会。[1]交换生计划能使学生开阔视野、增长见识，为学生体验国际高等教育搭建了教学平台，使学生在有限的学习时间中最大限度地与国际接轨。

（五）政府对教育的重视和高投入

前香港特区行政长官在2010—2011年施政报告中指出，政府非常重视教育，现时教育经费占政府整体经常开支超过1/5，是最大的开支项目。香港政府会继续投放资源，为市民提供优质及多元的教育，为社会培育优秀人才。

香港回归后，特区政府高度重视发展教育事业，一直把教育和人才培训列为最重要的长期社会投资。财政教育支出由1996年的336亿港元增

---

[1] Rovai A P, Ponton M K. Student evaluation of teaching in the virtual and traditional classrooms: A comparative analysis [J]. The Internet and Higher Education, 2005, 9 (1): 23-35.

至 2008 年的 750 亿港元，占整个公共支出的比例由 1996 年的 17.5% 提高到 2008 年的 24%。2008 年，香港特区财政性教育经费支出占 GDP 比例为 4.6%；香港特区教育经常开支达 498.63 亿港元。①

（六）灵活和务实的管理体制

香港特区的大学具有很高的自主权，大学专业和课程设置、求学者选择学校、办学经营方式、教学方式、教育管理等，都是市场化运作。特区政府对高等教育的主导作用主要体现在制定发展战略和一系列配套措施上，对高校的管理并不是运用行政权力。香港特区高校效仿英美大学，施行学分制。在这样的制度设置中，学生的专业生涯可以随时发生改变；"班级"这样的建制彻底不存在了；专业与年级的概念被大大淡化，学生会经常与不同专业（甚至跨文理）、不同年级（甚至研究生）的人一起上同一门课。

---

① 曾建权. 略论香港特区人才发展战略［J］. 特区经济，2011（7）：44-45.

后 记

本书精选全球经典高等教育热点案例，深度分析各例繁荣发展历程、运行机制、社会反响及启示，宣传了世界领先的高等教育做法，对高等教育发展有着重要的参考价值。书中主要介绍了世界上先进的教学中心或学习中心（比如悉尼大学、中国大学）、通识教育课程与素质教育课程举办突出的高校（比如宾夕法尼亚大学、清华大学、中山大学）以及学生就业和创新型人才培养独具特色的美国高校和香港高校，还介绍了对高等教育国际化具有卓越贡献的斯坦福大学。本书每一章都选材地道，内容翔实，语言质朴，分析鞭辟入里，发人深思，欢迎社会各界对高等教育感兴趣的朋友阅读。

编辑老师对书稿进行了细致的阅读，提出了很多宝贵的修改建议；杨伟、汪钊龙、张楚兰、朱克嘉、李逸瑶、张峻旋、成蓉、刘怡、曾笑震等人参与了本书的校对和修改工作。他们为本书的顺利出版付出了辛劳和汗水，非常感谢！